THAILAND
DER SÜDEN

DuMont REISE-TASCHENBUCH

Michael Möbius
Annette Ster

THAILAND
DER SÜDEN

Inhalt

LAND & LEUTE

Tropentraum zwischen zwei Ozeanen

Kultur und Leben

UNTERWEGS IM SÜDEN THAILANDS

Stoppover in Bangkok

Am Golf von Thailand

Inhalt

REISEINFOS VON A BIS Z

REISEATLAS

LAND & LEUTE

»Wende Dein Gesicht
der Sonne zu, und die
Schatten werden stets
hinter Dir liegen«

**Volksweisheit aus
Thailand**

An ihren safrangelben Gewändern
sind die buddhistischen Mönche
schon von Weitem erkennbar

Tropentraum zwischen zwei Ozeanen

Die Strände auf Ko Samui laden zu
einem Traumurlaub in den Tropen ein

TRAUMSTRÄNDE UND -INSELN THAILANDS

Stellen Sie sich ein Land vor, wo es warm und sonnig ist, wann immer Sie kommen. Es ist schön dort, wohin auch immer Sie blicken. Und den Bewohnern dieses Landes ist es wichtig, das Dasein zu genießen und Spaß zu haben. – Südthailand entspricht tatsächlich diesen Traumvorstellungen, so dass Sie den Versprechungen der Hochglanz-Prospekte ausnahmsweise Glauben schenken können. »Wenn es ein Paradies gibt auf Erden, dann liegt es hier!«

Die Seele baumeln lassen und neue Energie tanken, dazu sind die Strände der Malaiischen Halbinsel geradezu prädestiniert. Zwei Ozeane mit über 1000 Inseln und bunt-belebten Korallenriffen treffen südlich von Bangkok auf fast 3000 km tropische Küste. Teils zeigt sich die Landschaft so ursprünglich wie am ersten Tag, teils ist sie touristisch voll erschlossen. In der ›Badewanne Südostasiens‹ kann jeder nach seiner Fasson glücklich werden, denn Robinsoninseln und durchgestylte Ferienresorts bilden die Pole des variantenreichen Angebotes.

Entspannen Sie in einer romantischen Palmwedelhütte an einem Traumstrand, steigen Sie hinauf in Ihr Baumhaus am Urwaldrand oder lassen Sie sich in einer luxuriösen Teakholzvilla am Meer verwöhnen. Springen Sie aufs Fahrrad, klettern Sie ins Kajak oder ziehen Sie Wander- bzw. Kletterschuhe an. Beobachten Sie Elefanten und Nashornvögel, laufen Sie den Affen hinterher oder tauchen Sie ab in die blaue Tiefe des Ozeans zu Riesenschildkröten und Walhaien. Im Süden Thailands können Sie all das machen, was ihr Herz begehrt. Sie können den Stress und die Belastungen des Alltags abbauen und sich nachhaltig erholen. Und dabei sammeln Sie neue unvergessliche Eindrücke.

Auch wer eine exotische Kultur mit fremdartigen Gebräuchen und Traditionen sucht, wird nicht enttäuscht. Insbesondere die buddhistischen Tempelanlagen, Thailands einzigartiger Beitrag zur Weltarchitektur, wecken beim Betrachter höchste Bewunderung. Mehrere Hundert dieser stimmungsvollen Bauwerke laden allein in der Metropole Bangkok ein. Zusammen mit hypermodernen Wolkenkratzern fügen sie sich hier zu einem faszinierenden Bild aus Alt und Neu.

Ob Sie also vorrangig an Natur oder Kultur interessiert sind, an Begegnungen mit warmherzigen und gastfreundlichen Menschen, an Aktivurlaub oder Genussferien, an atemberaubenden Strand-, Insel- und Berglandschaften oder an quirligen Metropolen: Südthailand, nur elf Reisestunden vom Alltagsstress entfernt, wird Sie mit offenen Armen empfangen – und dies zu allen Jahreszeiten. Das Land des Lächelns gilt mit seiner Sonnensicherheit rund ums Jahr nicht umsonst als eines der beliebtesten Urlaubsparadiese weltweit. – »Unvergessliches Thailand« halt, wie es der neue Slogan der thailändischen Tourismusbehörde so absolut zutreffend ausdrückt.

STECKBRIEF THAILAND

Lage und Größe: Thailand erstreckt sich auf einer Länge von 1770 km zwischen der Grenze zu Myanmar (Burma) im Norden und der Grenze zu Malaysia im Süden. Die Landesbreite variiert von ca. 15 bis zu 800 km. Die Landesfläche beträgt 513 115 km^2 (Deutschland 357 022 km^2), wovon ca. 85 000 km^2 auf Südthailand entfallen. Rund 20 % Thailands sind bewaldet. In mehr als 300 Schutzgebieten stehen rund 17 % der gesamten Landfläche unter Naturschutz. Von den insgesamt 3219 Küstenkilometern entfallen rund 3000 km auf Südthailand.

Die größten Städte in Südthailand: Bangkok (Hauptstadt; ca. 7–9 Mio. Einwohner bzw. 12 Mio. im Großraum), Hat Yai (ca. 200 000 Einwohner), Surat Thani (ca. 120 000 Einwohner), Phuket Town (ca. 80 000 Einwohner), Trang (ca. 78 000 Einwohner).

Staat und Verwaltung: In Thailand besteht eine konstitutionelle Erbmonarchie mit parlamentarisch-demokratischer Regierung. Das Staatsoberhaupt ist seit dem 9. Juni 1946 König Bhumipol Adulyadej. Die Volksvertreter werden alle vier Jahre gewählt. Seit Oktober 2006 wird die Regierung durch den Interimspremierminister Surayud Chulanont gebildet. Für Dezember 2007 sind Neuwahlen angesetzt.

Bevölkerung: Von den ca. 66 Mio. Einwohnern (Südthailand ca. 10 Mio.) sind etwa 80 % Thai. Größte ethnische Minderheit ist mit 15 % die chinesischstämmige Bevölkerung. Daneben gibt es etwa 4 % islamische Malaien (vor allem in Südthailand) sowie Khmer, Vietnamesen, Inder, Burmesen und Nepali. Im Norden leben Bergvölker verschiedener Ethnien. Das Bevölkerungswachstum beträgt knapp 1 % pro Jahr. Die Analphabetenrate liegt unter 6 %. Ca. 95 % der Bevölkerung bekennen sich zum Theravada-Buddhismus, der Anteil der Muslime beträgt 4 %.

Wirtschaft: Thailand hat die zweitgrößte Volkswirtschaft in Südostasien mit einem Bruttoinlandsprodukt (BIP) pro Kopf von rund 2800 US-$ und einem Wirtschaftswachstum von etwa 5 %. Die Landwirtschaft macht rund 10 % des BIP aus, die Industrie 37 %, der Dienstleistungssektor 53 %. Laut der internationalen Arbeitsorganisation ILO beträgt die Arbeitslosenquote 1,9 %, womit Thailand in Hinblick auf die Beschäftigungsrate weltweit auf dem ersten Platz steht (Deutschland Rang 32). Die Inflationsrate soll in 2007 von 4,5 % auf max. 3 % sinken.

Tourismus: Mit rund 15 Mio. Touristen, die über 12 Mrd. € im Land lassen, ist der Tourismus der größte Devisenbringer. Rund 27 % der Reisenden kommen aus Europa. Deutsche, für die Thailand auch 2006 das beliebteste Fernreiseziel war, nehmen mit ca. 4,5 % den zweiten Platz nach den Briten ein.

LANDSCHAFTEN UND NATURRAUM

Die Malaiische Halbinsel

Wenn auch die thailändische Verwaltung den Großraum Südthailand erst am Isthmus von Kra beginnen lässt, dem dünnen Hals, wo Thailand nur rund 15 km breit ist, so wird doch die verbindliche geografische Grenze durch die Mündung des Flusses Mae Klong bei Samut Songkhram wenige Kilometer südlich von Bangkok gebildet. Dort nämlich beginnt in topografischer Hinsicht die Malaiische Halbinsel und damit Südthailand, das sich auf fast 1000 km Länge bis hinunter an die Grenze zu Malaysia erstreckt. Mit rund 85 000 km², die sich auf 17 Provinzen verteilen, umfasst dieser Landesteil rund ein Sechstel der gesamten Fläche von Thailand und ist etwa so groß wie Österreich. Er wird von rund 10 Mio. Menschen bewohnt.

Das zentrale Bergland

Im Osten steigt die Malaiische Halbinsel, die den Pazifischen Ozean vom Indischen Ozean trennt, aus dem Golf von Thailand auf, im Westen aus der Andamanensee. Das Rückgrat des lang gezogenen schmalen Bogens bilden die Ausläufer des Himalaya. Sie erstrecken sich als kulissenartig versetzte Bergketten in Nord-Süd-Richtung und gipfeln im rund 1800 m hohen Khao Luang, einem der höchsten Berge Thailands. Wegen des Äquatorialklimas bedecken ausgedehnte Regenwälder, die heute größtenteils unter Naturschutz stehen, die Bergregion, die auch große Seen und eindrucksvolle Wasserfälle aufweist. Neben Sandstein und Schiefer werden die Bergmassive vorwiegend aus Kalkstein gebildet, der zu bizarren Formen erodiert ist und weite Landesteile wie eine zauberhafte Märchenwelt erscheinen lässt.

An der Andamanensee

Märchenhaft schön präsentiert sich auch die über 900 km lange Küste an der Andamanensee, die zum Indischen Ozean zu rechnen ist. Denn auch hier prägen oftmals bizarre Kalksteinformationen das Landschaftsbild. Teils ragen sie als Trauminseln aus den tiefblauen bis türkisfarbenen Fluten des an Korallenriffen so überaus reichen Meeres auf, teils bilden sie die Küste selbst, die mal schroff ins Meer abstürzt, mal in kleinen und großen Sandbuchten oder in kilometerlangen von Palmen und Kasuarinen gesäumten Stränden ausläuft.

Die Golfküste

Im Gegensatz zur Andamanensee ist der Golf von Thailand, der als ein Randmeer der Südchinasee zum Pazifik gehört, relativ flach, nämlich im Durchschnitt nur um 30 m tief. Er besteht aus einer weit ausladenden Ebene, die erst nach dem postglazialen Meeresspiegelanstieg überflutet wurde. Da hier einige der größten Flüsse Thailands münden, ist sein Wasser nicht sehr salzig. Die Küsten werden von weiten Schwemmlandebenen gebildet, die bis zu 7 cm pro Jahr wachsen. Nennenswerte Korallenriffe gibt es daher lediglich bei den weit der Küste vorgelagerten Inseln Ko Samui, Ko Pha Ngan und Ko Tao, den Gipfeln einer untergetauchten Bergkette. Auf den Inseln finden sich auch zahlreiche paradiesische Strände. Die Festlandküste wird im Wechsel von endlos langen Sandbändern und Mangrovenwäldern gefasst.

Tropische Wälder

Mangrovenwald

In der Gezeitenzone auf Meereshöhe, die sich im Mündungsbereich der Flüsse sowie in Sumpfgebieten weit ins Landesinnere hineinziehen kann, wachsen fast undurchdringliche Mangrovenwälder. Ihre charakteristischen Stelz- und Atemwurzeln dienen Vögeln, Fischen, Krustentieren und unzähligen anderen Tieren als Lebensraum und Kinderstube. Bestandbildend ist der salzwassertolerante Mangrovenbaum, von dem in Thailand rund 75 verschiedene Arten vorkommen. Das gilt als Weltrekord! Kaum irgendwo sonst in den Tropen wird so viel zum Schutz der Mangrovenwälder getan wie in Thailand. Während an der Andamanensee noch rund 80 % dieser Vegetationseinheit intakt sind, schrumpften sie an der Golfküste auf etwa 20 %. Die Mangrovenwälder mussten vor allem Shrimps-Farmen weichen oder fielen der Holzkohleproduktion zm Opfer.

Strandwald

In relativ trockenen Abschnitten der Gezeitenzone und der sich anschließenden Küstenzone finden sich die sogenannten Strandwälder. Es dominiert die Kokospalme, die heute überall angebaut wird, aber in ihrer Wildform ursprünglich im salzhaltigen Küstenbereich beheimatet war . Daneben wachsen Sago-, Nipah-, Rotang- und Arecapalmen sowie insbesondere Kasuarinen, mit großen Beständen an beiden Küsten. Der schlanke, bis zu 25 m hohe Baum aus der Familie der Buchen erinnert in seiner Wuchsform und Belaubung stark an eine Konifere.

Regenwald

Weiter landeinwärts erstreckt sich der tropische, immergrüne Regenwald. In Lagen bis etwa 800 m Höhe wird er als **Tiefland-Regenwald** bezeichnet und weist den größten Artenreichtum auf. Da gerade die tiefer gelegenen Bereiche in der Vergangenheit besonders stark unter den Eingriffen des Menschen zu leiden hatten, findet sich seine vielfältigste Variante in Südthailand heute nur noch in den Nationalparks. Der Mammutanteil dieser noch vor wenigen Jahrzehnten absolut dominierenden Vegetationseinheit ist ausgedehnten Plantagen gewichen, in denen vor allem Kautschuk und Ölpalmen, aber u. a. auch Papaya, Ananas und Bananen angebaut werden. Weite Teile des Regenwaldes degenerierten durch Brandrodung oder selektives Abholzen zu Sekundärwald oder wurden zu Ödland.

»LEAVE NOTHING BUT FOOTPRINTS!« – DIE NATIONALPARKS

Noch vor wenigen Jahrzehnten besaß Thailand Landschaften von schier unvorstellbarer Vielfalt und Üppigkeit. Vom Bergland im Norden bis hinunter auf die Malaiische Halbinsel lagen unregelmäßig verstreut Mangrovensümpfe, Regen- und Nebelwälder, Steppen und Wiesen – Biotope, die von Lebewesen in einer heute unglaublichen Mannigfaltigkeit besiedelt wurden. Der Mensch rottete innerhalb kürzester Zeit durch die Jagd und die Ausdehnung der landwirtschaftlichen Flächen eine Art nach der anderen aus, so auch die Hälfte der größeren Säugetierarten. Insbesondere im Süden des Landes fielen weite Teile der ausgedehnten Tiefland-Regenwälder Bodenrodungen und Siedlungen zum Opfer. Die Mangrovenwälder an der Golfküste wurden zu über 80 %, an der Andamanenküste zu 20 % zerstört. Während in den 1940er Jahren Südthailand zu nahezu 90 % mit Wald bedeckt war, sind es heute weniger als 20 %.

Dieser Wert entspricht im weltweiten Vergleich durchaus der Norm, im Vergleich mit anderen asiatischen Ländern nimmt Thailand in Hinblick auf den Waldbestand sogar eine Spitzenposition ein. Zu verdanken ist er dem Naturschutzgedanken, der in Thailand bereits in den 1960er Jahren aufkam. 1974 wurde mit dem Tarutao Marine National Park einer der ersten Meeresnationalparks weltweit eingerichtet, in Europa war es erst im Jahre 1992 so weit. Heute stehen in Thailand in mehr als 300 Schutzgebieten 17 % der gesamten Landesfläche unter Naturschutz und Jahr für Jahr wächst die geschützte Zone. (In Mitteleuropa sind es nur etwa 1 %.) Von den insgesamt rund 150 Nationalparks finden sich über 40 im Süden des Landes. Darunter auch rund zwei Dutzend Meeresnationalparks, die insbesondere im Bereich der Andamanensee das so ungemein empfindliche Ökosystem der Korallenriffe nachhaltig zu bewahren versuchen. Daher gilt Südthailand heute in Taucherkreisen als eine der erstklassigsten Adressen weltweit. Aber auch auf dem Land ist es erklärtes Ziel, das Leben in freier Natur zu sichern und die biologische Vielfalt zu bewahren.

Im Gegensatz zu vielen anderen Ländern wird heute in Thailand versucht, das Etikett ›Nationalpark‹ zu einem Gütesiegel für den uneingeschränkten Schutz der Landschaft zu machen. Dies ist freilich nicht immer von Erfolg gekrönt, da auch hier ökonomische Interessen oft schwerer wiegen als der Naturschutz. Aufgrund des Naturschutzes ist die Zahl der touristischen Einrichtungen in den Nationalparks vergleichsweise gering. Zwar bestehen häufig gute Wandermöglichkeiten und fast immer einfache Übernachtungsmöglichkeiten in Hütten, aber generell wird eher ein Minimum an Infrastruktur zur Verfügung gestellt. Die Parkzone soll weiterhin Wildnis bleiben. So lautet die Parole »Leave nothing but footprints!« – »Bitte nur Fußabdrücke hinterlassen!« Konsequenterweise ist es in Nationalparks unter-

Dschungeltrekking im Nebelwald des Khao Phanom Bencha National Park

sagt, Lärm zu machen, Tiere zu stören, zu jagen, zu fangen oder gar zu töten, die natürliche Beschaffenheit der Erdoberfläche zu beschädigen oder zu zerstören, Steine zu entnehmen, Bäume und Pflanzen zu beschädigen, Blumen zu pflücken etc. Ungeachtet dieser Beschränkungen ist es gestattet, nach Anmeldung bei der Parkverwaltung im Schutzgebiet zu zelten und für den vorübergehenden Bedarf Zweige zum Feuermachen zu verwenden.

Ausführliches Prospektmaterial sowie umfassende Online-Informationen in Englisch hält das Wildlife and Plant Conservation Department bereit. (61 Thanon Phaholyothin, Chatujak, Bangkok, Tel. 025 62 07 60, Fax. 025 79 52 69, www. dnp.go.th). Da Unterkünfte in den Nationalparks begrenzt und stark nachgefragt sind, ist eine rechtzeitige Reservierung unerlässlich (www.thaiforestbooking.com). Der Eintritt in alle Nationalparks kostet 400 Bt und ist bei den Besucherzentren oder Rangerstationen zu entrichten.

In höheren Lagen nimmt der Artenreichtum des Waldes, der ab einer Höhe von etwa 800 m als **Nebelwald** bezeichnet wird, immer weiter ab. Nomen est omen, denn ob nun Südwest- oder Nordost-Monsun herrscht, fast immer stauen sich in dieser Höhe die Wolken vor den Bergen. Entsprechend hoch sind die Niederschläge und die Feuchtigkeit in dieser Zone. Die Bäume sind wesentlich kleinwüchsiger als in niedrigeren Lagen. Dank der klimatischen Verhältnisse ist die Krautschicht hingegen stark ausgebildet. Auch die Zahl der Moose, Orchideen und Farne wächst mit jedem Höhenmeter überproportional. Aufgrund seiner oftmals exponierten Lage blieb der Nebelwald weitgehend von Übergriffen durch den wirtschaftenden Menschen verschont. Lediglich Tabak-, Kaffee- und Bananenplantagen wuchern mitunter im undurchdringlichen, dschungelartigen Grün dieser Vegetationszone.

Die Tierwelt

Dutzende der insgesamt rund 280 in Thailand vorkommenden **Säugetierarten** sind vom Aussterben bedroht und stehen inzwischen unter Naturschutz – u. a. Tiger, deren Population auf etwa 300 Stück beziffert wird, Leoparden, Schwarzbären, Tapire und Ozelote. Selbst der Elefant, der von den Thais aufgrund seiner Kraft und Größe seit Jahrhunderten verehrt wird und Wappentier des Königreichs ist, gilt als gefährdet. Landesweit soll es nur noch 1500–1800 wild lebende asiatische Elefanten geben. Die Zahl der ge-

zähmten Arbeitselefanten ist auf etwa 3000 gesunken, da sie aufgrund des Holzeinschlagverbots seit 1989 nicht mehr benötigt werden. Heutzutage werden die Dickhäuter vor allem in Elefantencamps zur Unterhaltung der Urlauber eingesetzt. Während Touristen in Südthailand die großen Vertreter der Fauna in freier Wildbahn selten zu Gesicht bekommen, sind verschiedene Affen- sowie Halbaffenarten sehr häufig zu sehen und zu hören.

Rund 10 % aller auf Erden vorkommenden **Vogelarten** finden als Brut- oder Zugvögel in Südthailand eine ständige oder vorübergehende Heimat. Ihr auffälligster Vertreter ist der prächtige schwarzgelbe Nashornvogel *(hornbill)* mit einer Flügelspannweite von bis zu 3 m, dem man in manchen Landesteilen noch recht häufig begeg-

net. Aber auch farbenreiche Eisvögel *(kingfisher),* Spottdrosseln, Kraniche, Reiher und zahlreiche andere Vogelarten können beobachtet werden. Bedauerlicherweise greift inzwischen auch in Thailand die eher westliche Unsitte um sich, die frei lebenden Piepmätze einzusperren. Und so zieren Jahr für Jahr mehr Vogelkäfige Veranden und Wohnungen.

Die Zahl der **Reptilienarten,** die offiziell auf etwa 300 beziffert wird, dürfte ständig schrumpfen. Zumindest auf Alligatoren und Krokodile kann man in Südthailand wohl längst einen Nachruf verfassen. Recht verbreitet sind dagegen die etwa 100 Schlangenarten, von denen die bis 9 m lange Würgeschlange Python die größte und die bis etwa 6 m lange Königskobra die giftigste ist. Obwohl weitere 15 giftige Arten bekannt sind, darunter insbesondere Vipern, ist die Gefahr, auf einer Urlaubsreise gebissen zu werden, eher gering.

Häufiger ›beißen‹ die Mücken, weshalb kein Thai die kleinen, scheuen Geckos vertreiben würde. Diese Eidechsen, die in wohl jedem Haus zu finden sind, ernähren sich nämlich mit Vorliebe von Mücken und anderen **Insekten**, von denen es in Thailand insgesamt rund 150 000 Arten geben soll. Neben der Mücke sind vermutlich die winzigen Strandflöhe, die meistverfluchten Tropenbewohner, gefolgt von den Ameisen, von denen die etwa 1 cm lange rote Baumameise die aggressivste und die Riesenameise mit bis zu 3 cm Länge die größte ist.

Regenwald säumt den Chiew-Lan-See im Khao Sok National Park

WIRTSCHAFT

Strukturwandel im Pantherstaat

Thailands Wirtschaftssystem ist marktwirtschaftlich-liberal orientiert und wird durch eine starke Rolle des Außenhandels sowie zunehmend des Dienstleistungssektors gekennzeichnet. Die Schwerpunkte der Wirtschaftspolitik liegen auf einem kontrollierten Wachstum und der Bekämpfung der Inflation sowie der Arbeitslosigkeit. Im internationalen Vergleich steht Thailand außerordentlich gut da und ist auf bestem Wege, vom Panther- zum Tigerstaat aufzusteigen, d. h. den Sprung vom Schwellenland zum Industriestaat zu bewältigen.

Die Inflationsrate soll 2007 von 4,5 % auf 3 % sinken und das Wirtschaftswachstum satte 5,5 % betragen, was von kaum einer anderen Volkswirtschaft erreicht wird. Auch in Hinblick auf die Beschäftigungsquote belegt Thailand mit 1,9 % Arbeitslosen weltweit eine Spitzenposition. Damit sind die Auswirkungen der Wirtschaftskrise von 1997 mehr als wett gemacht.

Dass Thailand heute wirtschaftlich so überzeugend dasteht, ist vor allem dem ›Dual-Track‹-Konzept zu verdanken: Es basiert auf einer Steigerung der internationalen Wettbewerbsfähigkeit bei gleichzeitiger Stimulierung der heimischen Wirtschaft und Förderung der ökonomisch benachteiligten Regionen. Der Außenhandel verzeichnete in den letzten Jahren Steigerungsraten von ca. 15–20 % per anno bei mehr oder weniger ausgeglichener Handelsbilanz. Wesentlich für diese Erfolge sind u. a. die zahlreichen Handelsabkommen, z. B. mit China, Indien, Australien, Neuseeland sowie der EU, die seit 2003 abgeschlossen wurden. Wichtigster Handelspartner Thailands innerhalb der EU ist übrigens Deutschland, wobei das bilaterale Handelsvolumen bei ca. 4,5 Milliarden Euro liegt.

Land der Fischer und Bauern?

Dass Thailand ein Land der Fischer und Bauern ist, wie es ein landläufiges Klischee besagt, entbehrt schon seit mehreren Jahrzehnten der Realität bzw. ist nur noch unter arbeitsmarktpolitischen Gesichtspunkten stimmig. Der **Primärsektor** nämlich erwirtschaftet gerade mal 10 % des Bruttoinlandproduktes – Tenzend fallend –, beschäftigt allerdings rund die Hälfte der gesamten Bevölkerung. In der Kautschuk-Produktion ist Thailand weltweit führend. Auch gehört das Land zu den größten Exporteuren von Reis, Palmöl, Kokosnuss und Ananas.

Die **Industrie** erwirtschaftet jährlich zwischen 37 % und 40 % des BIP – Tendenz steigend –, beschäftigt hingegen lediglich 14 % der Erwerbstätigen. Traditionell hat sich die Großindustrie im Großraum Bangkok angesiedelt, aus dem mehr als die Hälfte der gesamten industriellen Produktion des

Landes stammt. Wachstumsmotoren sind neben chemischen und pharmazeutischen Unternehmen die Automobil-, Textil- und Schuhbranche sowie vor allem die Elektronikindustrie.

Der **Dienstleistungssektor** schließlich wächst wie in den westlichen Industrienationen auch in Thailand am stärksten. Er trägt mittlerweile mit etwa 50–53 % zum BIP bei und gibt 36–40 % der Erwerbstätigen Arbeit. Weitaus die meisten Beschäftigten in diesem Sektor verzeichnen Bangkok sowie die Küstenbereiche von Südthailand. Dort leben teils ganze Landstriche vom Tourismus, dem mit Abstand größten Arbeitgeber des gesamten Landes.

Fischer auf Ko Phi Phi bringen ihren Fang an Land

GESCHICHTE IM ÜBERBLICK

Frühgeschichte und Bronzezeit

ca. 36 000 v. Chr.	Knochen, grob behauene Steinwerkzeuge und Höhlenmalereien, die bei Grabungen im Umfeld von Lampang im Norden sowie in Grotten bei Krabi im Süden freigelegt wurden, sind die ersten Spuren menschlicher Anwesenheit in Thailand. Die Steinzeitmenschen lebten als Sammler und Jäger.
ca. 8000 v. Chr.	Geschliffene Messer, Breitbeile und Töpferwaren, die im Bereich des Mekong-Tales und auf dem Khorat-Plateau im Nordosten gefunden wurden, sind Zeugnisse, dass Thailand eine Wiege des Ackerbaus sein könnte.
ca. 7000 v. Chr.	Erste Gruppen sino-tibetischer Thais dringen vermutlich aus dem Bereich des Altai-Gebirges in den südchinesischen Raum und von dort weiter gen Süden vor.
ca. 3600 v. Chr.	In Nordthailand entwickelt sich die Baan-Chiang-Kultur (berühmte Keramikfunde), die ab ca. 3000 v. Chr. die wahrscheinlich älteste Bronzezeit-Kultur der Welt bildet.
3. Jh. v. Chr.	Es kommt zu ersten hinduistischen sowie buddhistischen Missionierungen.

Frühe Reiche

600–1000	Das sino-tibetische Volk der Mon dringt aus dem burmesischen Raum nach Mittelthailand vor und bildet dort das buddhistische Dvaravati-Reich mit der Hauptstadt Lopburi.
700–1200	Südthailand fällt in den Herrschaftsbereich des hinduistischen Srivijaya-Reiches, das von Sumatra aus große Teile des heutigen Indonesiens und Malaysia beherrscht.
800–1300	Nordthailand wird von den sino-tibetischen Khmer beherrscht, die von Angkor aus regieren.

Das Königreich Sukhothai

ab 860	Zahlreiche Thai-Stämme aus dem südchinesischen Raum wandern in den Norden von Thailand ein, wo sie von den Mon und Khmer die buddhistische Religion und Kultur übernehmen. Der Kulminationspunkt der Mon- und Khmer-Regentschaft ist bereits überschritten, während die Thais auch zahlenmäßig immer überlegener werden.
1238	Die Thais brechen das Gebiet um Sukhothai aus dem Staatengebiet der Khmer und gründen ihr eigenes erstes Königreich auf ›thailändischem‹ Boden.

1277–1317 Unter König Ram Khamhaeng (1239–1317) erobern die Thais die gesamte Zentralebene sowie Südthailand bis zur heutigen Stadt Nakhon Si Thammarat.

1283 Der König kreiert das aus den indischen Dewanagiri-Schriftzeichen abgeleitete Thai-Alphabet. Sukhothai entwickelt sich zur Wiege der Thai-Kultur.

Das Königreich Ayutthaya

14. Jh. Mitte des 14. Jh. erobert ein aufständischer Prinz die Stadt Sukhothai und baut in der Folge Ayutthaya als seine Hauptstadt aus, wo er als König Rama Thibodi regiert.

ab 1376 Das Reich von Siam, wie Thailand damals heißt, entwickelt sich zum mächtigsten Staat in ganz Südostasien. Zeitweise sind ihm das heutige Laos und Kambodscha tributpflichtig.

1511 Als erste Europäer kommen Portugiesen ins Land. Gegen Mitte des 17. Jh. folgen Briten und Franzosen, Dänen und Holländer, die sich aber aufgrund der Stärke Siams damit begnügen, Handelsniederlassungen zu errichten.

1767 Nachdem die Burmesen im Laufe der Jahrhunderte mehrmals Siam angegriffen haben, starten sie zum großen vernichtenden Feldzug, in dessen Verlauf Ayutthaya eingenommen und völlig zerstört wird.

Der Aufstieg der Chakri-Dynastie

1768 Einem Unterbefehlshaber mit Namen General Taksin gelingt es, der Vernichtungsaktion zu entgehen. Er lässt sich in Thonburi, der heutigen Schwesterstadt von Bangkok am Westufer des Menam Chao Phraya, zum neuen König ausrufen.

1782–1809 General Phraya Chakri setzt Taksin als König ab und begründet die noch heute herrschende Chakri-Dynastie. Als Rama I. besteigt er den Thron, den er nach Bangkok verlegen lässt. Die neue Hauptstadt soll dem zerstörten Ayutthaya in Prunk nicht nachstehen.

ab 1809 Unter Rama II. und III. wird die seit etwa 1700 befolgte Isolationspolitik beendet und Handelsbeziehungen zu den westlichen Kolonialmächten aufgenommen. In einem geschickten Balanceakt gelingt es so, die Briten und Franzosen daran zu hindern, sich wie zuvor alle anderen Länder Südostasiens auch Siam einzuverleiben.

1868 Rama V. besteigt den Thron und ergänzt den Balancekurs durch ein umfassendes innenpolitisches Reformprogramm (u. a. Abschaffung der Sklaverei, Ausbau des Schulsystems nach europäischen Maßstäben), mit dem er den Grundstein zu einem modernen Staatswesen legt.

AUFRUHR IM TIEFEN SÜDEN

Seit Anfang 2004 leidet der zum überwiegenden Teil von Muslimen bewohnte Süden Thailands verstärkt unter Anschlägen radikaler Angehöriger der muslimischen Bevölkerungsminderheit gegen staatliche Einrichtungen, bei denen nach Angaben der Bangkok Post über 1400 Menschen getötet wurden. Deshalb warnt das Auswärtige Amt vor Reisen in diese Region.

Erst gegen Anfang des 20. Jh. wurden die drei Südwestprovinzen an der Grenze zu Malaysia – Yala, Pattani und Narathiwat – fest ins Königreich Thailand integriert, wobei man die Andersartigkeit der Menschen, größtenteils ethnische Malaien, ignorierte. Nur ihre dunklere Hautfarbe und ihren Glauben, den Islam, übersah man nicht. So wurden diese muslimischen Südthailänder zu Thailändern zweiter Klasse. Mit passivem Widerstand gegen die Obrigkeit, aber auch mit bewaffneten Aufständen und einer immer stärker werdenden Annäherung an das Nachbarland Malaysia reagierten die Muslime auf die Diskriminierung. Erst in den späten 1980er Jahren bemühte sich Bangkok um Verständigung, ließ der König beispielsweise auch im tiefsten Süden einen Sommerpalast errichten und finanzierte u. a. eine Koran-Übersetzung ins Thai. In der Folge kehrte Ruhe ein, auch wenn die unterschwellige Geringschätzung der Nordthailänder für ihre südlichen

Muslime unterwegs nach Ko Panyi in der Phang-Nga-Bucht

›Brüder‹ im großen und ganzen bestehen blieb. Hohe Verwaltungspositionen waren ihnen praktisch ebenso verwehrt wie gut bezahlte Jobs in der freien Wirtschaft. Die Mischehe mit Muslimen war in den Augen der sonst so toleranten Buddhisten nahezu tabu. Hinzu kam nicht zuletzt, dass der Süden auch in ökonomischer Hinsicht das Stiefkind des Landes war und ist.

Dennoch blieb es ruhig, bis im Februar 2001 Thaksin Shinawatra, erklärter Freund von George W. Bush und wahrhaftig nicht des Islams, der neue Ministerpräsident von Thailand wurde. Es dauerte nicht lange, da lief die Situation in Yala, Pattani und Narathiwat völlig aus dem Ruder. Nach einer Anschlagserie in der Stadt Yala am 14. Juli 2005 wurde in diesen drei Grenzprovinzen der besondere Notstand ausgerufen. Bis zum Militärputsch im September 2006 und der Entmachtung von Thaksin Shinawatra wurden zahllose mutmaßliche Rebellen standrechtlich hingerichtet. Ende November 2006 war in thailändischen und auch internationalen Medien zu lesen, dass vom Nachbarland Malaysia abgewiesene Asylanten in Thailand erschossen oder zu Tode gefoltert wurden. – Von mindestens 2000 Opfern spricht die Presse! – Berichten des malaiischen Geheimdienstes zufolge soll unter der Thaksin-Regierung sogar die völlige Isolierung und Aushungerung der rebellischen Provinzen zur Debatte gestanden habe. Der Premierminister von Malaysia Abdullah Ahmad Badawi habe unverblümt von einem geplanten Genozid gesprochen und gedroht, den Verfolgten die Grenzen zu öffnen.

Thaksin selbst, der im Asyl in London lebt, hat die unter seiner Herrschaft verübten Menschenrechtsverletzungen stets geleugnet. Ihm wird auch zur Last gelegt, dass im Verlauf seines Anti-Drogen-Kampfes rund 2500 mutmaßliche Drogenhändler außergerichtlich hingerichtet wurden. Die sogenannte Wahrheitskommission, die von der Übergangsregierung im Herbst 2006 eingesetzt wurde, wird es vermutlich schwer haben, Details über diese sowie andere mögliche Verfehlungen des ehemaligen Ministerpräsidenten herauszufinden. Die ehemalige Opposition wirft ihm u. a. Einschüchterung der Presse, Kauf von Wahlstimmen, Missbrauch des Staatsfernsehens sowie massive persönliche Bereicherung der Thaksin-Familie vor. Über die Folgen etwaiger Enthüllungen kann man zum derzeitigen Standpunkt nur mutmaßen.

Auch bleibt abzuwarten, in wie weit sich unter der wesentlich diplomatischeren Führung des Interimpremierministers Surayud Chulanont die Situation im tiefen Süden Thailands entspannen wird. Zumindest der Premierminister von Malaysia zeigte sich Anfang Dezember anlässlich eines Interviews mit der Bangkok Post optimistisch und meinte, dass nun in Bangkok die richtigen Entscheidungen getroffen seien, um Änderungen herbeizuführen. Diese bräuchten allerdings Zeit, um zu Ergebnissen zu führen, denn es würde eine Weile dauern, bis die muslimische Bevölkerung wieder Vertrauen in die Politik bekäme. – Und so ist bis auf Weiteres von Reisen in Thailands südlichste Provinzen abzuraten. Aktuelle Informationen über die Lage bieten die Website http://de.wikinews.org/wiki/Portal:Krisen region_Südthailand und das Auswärtige Amt unter www.auswaertiges-amt.de.

Der Weg zur Demokratie

ab 1910 Unter Rama VI. engagiert sich Siam im Ersten Weltkrieg auf Seiten der Alliierten. Da der König die Reformpolitik seines Vorgängers nicht konsequent weiterverfolgt, wächst die Kritik am absolutistischen Regierungssystem.

1932 Am 10. Dezember kommt es zum unblutigen Staatsstreich. Die absolute Monarchie wird abgeschafft. Rama VII. selbst verkündet eine neue Verfassung, die eine konstitutionelle Monarchie festschreibt.

1938 Die bereits im Jahr 1930 gegründete regierende Demokratische Volkspartei versucht, ein sozialistisches Programm durchzusetzen. Es scheitert an den konservativen Kräften um General Pibul Songkhram, der sich selbst als Ministerpräsident einsetzt und eine Militärdiktatur errichtet.

1939 Der Despot träumt von einem Groß-Siam, das von China bis Indien reichen soll, und gibt dem Land den Namen *thailand* (Land der Freien).

1941 Der Expansionsdrang Thailands führt im Verlauf des Zweiten Weltkrieges zu einem Pakt mit Japan.

1942 Thailand erklärt den Alliierten den Krieg und marschiert in Richtung Burma, Laos, Kambodscha und Malaysia.

1944 Die 1938 gestürzte Regierung verständigt sich mit den Alliierten, der Diktator Pibul Songkhram wird gestürzt. Thailand erklärt Japan den Krieg und bewahrt dadurch seine volle Souveränität gegenüber den Alliierten.

Nach dem Zweiten Weltkrieg

1946 König Bhumipol Adulyadej besteigt als Rama IX. den Thron, den er als dienstältester Monarch der Welt noch heute innehat.

ab 1947 Pibul Songkhram schwingt sich erneut zum Herrscher auf. Thailand lehnt sich von nun an stark an die USA an und beteiligt sich auf amerikanischer Seite am Korea-Krieg.

ab 1957 Mehrere hohe Militärs wechseln sich in der Landesführung ab. Die Orientierung an den USA nimmt fast manische Züge an. Erneut zieht Thailand an der Seite der USA in den Krieg, nun gegen Vietnam. Im Kriegsverlauf dient Thailand als Basis für US-Bomber.

1971 Nach starken Unruhen von Kriegs- und Diktaturgegnern wird das Kriegsrecht verhängt.

1973 Der Widerstand wächst und gipfelt in einer Demonstration von bislang unbekanntem Ausmaß. Das Militär geht mit brutalster Gewalt vor, bis sich König Bhumipol persönlich auf die Seite der Demonstranten stellt und einen liberalen Juraprofessor zum Premierminister ernennt.

1976	Das Militär greift erneut nach der Staatsmacht und führt Thailand, von mehreren kurzen demokratischen Zwischenspielen abgesehen, auf einen Weg der ›gelenkten Demokratie‹.
1992	Der Volkszorn gegen die militärische Führung entlädt sich in Massendemonstrationen in Bangkok. Wieder geht das Militär brutal vor, und wieder schreitet der König zugunsten der liberalen Kräfte ein.

Die gerettete Demokratie

ab 2001	Aus den Parlamentswahlen von 2001 geht der Multimilliardär Thaksin Shinawatra mit seiner Partei *Thai Rak Thai* (Thais lieben Thais) als Sieger hervor. Laut Meinung der Opposition wird seine Regierungszeit von einem zunehmend autoritär-autokratischen Regierungsstil geprägt. Außerdem spitzt sich die Lage in den vier vorwiegend von Muslimen bewohnten Provinzen an der malaiischen Grenze drastisch zu.
2004	Am 26. Dezember überrollt ein Tsunami mit mehreren bis zu 10 m hohen Wellen die Küste an der Andamanensee und fordert nach offiziellen Angaben rund 5500 Tote nebst 3000 Vermissten. Die materiellen Schäden belaufen sich auf mehrere Milliarden Euro.
2006	Im Juni wird das 60. Thronjubiläum von König Bhumipol feierlich begangen.
	Während Premierminister Thaksin auf Staatsbesuch außer Landes weilt, übernimmt das thailändische Militär unter Leitung des Oberkommandierenden der Armee am 19. September die Regierung. Der unblutige Staatsstreich passiert im Einvernehmen mit dem König, um das Land vor einer drohenden Diktatur zu schützen. Am 1. Oktober wird der neue, vom Rat für demokratische Reformen vorgeschlagene Premierminister Surayud Chulanont durch den König bestätigt; für Dezember 2007 werden Neuwahlen angesetzt.
2007	In der Silvesternacht und am Neujahrstag explodieren in Bangkok mehrere Sprengsätze, wobei auch ausländische Touristen verletzt werden. Der Anschlag wird von regierenden Politikern und thailändischen Medien dem früheren Premierminister Thaksin zugeschrieben, der aber eine Verwicklung umgehend dementiert.
	Damit die Exekutive nicht erneut ihre Macht missbrauchen kann, wird eine neue Verfassung ausgearbeitet, deren erster Entwurf im April veröffentlicht wird. Anders als von Kritikern befürchtet, enthält dieser eine Klausel, gemäß der nur ein gewähltes Mitglied des Parlaments Premierminister werden kann. Demokratische Gruppen hatten Bedenken geäußert, der Regierungschef könnte willkürlich vom Militär ernannt werden und so den politischen Einfluss der Streitkräfte festigen.

Kultur und Leben

Gläubige zu Füßen der 32 m hohen
Buddha-Statue im Wat Indrawihan
in Bangkok

THAILÄNDISCHE LEBENSART

Im Land des Lächelns

In unseren Klischeevorstellungen sehen wir in Thailand gerne das Glanzbild eines romantischen Tropenparadieses, in dem stets lächelnde und somit zweifelsfrei glückliche Menschen leben. In der Tat ist den Thais das Lächeln ins Gesicht geschrieben, denn es dient als eine Art Schutzwall vor Konflikten, kaschiert Gefühlsregungen und hilft, Unsicherheit oder Verlegenheit zu überspielen. Man lächelt aus vielen Gründen, doch im Gegensatz zu unseren Bräuchen wird nie über jemanden oder etwas gelächelt.

Allerdings ist es fraglich, ob die Thais tatsächlich glücklicher sind als wir Europäer. Schließlich löst Lächeln allein keine Probleme. Dennoch ist die Lebensfreude der Thais, die sie dem *farang* (westlichen Ausländer) definitiv voraushaben, förmlich greifbar. Sie wurzelt im *mai pen rai* (Macht nichts!), das viel mehr bedeutet als die Übersetzung hergeben kann. Dieses geflügelte Wort drückt vielmehr die Fähigkeit aus, sein Schicksal anzunehmen und sich nicht gegen etwas zu wehren, das nicht zu ändern ist. Der Buddhismus gibt den Rahmen für diese hohe Lebenskunst des Gelassenbleibens. Da die Thais verinnerlicht haben, dass man dem Schicksal und leidvollen Erfahrungen wie Krankheit, Alter und Tod ohnehin nicht entgehen kann, sind sie bemüht, das Leben so *sabai* (angenehm, behaglich) wie möglich zu gestalten.

Damit kommt *sanuk* ins Spiel, das am treffendsten mit ›reinste Lebensfreude‹ übersetzt werden kann, also viel mehr bedeutet als ›Spaß‹. Die Thais teilen ihren gesamten Alltag in *sanuk* und *mai sanuk* (keine Lebensfreude) ein. Essen gehen – schon gar mit Freunden – ist *sanuk*, ebenso Musik hören, Schwätzchen halten, ein Haus einweihen und vor allem zu feiern, weshalb man auch keiner Gelegenheit zum Feiern aus dem Weg geht. Arbeit hingegen, insbesondere wenn sie langweilig ist, ist definitiv *mai sanuk*. Die Steigerung von *mai sanuk* lautet *lambahk* (Ärger). Wenn ein Thai davon spricht, dann muss schon etwas sehr Schlimmes vorgefallen sein.

Andere Länder – andere Sitten

Begrüßung à la Thai

Der *wai*, das Falten der Handflächen zwischen Brust- und Stirnhöhe – je höher die Hände gehoben werden, je respektvoller –, entspricht unserem in Thailand eher unbekannten Händeschütteln. Der sozial tiefer Stehende grüßt zuerst, wobei der hoch angesetzte *wai* mit einem niedrigeren beantwortet wird. Der *wai* wird zwar von Ausländern in der Regel nicht erwartet, kann aber helfen, z. B. bei Einladungen, die ersten Barrieren zu überwinden. Formlos grüßt man sich auf Thai mit *sawat-dee (hallo;* sprich: *sawadie).*

Das Gesicht wahren

Man fragt einen Thai nach dem Weg, er wendet sich mit einem Lächeln ab und dreht sich hilfesuchend nach anderen Thais um. Der Angesprochene versteht kein Englisch. Um nicht das Gesicht zu verlieren, wird er jemanden herbeiholen, der die Frage versteht und vielleicht beantworten kann. Notfalls gibt er irgendeine, möglicherweise auch falsche Richtung an, um das Gesicht zu wahren. Jemanden das Gesicht wahren zu lassen, aber auch das eigene nicht zu verlieren, ist der wichtigste Leitgedanke bei allen Verhaltensregeln. Nichts ist schlimmer als ein Gesichtsverlust, was dem Verlust der Würde gleichkommt. Wer sie antastet, begeht eine schwere Beleidigung, die auch einem *farang* nicht so leicht verziehen wird.

Der gesamte zwischenmenschliche Bereich wird dadurch geprägt, dass man Rücksicht auf die Gefühle anderer nimmt. Dabei gilt es die unzähligen Fettnäpfchen zu vermeiden, in die man als *farang* leicht stolpern kann, z. B. mit dem Finger auf einen Menschen zeigen oder jemanden durch das Krümmen des Fingers herbeirufen, beim Gespräch gestikulierend herumwirbeln, die Hände in die Hüften stemmen oder vor der Brust verschränken, vor allem mit den Füßen auf Menschen oder gar heilige Symbole zeigen. Verpönt ist es auch, im Sitzen die Beine übereinander zu schlagen.

Kritik von Angesicht zu Angesicht und insbesondere im Beisein von Dritten wird als eine mindere Form der Gewaltanwendung betrachtet. Einen Konflikt offen auszutragen, etwa die Be-herrschung zu verlieren, jemanden anzuschreien oder ausfällig zu werden, das heißt nicht nur, das stärkste Tabu zu brechen, sondern sich auch in unkalkulierbare Gefahr zu begeben. Sehr leicht kann dann der kritische Punkt erreicht sein, bei dem das Lächeln des Gegenübers der schieren Gewalt weicht.

Fettnäpfchen

Zarte Gesten zwischen Partnern sind reine Privatsache. So schickt es sich nicht als Mann und Frau Händchen haltend oder Arm in Arm herumzulaufen. Sich in der Öffentlichkeit gar zu küssen oder zu streicheln, ist absolut unverzeihlich. Hingegen ist es unter Menschen gleichen Geschlechts durchaus üblich, sich zu umarmen, Händchen zu halten, dem anderen die Hand aufs Knie zu legen.

Bei einer Einladung pünktlich zu sein, ist zwar keine Beleidigung, zeugt aber von den barbarischen Sitten des Gastes – eine halbe Stunde sollte man schon zu spät kommen. Generell werden Zeitangaben in Thailand nicht als fixe Termine angesehen, sondern lediglich als grobe Anhaltspunkte. Vor Betreten eines Zimmers unbedingt die Schuhe ausziehen, sonst beleidigt man den Gastgeber aufs Gröbste. Und wer dann noch über die Türschwelle steigt, anstatt den Fuß darauf zu setzen, gewinnt enorm an Achtung und kann kaum noch etwas falsch machen.

Dem äußeren Erscheinungsbild wird in Thailand größte Bedeutung beigemessen. In den Großstädten und an den Stränden herrscht zwar Laisserfaire, aber in der Provinz gilt es als ab-

TÄGLICHES RITUAL – DIE NATIONALHYMNE

»Thailand umarmt an seiner Brust alle Menschen mit thailändischem Blut.
Jedes noch so kleine Fleckchen Thailands gehört den Thais.
Das Land hat sich seine Unabhängigkeit gewahrt,
weil die Thais stets vereint waren.
Die Thais leben in Frieden, haben aber auch vor einem Krieg keine Angst.
Niemandem werden sie erlauben, sie ihrer Unabhängigkeit zu berauben.
Noch werden sie Tyrannei erdulden.
Alle Thais sind bereit, jeden Tropfen ihres Blutes der Nation zu opfern,
für Sicherheit, Freiheit und Fortschritt«.

(freie Übersetzung der Nationalhymne)

Es ist punkt acht Uhr – irgendwo in Thailand, in irgendeiner Provinzstadt. Plötzlich bringt laute, blechern tönende Lautsprechermusik fast jede Geschäftigkeit zum Stillstand: Passanten erstarren, Männer legen die Hände an die Hosennaht, die Brust – mit und ohne Orden – wölbt sich, Sitzende springen auf, selbst die Kinder stehen stramm, und einige Thais richten sich sogar nach Bangkok aus. Solche Ehrerbietung wird zwar von Touristen nicht erwartet, sehr wohl aber, dass man aufsteht und jedwede Aktivität unterbricht. Denn um acht Uhr ist Flaggenparade überall im Land. Jeder Fernseh- und Radiosender spielt jetzt für eine knappe Minute die thailändische Nationalhymne *Phleng Chat Thai*. Sie wurde von einem österreichischen Emigranten komponiert und in ihrer heutigen Form am 10. Dezember 1939 eingeführt. Das gleiche Prozedere wiederholt sich übrigens allabendlich um 18 Uhr, wenn die Flagge wieder eingezogen wird.

Weiß, blau und rot – eine Schülerkapelle zeigt Flagge

solut unschicklich, wenn Frauen kurze Röcke, knappe T-Shirts, durchsichtige Blusen oder keinen BH tragen. Hautenge Hosen, ärmellose T-Shirts und knappe Shorts sind bei beiderlei Geschlecht verpönt. Ordentliche und den allgemeinen Spielregeln entsprechende Kleidung ist darüber hinaus die unabdingbare Voraussetzung, um im Umgang mit Behörden überhaupt ernst genommen zu werden. Allerdings ist es denkbar ungünstig in schwarzer Kleidung aufzutreten, denn diese wird grundsätzlich mit dem Tod in Verbindung gebracht.

Heilige Symbole

Mögen die Thais bei Ausländern mittlerweile auch viel tolerieren, so ist ungebührliches Verhalten im Tempel sowie gegenüber allen religiösen Objekten unverzeihlich und kann laut Gesetz sogar mit Gefängnis bestraft werden. Den Regeln entsprechende Kleidung versteht sich von selbst: Also weder T-Shirt noch kurze, enge Hosen bzw. Röcke etc! Vor dem Betreten des Tempelraumes zieht man die Schuhe aus (wie auch in Moscheen, lediglich in chinesischen Tempeln darf man sie anbehalten). Auch Frauen dürfen sich in buddhistischen Tempeln frei bewegen. Allerdings ist der Kontakt zu Mönchen, die als heilig gelten, tabu. Sofern Mann von einem Mönch angesprochen wird, kann er zwanglos mit ihm plaudern und sollte zum Abschied mit einem *wai* grüßen. Soch selbst Männer sollten Berührungen mit Mönchen vermeiden und sich z. B. im Bus nicht neben einen Mönch setzen.

Heilige Symbole, darunter fallen alle Buddha-Statuen und -Bildnisse, auch solche in Ruinenanlagen, müssen mit höchstem Respekt behandelt werden. Heilig ist außerdem der König, den man im Gespräch mit einem Thai niemals kritisieren oder gar beleidigen sollte. Auf Majestätsbeleidigung stehen immerhin bis zu 15 Jahre Gefängnis. So wurde im Dezember 2006 ein Schweizer verhaftet, weil er – wahrscheinlich in trunkenem Zustand – Porträts des Königs mit Farbe besprüht hatte.

Die Völker Thailands

Die Thai stellen sich selbst gerne als ein homogenes Volk dar und weisen darauf hin, dass sich 95 % der Bevölkerung zum Theravada-Buddhismus bekennen. Ethnologen sehen das anders und wollen wissen, dass weniger als die Hälfte der Bevölkerung Thailands auch **ethnische Thai** sind und sich der Rest auf **Lao** (ca. 27 %), **Chinesen** (ca. 15 %), **Malaien** (ca. 4 %), **Khmer** (ca. 3 %) und andere Minderheiten – meist in Nordthailand ansässige **Bergvölker** – verteilt. Die ethnischen Thai selber wiederum gliedern sich in die *Thai Nüa* im Norden, die auch eine eigene alte Schrift besitzen, *Thai Glaang* in Mittel-Thailand, *Thai Isaan* im Nordosten, deren Sprache eher dem Laotischen ähnelt und *Thai Phak* im Süden.

So ist Thailand de facto ein Vielvölkerstaat, doch die ethnischen Probleme halten sich in Grenzen, weil die größte Minderheit der Lao direkt mit den Thai verwandt sind. Die Chinesen

Mönche im Wald- und Höhlenkloster
Wat Tham Sua nahe Krabi

ihrerseits haben als Meister der Assimilation eine gewisse ›Thaiisierung‹
vollzogen: Sie übernahmen weitgehend die Lebensweise und teilweise
auch Religion der Thai, mitunter sogar
deren Namen. Während sie traditionell
Handel betreiben, widmen sich die Thai
der Landwirtschaft und der Verwaltung.
Die Aufgaben sind also verteilt, man
kommt sich nicht in die Quere.

Nur die drei Südwestprovinzen Pattani, Yala und Narathiwat fordern immer wieder die Unabhängigkeit bzw.
den Anschluss an Malaysia. In diesem
Grenzland, das erst vor wenig mehr als
einem Jahrhundert ins Königreich integriert wurde, konzentrieren sich die
ethnischen Malaien, die als Nachfahren der zwischen 2500 v. Chr. und der
Zeitenwende aus Yünnan (Süd-China)
eingewanderten Deutero-Malaien gelten. Sie sprechen einen örtlichen malaiischen Dialekt und bekennen sich
größtenteils zum Islam. In ökonomischer Hinsicht stehen sie vergleichsweise schlecht da, denn die wirtschaftliche Struktur der Region wird
von Thai-Buddhisten als Staatsbeam-
ten und Thai-Chinesen als Kapitalei-
gentümern beherrscht. Kaum irgendwo sonst im Lande sind die natürlichen
Reichtümer ungerechter verteilt.

Tai-Kadai

Thailändisch gehört, wie u. a. auch La-
otisch, zur Familie der Tai-Kadai-Spra-
chen, die von etwa 80 Mio. Menschen
in Südostasien und im Süden Chinas
gesprochen werden. Trotz zahlreicher
Übereinstimmungen sowohl mit den si-
no-tibetischen Sprachen (etwa Chinesisch) als auch mit austronesischen
Sprachen (u.a. polynesische Sprachen) wird Tai-Kadai heute als eine ei-
genständige Einheit betrachtet. Allen
Sprachen dieser Gruppe ist gemeinsam, dass sie tonal sind. So können die
meist einsilbigen Wörter durch Aussprache in unterschiedlichen Tonhöhen
und Tonverläufen – normal, hoch oder
tief, aufsteigend oder fallend – bis zu
fünf vollkommen unterschiedliche Be-
deutungen erlangen. Das Wort *mai* beispielsweise bedeutet je nach Stimmla-
ge ›neu‹, ›nicht‹, ›Seide‹ oder ›brennen‹.
Erschwerend kommt hinzu, dass sich
gewisse Formen mit dem Geschlecht
des Sprechenden ändern. Außerdem

unterscheidet sich die Umgangssprache vollkommen von der gehobenen Sprache und es gibt viele verschiedene Dialekte. Obendrein wird Thai mit einem eigenen Alphabet geschrieben, das aus 44 Konsonanten und 32 Vokalen besteht. So kann man als Tourist nur von Glück reden, dass die englische Sprache in den Touristenzentren problemlos verstanden wird und man mit Englisch im Großen und Ganzen mittlerweile auch auf dem Lande gut durchkommen kann.

Buddhismus

Der historische Buddha

In keinem anderen Bereich werden die geistigen Beziehungen Thailands mit Indien offensichtlicher als im Buddhismus, dessen Geschichte um 560 v. Chr. beginnt. Zu dieser Zeit wurde in Kapilavastu, im Süden des heutigen Nepal, Prinz Siddharta Gautama geboren. Im Palast seines Vaters wuchs er in allem erdenklichen Luxus auf, es mangelte ihm an nichts, Krankheit und Tod waren ihm fremd. Da die Schattenseiten des Lebens ausgesperrt waren, hielt er das irdische Dasein für das reine Glück, bis ihm bei einer Ausfahrt vier Gottheiten in Gestalt eines Greises, eines Kranken, eines Toten und eines Asketen erschienen. Verzweifelt über das ihm bis dato unbekannte Leid der Welt und voller Sehnsucht danach, die Wahrheit zu finden und die Ursache für all das Leid der Menschheit, verließ er im Alter von 29 Jahren seine Frau, seinen neugeborenen Sohn und das väterliche Reich. Sieben Jahre lang zog er auf der Suche nach religiöser Einsicht umher, bevor er erleuchtet wurde.

Das Weltgesetz Dharma und die Vier Edlen Wahrheiten

Buddha, das heißt der Erwachte oder auch der Erleuchtete, erblickte den ewigen Kreislauf, in dem alle Wesen geboren werden, sterben und von neuem geboren werden. Er erkannte, dass alle Erscheinungen auf der Welt miteinander verflochten und vergänglich sind, demzufolge also keine unveränderlichen Dinge existieren. Das gesamte Erdenleben ist ein Wechselspiel von in funktioneller Abhängigkeit zueinander stehenden Einzelfaktoren, die nicht zufällig sind, sondern dem Weltgesetz **Dharma** unterliegen. Es manifestiert sich in der natürlichen Ordnung, im Lauf der Flüsse und der Bahn der Sterne, ebenso wie in der sittlichen Ordnung. Das Dharma ist schlichtweg alles, was wirkt.

Der Lehre Buddhas zufolge ist das menschliche Leben ein ständig sich erneuernder Strom von Daseinsfaktoren, die dem **Karma,** dem Gesetz von Ursache und Wirkung, unterliegen. Dieser Strom wird auch vom Tod nicht unterbrochen, weil die geistigen, moralischen und natürlichen Kräfte weiterwirken. Sie sammeln sich in einem neuen Individuum, dessen Leben gemäß dem Karma nach den guten und bösen Taten und Gedanken des Dahingeschiedenen ausgerichtet wird. So ist der Mensch, was er war, und wird sein, was er ist. Dabei ist Leben stets mit Leid verbunden, nicht aufgrund von Schmerzen, sondern weil es vergänglich ist, keinen Bestand hat und wie das Ego selbst nichts als Illusion sein kann.

Diese Erkenntnis wird als die erste der **Vier Edlen Wahrheiten** bezeichnet, die den Kern der buddhistischen Lehre bilden. Die zweite Edle Wahrheit erklärt die Ursachen des Leidens, nämlich Gier, Hass und Verblendung, während die dritte Edle Wahrheit aufzeigt, wie das Leid beendet werden kann. Die vierte Edle Wahrheit schließlich beschreibt den **Edlen Achtfachen Pfad,** der zur Beendigung des Leidens führt. Er basiert auf rechter Erkenntnis, rechter Gesinnung, rechtem Reden, rechtem Handeln, rechtem Leben, rechtem Streben, rechter Aufmerksamkeit und rechtem Sich-Versenken.

Buddhismus heute

So ist der Buddhismus eigentlich weniger eine Religion als vielmehr eine Weisheitslehre, also Philosophie bzw. Weltanschauung. Weil er keine Verbote aufstellt, kein »Du darfst nicht…«, sondern nur Empfehlungen, also Weghilfen, gibt, ist er wahrscheinlich so wenig von einer Säkularisierung bedroht. Das Thailand der Gegenwart, in dem sich rund 95 % der Bevölkerung zum Buddhismus bekennen, ist noch immer ein ganz und gar buddhistisch geprägtes Land. Die rund 300 000 Mönche in mehr als 25 000 Klöstern kennzeichnen die Verankerung des Landes in der Religion. Auch die in Thailand so sprichwörtliche Präsenz von Harmonie und Friede, nebst Gleichmut und Geduld, ebenso wie Lebensfreude entspringen direkt der buddhistischen Lehre.

Feste und Veranstaltungen

Seit alters her suchen die Menschen, ihr Leben und den Jahreslauf durch Feste und Feiern in Perioden und Rhythmen zu gliedern und so den Alltag zu durchbrechen. Da den Thais *sanuk* als die Zauberformel gegen den langweilig anmutenden Alltag gilt, kann man sich vorstellen, wie feierfreudig die Thailänder sind. Sie besitzen eine einzigartige Begabung, wenn es darum geht, die insgesamt rund ein Dutzend staatlichen Feiertage sowie die Vielzahl religiöser und regionaler Feste ausgiebig zu feiern. Dabei werden Brückentage selbstverständlich in das Fest einbezogen, wodurch eine Vielzahl – auch offiziell – langer Wochenenden geschaffen wird. Während sich die staatlichen Feiertage (s. S. 217) nach dem westlichen Kalender richten, folgen die religiösen dem Mondkalender und schwanken daher von Jahr zu Jahr. Über die jeweils gültigen Festtermine informieren ein Verzeichnis des thailändischen Fremdenverkehrsamts sowie die Website www.thailandtourismus.de/feste.

Dreimal Neujahr

Zu den wichtigsten Festen landesweit gehören diejenigen zu Neujahr, das die Thais mindestens dreimal feiern: Wie bei uns üblich wird in der Nacht vom 31. Dezember auf den **1. Januar** das neue Jahr in Bangkok und in den Touristenzentren mit Feuerwerk sowie zunehmend auch allem sonstigen Pipapo begrüßt. Ab dem ersten Tag des ersten

Gut gelaunt unterwegs zu einem Fest

Mondes im Januar oder Februar feiern dann die **Chinesen** ihr dreitägiges Neujahrsfest zum Gedenken der Vorfahren. Und schließlich steht vom 13. bis 15. April mit **Songkran** das thailändische, traditionell buddhistischen Neujahr an. Wurden früher nur auf dem Land Buddha-Statuen mit Wasser besprengt, um symbolisch die Sünden des alten Jahres abzuwaschen, liefert man sich heute auch in den Städten wahre Wasserschlachten. Da bleibt niemand trocken, selbst bzw. gerade Touristen nicht. Übrigens ist man in Thailand dem abendländischen Kalender um 543 Jahre voraus, da Buddha früher als Jesus lebte.

Das Lichterfest

Loy Kratong gilt im Allgemeinen als das schönste aller Feste im Jahresreigen. Zu Ehren von Mae Khongkha, der göttlichen Mutter des Wassers, werden in der Vollmondnacht des 12. Mondes gegen Ende November auf allen Flüssen, Kanälen, Teichen und Seen des Königreiches Millionen von kleinen lotosförmigen Schiffchen ausgesetzt, die mit brennenden Kerzen und Räucherstäbchen sowie Blumen befrachtet sind. Traditionell aus Bananenblättern gefertigt, mischen sich heute mehr und mehr Styroporflößchen ins Gewimmel. Dennoch ist der Anblick der Lichterteppiche auf allen Wasserflächen und -wegen beeindruckend. Auch auf dem Meer werden diese kleinen illuminierten Gabenboote ausgesetzt. Sie sollen nicht nur die Göttin entzücken, sondern auch die Sünden fort- und die Wünsche hinaustragen.

Traditionelle Sportarten

Die Thais sind ein Volk von Sportenthusiasten, insbesondere die traditionellen Disziplinen werden gepflegt. So treffen sich am Spätnachmittag fast überall im Land meist junge Männer zum **Sepak Takrwa** (auch *takrao*). Eine sprechende Bezeichnung, denn ›Kick den geflochtenen Rattan‹ lautet in etwa die Übersetzung für dieses dem Volleyball ähnliche Spiel. Zwei Mannschaften mit je drei Spielern versuchen den rund 12 cm großen Rattan-Ball mit Füßen und Knien, Schenkeln und Köpfen, ohne zu Hilfenahme von Händen oder Armen, über das Netz in das gegnerische Feld zu kicken, wobei nur maximal drei Ballkontakte je Team erlaubt sind. Wahrhaft akrobatische Techniken gibt es, den Ball auf eine Geschwindigkeit von bis zu 140 km/h zu beschleunigen. Damit ist *takrwa* das schnellste Ballspiel der Welt.

Neben *takraw* gilt **Muay thai** (Thai-Boxen) als Nationalsport des Landes. Dieser Kampfsport, einer der ältesten der Welt, wird inzwischen kaum noch in seiner traditionellen Form ausgeübt. Bei der heute üblichen Variante mit Vollkontakt sind u. a. Schlag- und Tritt-Techniken mit Faust, Ellbogen, Knie, Schienbein oder Fuß erlaubt.

Traditionelle Unterhaltungsform der südthailändischen Männerwelt ist der Büffelkampf, bei dem in einer Arena zwei Wasserbüffel ihre Kräfte messen. Das geht in aller Regel unblutig zu, steht ganz im Zeichen maßloser Wettleidenschaft und erfreut sich insbesondere auf Ko Samui sowie Ko Pha Ngan allergrößter Beliebtheit.

ARCHITEKTUR UND KUNST

Die Lage Thailands auf dem Boden jahrhundertealter buddhistisch geprägter Reiche gab der Kunstentfaltung Nahrung. Nur vor diesem Hintergrund ist es zu verstehen, dass die gesamte thailändische Kultur von etwa 500 n. Chr. bis heute eine derart auffällige Homogenität aufweist. Die Stile wandelten sich, die Ikonographie der religiös verstandenen Kunst und Kultur aber blieb im Wesentlichen gleich. Das der Lehre Buddhas zugrunde liegende Streben nach Harmonie, Vergeistigung und Friede sorgte für Einheit.

Die Klosteranlage

Chedi und Prang

Die Klosteranlage, auf Thai **Wat** geheißen, verkörpert den Archetyp thailändischer Architektur. Zentrum eines jeden Klosters und stets auch das höchste Bauwerk ist der **Chedi.** Er wurde in seiner früher halbkugel-, dann glockenförmigen und heute spitz zulaufenden Turmform vom indisch-buddhistischen Stupa abgeleitet, der in seiner Konzeption wahrscheinlich auf vorbuddhistische Hügelgräber zurückgeht, in denen Fürsten beigesetzt worden waren. Entsprechend birgt auch der Chedi Reliquien. Ursprünglich stammten sie von Buddha selbst, dessen Leichnam gemäß der Überlieferung in acht Teile geteilt wurde. Auch das Wort Chedi geht auf die Zeit Buddhas zurück und bedeutet ›anordnen‹

bzw. ›aufhäufen‹ sowie im übertragenen Sinne ›geistig fixieren‹. Der Chedi will nicht nur als Architektur verstanden sein, sondern vor allem als Ermahnung im weitesten Sinne. Darauf weist auch die in den Abmessungen vieler Chedis erscheinende Zahlensymbolik hin, die das Bauwerk zum geometrischen Abbild der buddhistischen Kosmologie machen.

Ganz ähnlich auch verhält es sich beim knospen- oder phallusförmigen **Prang.** Diese thailändische Adaption der Khmer-Tempelheiligtümer, die ursprünglich hinduistischen Gottheiten (insbesondere Shiva) geweiht waren, sind dem kosmischen Berg Meru nachempfunden. Gekrönt werden sie von einem Abschlussstein in Form einer Lotosknospe. Als bestes Beispiel eines Prang gilt der Wat Arun, das Wahrzeichen von Bangkok.

Bot und Viharn

Während Chedi und Prang zumeist exakt auf alle vier Himmelsrichtungen ausgerichtet sind, so zeigt der **Bot** ostwärts. In diese Richtung blickte Buddha, als er die Erleuchtung erlangte. Der Bot repräsentiert das zentrale Heiligtum einer jeden Klosteranlage, hat einen rechteckigen Grundriss und zumeist ein mehrfach gestaffeltes, in der Regel mit glasierten Keramikkacheln gedecktes Dach.

In diesem von innen oft auffallend prächtig mit Wandmalereien ausgestatteten Heiligtum finden die Ordinationsfeierlichkeiten sowie andere religiöse Zeremonien statt.

Obwohl der Bot das wichtigste Glied der Klosteranlagen darstellt, ist in der Regel der **Viharn** das größte Bauwerk. Er unterscheidet sich vom Bot nur dadurch, dass er nicht durch acht Grenzsteine als geweihter Bereich gekennzeichnet ist. Die Wortwurzel von Viharn bedeutet ›Aufenthalt‹ und entsprechend dient dieses Bauwerk als Versammlungs- und Gebets- bzw. Meditationshalle für Mönche und Gläubige.

Der **Mondhop** schließlich stellt architektonisch eine Verschmelzung von Viharn und Chedi dar und bildet mit seinem pyramidenförmig gestuften Dach einen besonderen Augenfang. Er dient als Aufbewahrungsort heiliger Objekte und heiliger Schriften, weshalb er sich in aller Regel als die Bibliothek einer Klosteranlage präsentiert.

Kunststile

Die frühen Epochen

Als die älteste Stilepoche auf thailändischem Boden gilt diejenige der **Dvaravati-Periode,** die etwa vom 6. bis zum 10/11. Jh. währte. In jener Zeit lebten die Mon wahrscheinlich in losen Staatenverbunden auf dem Gebiet des heutigen Thailand (ohne Malaiische Halbinsel). Dieses Volk wird in der einschlägigen Literatur wegen seiner Schöpferkraft gemeinhin als die Grie-

chen von Südostasien bezeichnet. Insbesondere die Buddha-Statuen zeugen von der ehemals hohen Kunstfertigkeit dieser heute nur noch etwa 400 000 Menschen zählenden Volksgruppe (Zentralthailand, Myanmar). Typisch für die meist in Stein ausgeführten Plastiken ist das flache, mit Haarlocken und kräftigen Augenbrauen sowie stark ausgeprägten Lippen versehene Gesicht. Als vorherrschende stilistische Merkmale der Mon-Kunst gelten Symmetrie und Abstraktion.

Gegen Ende des 10. Jh. etwa wurden die Mon von den **Khmer** ver-

Der Dusit Maha Prasat im Palastbezirk in Bangkok – ein unverfälschtes Beispiel klassischer Thai-Architektur

drängt, als deren architektonische Höchstleistungen die Tempelkomplexe gelten. Weltberühmt ist derjenige des heute in Kambodscha gelegenen Angkor Wat. Aber auch im Königreich Thailand, insbesondere im Nordosten des Landes, sind eindrucksvolle Zeugnisse jener Zeit erhalten. Das künstlerische Erbe der Khmer fand Eingang in nahezu alle neueren Stilentwicklungen Thailands. So erinnert der bei kaum einem Tempel fehlende Prang auffallend an die monumentalen Turmheiligtümer dieser untergegangenen Kultur.

Während sich die Mon- und Khmer-Reiche auf das zentrale und nördliche Thailand beschränkten, stand Südthailand zwischen dem 8. und 13. Jh. unter Herrschaft des Handelsreiches **Srivijaya,** das die gesamte Malaiische Halbinsel sowie u. a. Java und Sumatra umfasste. Seine Hauptstadt setzt man mit dem heutigen Palembang auf Sumatra gleich. Die zahlreich gefundenen Buddha- und Götterskulpturen lassen vermuten, dass Hinduismus und Buddhismus in diesem stark von Indien beeinflussten Reich gleichberechtigt nebeneinander standen.

Die Thai-Epochen

Als die Thai in das Gebiet des heutigen Thailands vordrangen und ihr erstes Königreich in Sukhothai errichteten, nahm die **Sukhothai-Periode** (13./14. Jh.) ihren Anfang. Neue, bisher gänzlich unbekannte Stilelemente tauchten auf. Glockenförmige Chedi und säulenreiche Viharn wurden überall im Land errichtet, die Bronzegießerei und Darstellungen Buddhas erlangten ihre Blüte. Viele Kunsthistoriker sind der Ansicht, dass diese Stilepoche den Höhepunkt der thailändischen Architektur, Plastik und Kleinkunst markiert.

Während der **Ayutthaya-Periode** (14.–18. Jh.) nahmen die mehrfach gestaffelten Dachkonstruktionen der Klosteranlagen ihre heutige in ganz Thailand verbreitete Form an. Die Turmheiligtümer der Khmer wurden architektonisch mit den Chedis verbunden, in der Skulptur wurde höchste Perfektion erreicht, die Literatur erlebte einen einzigartigen Aufschwung. Die Tempel-Wandmalerei dieser Epoche wird heute als der wesentliche Beitrag Thailands zur Weltkunst angesehen. Mit der Zerstörung der Hauptstadt Ayutthaya durch die Burmesen gingen die bedeutendsten Zeugnisse thailändischer Kunst und Kultur verloren.

In der seit 1800 andauernden **Bangkok-Periode** stagnierte die Inspiration der Künstler. Rokokoartiges Übermaß an dekorativem Beiwerk kündigte im 19. Jh. den vorläufigen Stillstand des Stilwandels an, und auch der **Moderne** ist es bisher nicht geglückt, dem großen kulturellen Erbe neue Formen zu verleihen.

Literatur und Tanztheater

Ramakien

Die Geschichte der Thai-Literatur beginnt im Jahre 1283, als der in Sukhothai regierende König Ram Khamhaeng (1239–1317) das noch heute gültige **thailändische Alphabet** kreierte. Auch das erste überlieferte Schriftzeugnis, eine Steininschrift aus dem Jahre 1292, geht auf diesen außergewöhnlichen Herrscher zurück. Die heute im Nationalmuseum in Bangkok ausgestellte Stele gilt als eine der wenigen erhaltenen Quellen, die etwas über die sozialen und politischen Verhältnisse im alten Siam aussagen. In den folgenden Jahrhunderten nämlich wurden literarische Werke allesamt auf Palmblättern verfasst, die einerseits sehr anfällig für Witterungseinflüsse sind und andererseits größtenteils Opfer der Flammen wurden, als 1767 die Hauptstadt Ayutthaya von den Burmesen vollständig zerstört wurde.

Entsprechend wenig ist über die Literatur der Thai bekannt, die sich in ihrer Thematik vor allem auf Interpretationen buddhistischer Texte beschränkte und darüber hinaus insbesondere romantische Werke hervorbrachte, die auf indischen Heldenepen beruhen. So auch **Ramakien,** die bedeutendste Nationaldichtung des Landes, die gegen Ende des 18. Jh. unter Aufsicht und Mitarbeit von König Rama I. (1782–1809) entstandene Thai-Version des indischen Nationalepos »Ramayana«. Es gilt als Meisterwerk der thailändischen Literatur, ist mit über

50 000 Versen auch ihr umfangreichstes und wird noch heute in den Schulen des Landes gelesen und gelehrt.

Khon und Lakhon

Die darstellende Kunst, insbesondere das Tanztheater, wurde vom Ramakien maßgeblich beeinflusst, wie in Thailand Literatur und Tanztheater überhaupt eng verzahnt sind. So basiert der **Khon,** der klassische thailändische Maskentanz, ausschließlich auf dem Ramakien. Seine Verse werden rezitiert, während das Geschehen von einer Maskentänzertruppe auf der Bühne mimisch dargestellt wird. Dabei ist die Körpersprache bis ins kleinste Detail reglementiert: Jedem Schritt und jeder Haltung sowie jeder Handbewegung und Augenstellung kommt eine ganz eigene Bedeutung zu. Es gibt über 400 Handbewegungen und 84 Augenstellungen. Mit seinem unerhörten Repertoire an musikalisch untermalten Tanzbewegungen, Dialogen, Szenenbeschreibungen und nach alten Mustern angefertigten Kostümen bildet der Khon eine einzigartige thailändische Kunstform, die bis zum heutigen Tag gepflegt wird. Insbesondere im Patravadi-Theater und im Nationaltheater in Bangkok ist der Maskentanz in seiner ganzen exotischen Pracht zu sehen.

Beim **Lakhon** ist die Gestensprache wesentlich offener. Die Bewegungsabläufe sind daher weicher und fließender. Bei dieser Form des Tanztheaters treten die Darsteller ohne Masken auf, aber mit stark geschminkten Gesichtern. Außer den Versen des Ramakien werden auch andere Epen, Märchen und Sagen aufgegriffen. Auch der Lakhon wird noch heute gern aufgeführt. In seiner Reinform kann er insbesondere in Bangkok betrachtet werden.

Beim Lakhon liegt die Betonung auf dem Oberkörper, vor allem auf den Händen

Exotische Klänge

Allen Gattungen der thailändischen Musik ist gemein, dass sie für Zuhörer aus dem Westen exotisch und fremd klingen. Insbesondere die **klassische höfische Musik,** die traditionell das Theaterspiel instrumental begleitet, zeigt eine für das westliche Ohr ungewohnte Klangästhetik. Denn die Musik folgt einer heptatonischen Skala, ist mithin in sieben gleich große Schritte unterteilt, während Halbtonschritte, wie wir sie kennen, fehlen. Obendrein ist das Zusammenspiel der gleichberechtigten Instrumente nicht an ihrer symphonischen Wirkung, sondern vielmehr an Rhythmus und Klangfarbe orientiert. Neben Bronzegong und zwei Trommelarten gehören Oboe, Holzxylophon, und Zimbel zu den Instrumenten des höfischen Orchesters, das aus mindestens sechs Musikern besteht.

Die **Volksmusik,** die sich auch heute noch großer Popularität erfreut, kennt ebenfalls keine Harmonien und Melodien nach Art der westlichen Musik. Am gewöhnungsbedürftigsten klingt der vermutlich in schamanistischen Gesängen wurzelnde *Mor Lam,* der sich durch extrem schnelle Tempi und einen stakkatoartigen Gesang auszeichnet und traditionell von einer Mundorgel aus Bambus begleitet wird. Er ist im Nordosten beheimatet, wird aber heute landesweit gehört und in seiner modernen, stark von der westlichen Musik beeinflussten Spielart von elektronischen Musikinstrumenten getragen, insbesondere von Keyboards und E-Gitarren sowie zunehmend von Saxophon und Schlagzeug.

Auch der *Luk Thung* (das Lied vom Kind des Feldes), die mit Abstand beliebteste Musikrichtung der ländlichen Gebiete, ist stark verwestlicht. Die Stars dieser Musikrichtung sind u. a. Rock Salaeng und Jintara Poonlarp. Sie thematisieren mit expressivem Gesang und viel Vibrato bei oftmals gewaltigem Stimmumfang den Alltag der Landbevölkerung.

Rock und Pop

Seit den 1990er Jahren etwa entstanden zahlreiche Verbindungen zwischen *Mor Lam, Luk Thung* und der thailändischen Popmusik, die als *String* bezeichnet wird. Traditionell orientiert sie sich an Rhythm and Blues und Surf Rock, heute aber auch an Hard Rock, Rap und anderen aktuellen westlichen Musiktendenzen. Die bekanntesten Interpreten des *String* sind Loso, Asanee-Wasan, Big Ass, Fahrenheit und Thaitanium.

Carabao, die mit Abstand populärste thailändische Band spielt hingegen vorwiegend *pleng peua chiiwit* (Lieder für's Leben), sozial und politisch engagierte Protestlieder. Dank der hervorragenden Texte, der großartigen Melodien und einem ebenso fetzigen wie gekonnten Gitarrenspiel ist Carabao seit nunmehr über 30 Jahren und mit mehr als 50 Alben ›die‹ Größe auf dem thailändischen Musikmarkt. Wer Gelegenheit hat, ein Life-Konzert der neunköpfigen Gruppe zu besuchen, sollte sich dieses Erlebnis nicht entgehen lassen. Die Musiker sind häufig auf Tournee und traten 2005 auch in Deutschland auf.

ESSEN UND TRINKEN

Ohne *sanuk,* Lebensfreude also, wäre das Dasein eintönig und trist. Essen und Trinken, am liebsten zusammen mit Freunden genossen, ist *sanuk* in Reinform und bedeutet weitaus mehr als die Befriedigung eines Grundbedürfnisses. Da es Behagen *(sabai)* bereitet, es sich so gut wie möglich gehen zu lassen, wird keine Gelegenheit zu einem Essen, Snack oder guten Schluck vertan. Folglich scheint man in Thailand immer und bei jeder Gelegenheit zu essen.

Garküchen und Restaurants

1€ = 42 Bt
10€ = 420 Bt

Die Anzahl der **Garküchen** in Stadt und Land ist schier unermesslich. Da die Thais am liebsten abends Essen gehen, gibt es überall **Nachtmärkte,** wo sich Garküchen bzw. Essensstände dicht an dicht drängeln, man hier eine Suppe holt, da einen Snack nascht und dort vielleicht ein Curry- oder Fischgericht kostet. Eine sättigende Auswahl wird kaum mehr als 50–80 Bt kosten, Tee wird in der Regel kostenlos dazu serviert. Auch in den einfachen **Thai-Restaurants** am Straßenrand kann man für etwa 50–80 Bt inklusive Reis und Tee etwas Leckeres aus dem Töpfe-Buffet auswählen.

In den Ferienzentren sowie natürlich in Bangkok und Phuket Town laden **klassische Thai-Restaurants** der gehobenen bis königlichen Thai-Küche sowie auch der Nouvelle Thai Cuisine

zu wahren kulinarischen Entdeckungsreisen in Sachen Gaumenschmaus und Augenweide ein. Das Ambiente ist fast immer gepflegt und stilvoll-gemütlich. Ab etwa 150 Bt muss man im Durchschnitt für ein Gericht ansetzen, doch auch ein Schlemmerabend zu zweit wird kaum mehr als 1000 Bt kosten. Ähnliche Preise werden in den Restaurants der **Hotels** und **Resorts** verlangt, wo das Thai-Essen allerdings stärker dem europäischen bzw. internationalen Geschmack angepasst ist. Auch in den zigtausenden **Strandrestaurants** der Ferienzentren gilt der westliche Gaumen als das Maß der Dinge. Ob thailändisch pikant oder westlich gemäßigt, die Qualität ist durchwegs ausgezeichnet. Auch die italienische und mediterrane, die mexikanische, israelische oder deutsche Küche, die oft parallel gepflegt werden, sind in der Regel gut. Zugleich sind die Preise meist gemäßigt. Für ein Candle-Light-Dinner unter Palmwedeln am Meeressaum zahlt man für zwei Personen etwa 200 Bt, kann in den angesagten Ferienorten jedoch auch das Vielfache ausgeben.

Gewürzorgien für den Gaumen

Die ungeheure Vielfalt der thailändischen Küche, die fast 3000 eigene Gerichte kennt, in denen sich Einflüsse der chinesischen, indischen, malaiischen und indonesischen Kochkunst finden, hat ihr den Ruf eingebracht, eine der besten Küchen der Welt zu sein. Da zahlreiche Gerichte im Wok nur kurz angebraten werden, wodurch alles frisch und knackig bleibt, wird sie heute obendrein als eine der gesündesten der Welt bezeichnet. Obendrein ist sie überaus reich an Gewürzen, denn schon in Standardgerichten sind Pfeffer, Koriander und Kardamon, Minze, und Zitronengras, Knoblauch, Ingwer, Bergamotte und Limone, um nur die wichtigsten zu nennen, feste Bestandteile. Nicht zu vergessen natürlich auch Chilischoten, diese kleinen Gaumenterroristen, die die Thai-Küche zu einer der schärfsten Sache der Welt machen.

Doch was am ersten Tag vielleicht nicht essbar erscheinen mag, empfindet man bald schon als angenehm. Außerdem hat es sich in Thailand längst herumgesprochen, dass Europäer gemeinhin eher lasche Speisen bevorzugen. Für Ausländer wird die Schärfe deshalb meist reduziert bzw. es wird zuvor gefragt, ob man es *phet* (scharf) oder *mai phet* (nicht scharf) mag. Das goldene Mittelmaß heißt *nit-noi phet* (ein wenig scharf). Befolgt man zudem die thailändische Speisefolge, isst also reichlich Reis und Suppe nebst anderen milden Gerichten, kann sich der Gaumen schnell auf neue Geschmackserlebnisse umstellen.

Die Mahlzeiten

Selbst zum **Frühstück** essen die Thais traditionell Reis *(khaao plau)*, gerne *khaoo tom* (Reissuppe) oder *khaao yam,* ein kaltes süß-scharfes Reisgericht. Oder es gibt Nudelsuppe, die die Chinesen in die Thai-Küche eingeführt haben. Brot und Butter übrigens sowie generell Milchprodukte gibt es traditionell nicht in Thailand. Nur in den Ferienzentren oder in vorwiegend von Touristen frequentierten Restaurants sind Brot (meist Toast) und Butter bzw. in der Regel Margarine sowie H-Milch und Käse (hauptsächlich Scheibletten) zu bekommen. **Mittags**, wenn die Hitze den Hunger ohnehin reduziert, gibt es nur einen Snack in einer Garküche.

Die Hauptmahlzeit wird in der Regel am **Abend** eingenommen. Grundsubstanz ist natürlich Reis *(khaao plau),* denn ›essen‹ ist auf Thai gleichgesetzt mit ›Reis essen‹. Dazu wird eine klare, meist säuerliche Suppe, z. B. klassisch *tom yam,* gereicht. Des Weiteren gibt es ein gekochtes Gericht wie etwa Kokosnusscurry, z. B. das milde und sämige *gaeng massaman* oder das scharfe *gaeng penaeng*, sowie eine gebratene Speise, vorzugsweise Fisch *(plah)* oder Hühnchen *(gai)*. Auch ein scharf gewürzter Salat, beliebt ist etwa *som tam* aus grüner Papaya, nebst einer Auswahl an Saucen und Rohkost fehlen nicht.

Im Gegensatz zur westlichen Speisenfolge werden bei einem thailändischen Menü alle Speisen zugleich aufgetischt. Jawohl, die Suppe gibt es zum Essen und nicht etwa davor. Nur das Dessert – oftmals Früchte – wird, wie auch bei uns üblich, zum Abschluss serviert. Vorzugsweise tafeln die Thais im großen Kreise, wobei es gang und gäbe ist, dass alle von allem essen. Löffel (rechte Hand) und Gabel (linke Hand) genügen um die mundgerechten Happen zu verzehren, Messer

LOTOS – LECKER UND HEILIG

In allen Ländern Südostasiens und des Indischen Subkontinents ist der Lotos *(Nelumbo nucifera)* allgegenwärtig, sei es nun in der Natur oder in der Kunst. Die dekorativen Pflanzen mit großen Blättern und langstieligen bis zu 35 cm großen Blüten in zartem Weiß und Rosa breiten sich als Teppiche über Teiche und Seen, Kanäle und Wassergräben aus. Vielfältig sind die künstlerischen Darstellungen des Lotos. Er wurde in Holz geschnitzt, in Stein und Gold verewigt, aus Seidenfäden geknüpft, auf Reispapier und Leinwand gebannt oder in Lyrik beschrieben. Vor allem in der Tempelarchitektur ist die Blume ein immer wieder kehrendes Motiv, wofür der Lotostempel in New Delhi, ein Rundbau von 75 m Durchmesser in der Form einer sich öffnenden Lotosknospe, als eindrucksvolles Beispiel stehen mag. Der Form der Lotosblüte nachempfunden ist auch der Lotossitz, in dem in den fernöstlichen Religionen seit alters her die Meditation ausgeübt wird.

Der Grund für die außerordentliche Beliebtheit der Pflanze erklärt sich durch den sogenannten Lotoseffekt, die Fähigkeit der Lotosblätter, Schmutz abzuweisen, obwohl sie oftmals im schmutzigen Trüben schwimmen und die Pflanzenwurzeln im tiefsten Schlamm stecken. Dies ließ den Lotos in weiten Teilen Asiens zum Sinnbild für Reinheit und Treue, für Schöpferkraft und Erleuchtung werden. In einem indischen Epos heißt es, dass der Schöpfergott Brahma aus Lotos geboren sei, der im Nabel von Vishnu blühte. Der Taoismus schreibt dem Lotos das Attribut der Unsterblichkeit zu. Im Buddhismus ist er Symbol für den Lauf der Zeiten, zählt zu den acht Kostbarkeiten und gilt als die Blume alles Heiligen, denn wie es die Legende erzählt, sprossen dort, wo der zukünftige Buddha nach seiner Geburt den Boden berührte, Lotosblumen hervor. In Thailand steht der Lotos zudem als Symbol einer guten Ehe.

Darüber hinaus ist der Lotos in der asiatischen Heil- und Kochkunst präsent. Früher wurden die Lotosblätter zum Blutstillen genutzt und galten als Medikament gegen Blasenschwäche. Der Saft aus dem roh gepressten Wurzelstock soll gegen Nasenbluten helfen. Noch heute werden in der heißen Jahreszeit die gekochten und gesüßten Lotoswurzeln gegen Magenleiden verabreicht. In der Thai-Küche sind zahlreiche Rezepte mit Lotos bekannt. Die jungen Blätter der Pflanze werden als schmackhafter Salat zubereitet. Auch als Kochtasche für Reis oder als dekorative ›Gemüseteller‹ sind sie beliebt. Feinschmecker schätzen in Lotosblättern gebratenes bzw. gedämpftes mariniertes Fleisch. Als Reiseproviant eignen sich die Lotossamen mit ihrem milchig-weißen Fleisch, die sich im Innern der kegelförmigen Frucht befinden. Allein zwei Dutzend Zubereitungsarten gibt es für den Stamm der Lotospflanze: Roh wird er beispielsweise mit der scharfen Chili-Paste *nam-phrik* angerichtet, gekocht schmeckt er als *tom ga-thi sai bua pla tu*, eine mit Makrelen, Shrimp-Paste, Kokosmilch, Schalotten und Tamarind verfeinerte Suppe.

sind völlig überflüssig. Bei Nudelge-
richten, selbst bei Suppen, kommen
Essstäbchen zum Einsatz.

Die Getränke

Zum Essen trinkt man üblicherweise
grünen **Tee** *(tschah),* der ebenso wie
Wasser *(nham)* meist kostenlos serviert wird. Für europäische Mägen
empfehlenswerter als ›normales‹ Lei-
tungswasser sind in Flaschen abgefüll-
tes Trinkwasser sowie Mineralwasser.
Zumindest ersteres gibt es überall in
Stadt und Land und es ist hygienisch
völlig unbedenklich.

Auch die üblichen **Soft Drinks** wie
Coke, Pepsi, Fanta, Sprite usw. finden
sich in nahezu jedem Dorf. **Fruchtsäf-
te** und **Shakes** in delirierender Vielfalt
hingegen werden nur in den Ferienzentren angeboten. Mit Ausnahme der
überwiegend von Moslems bewohnten
Regionen gibt es auch **Bier** diverser
Marken, teils von deutschen Brauern
hergestellt.

Ein kühles Bier wird auch von Thais
zum Essen sehr geschätzt, die zudem
gern Hochprozentiges trinken, und das
nicht nur zur Mahlzeit. An erster Stelle
steht wohl der **Mekong,** eine Art Whis-
key von vermutlich nicht großer Reinheit, aber großer Wirkung bei kleinem
Preis, den man auf thailändische Art
mit Soda, Lemon und Eis genießt. Daneben werden **Sang Thip,** ein Wein-
brand, und **Sang Som,** eine Rumvari-
ante, angeboten.

**Bei einem thailändischen Menü
werden alle Speisen gleichzeitig
aufgetragen**

SÜSS UND SAFTIG – TROPISCHE FRÜCHTE

Ananas und Kokosnuss, ganz zu schweigen von Melone und Banane – wer kennt sie nicht? In Thailand aber kann man auch weniger bekannte Tropenfrüchte mit seltsamen Namen wie Rambutan, Mangostan oder Durian kosten. Anders als daheim sind die Exoten frisch und ausgereift und obendrein billig – insbesondere auf den Märkten. Die meisten müssen vor dem Verzehr geschält werden und können daher ohne Bedenken gegessen werden.

Durian (thurien; lat. *Durio zibethinus*): Die etwa kopfgroße ›Königin‹ der Früchte wird despektierlich auch Stinkfrucht genannt. Sie stinkt wie die Hölle und schmeckt wie der Himmel, sagen ihre Verehrer. Eine gelb-grüne, stachelige Schale umschließt weißliches, cremiges Fruchtfleisch mit einem extrem süßen, karamellartigen Geschmack, das man am liebsten mit verschlossener Nase probieren möchte. Es zeichnet sich durch einen hohen Gehalt an Vitaminen aus und ist angeblich ein Aphrodisiakum. Saison: April bis September.

Granatapfel oder **Grenadine** (thap-thim, lat. *Punica granatum*): Die Frucht sieht aus wie ein rotbackiger Apfel mit wulstigem Nabel und dicker, etwas fleckiger Haut. Sein Inneres ist in unregelmäßige Kammern unterteilt, die mit essbaren rosa Kernen, Johannisbeeren vergleichbar, gefüllt sind. Wenn man den Granatäpfel in zwei Hälften bricht und umstülpt, fallen die Kerne heraus. Saison: ganzjährig.

Jackfrucht (khanun; lat: *Artocarpus integrifolia/heterophyllus*): Die direkt am Stamm wachsenden Früchte haben ein gelbgrüne, genoppte Schale und können angeblich bis 40 kg schwer und 60 cm lang werden. Die saftigen, gelben Fruchtfleischsegmente werden vorzugsweise eiskalt, die Samenkerne meist roh oder geröstet verzehrt. Die Jackfruit ist mit der Durian verwandt. Saison: ganzjährig.

Mango (mamuang; lat. *Magnifera indica*): Die nierenförmige und bis zu 400 g schwere Baumfrucht gibt in grünem, unreifem Zustand ein köstliches, nussig schmeckendes Gemüse ab, reif und goldgelb erinnert sie an einen Pfirsich. Am besten löst man den großen Kern mit einem Messer heraus und löffelt das Fleisch aus der Schale. Saison: März bis Mai.

Mangostan (mang kut; lat. *Garcinia mangostana*): Obwohl der Name ähnlich klingt, ist die apfelgroße violette Frucht mit dem kleeblattähnlichen Käppchen am Stiel nicht mit der Mango verwandt. Das weiße, saftige Fruchtfleisch unter der harten Schale hat einen einzigartigen, angenehm säuerlichen Geschmack und harmoniert hervorragend mit der Durian. Saison: April bis September.

Manilafrucht (la-mu; lat. *Manilkara zapota*): In Form, Farbe und Größe ähnelt die auch Breiapfel oder Sapodilla genannte Frucht einer Kartoffel. Das gelblich braune Fruchtfleisch mit einem schwarzen Kern ist fasrig-fad und schmeckt wie eine mürbe Birne. Saison: ganzjährig.

Papaya (ma la kor; lat. *Carica papaya*): Die länglich-ovale Frucht, die bis zu 40 cm lang, 10–20 cm im Durchmesser groß und 5 kg schwer wird, zählt zu den Melonengewächsen. In grünem, unreifem Zustand wird sie für Currys und einen scharfen Salat *(som tam)* verwendet. Die reife Frucht mit gelblich oranger Schale und hellorangem Fruchtfleisch schmeckt angenehm süßlich, wobei Limonen- oder Zitronensaft eine feine säuerliche Note geben können. Bei Verstopfung wirkt Papaya wahre Wunder, während ihre Kerne das Gegenteil bewirken. Saison: ganzjährig.

Pomelo *(somoh;* lat. *Citrus maxima):* Das faserige, hellgelbe bis rosafarbene Fleisch der fußballgroßen Frucht, die der Pampelmuse ähnelt, wird von einer dicken, grünen Schale geschützt. Es schmeckt süßlich, erfrischend und gar nicht bitter. Saison: ganzjährig.

Rambutan *(ngo-phruan;* lat: *Nephelium lappaceum):* Eine rötliche, stark behaarte Schale kennzeichnet die pflaumengroße Frucht. Reif lässt sich das wenige weiße, glitschige Fruchtfleisch leicht aus der Schale drücken und vom großen Kern lösen. Die Frucht ähnelt in Aussehen und Geschmack der Litschi, hat aber eine leicht säuerliche Note. Saison: Mai bis September.

Sternfrucht oder **Karambole** *(ma-fu'ang;* lat. *Averrhoa carambola):* Die längliche Frucht verdankt ihren Namen dem sternförmigen Querschnitt. Mit glänzender, durchsichtiger Haut in hellgrün, gelb oder orange erinnert sie an eine Peperoni. Das gelbe Fruchtfleisch ist knackig, erfrischend, sehr wässrig und kernlos; es kann auch mit ein wenig Salz gewürzt werden. Die Sternfrucht lässt sich schlecht schälen und sollte deshalb zubereitet gekauft werden. Saison: ganzjährig.

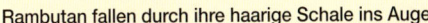

Rambutan fallen durch ihre haarige Schale ins Auge

Tipps für Ihren Urlaub

Entspannen bei professioneller
Thai-Massage

SÜDTHAILAND ALS REISEZIEL

Pauschal oder individuell?

Sicherlich ist es eine Frage der persönlichen Vorliebe, ob man pauschal oder individuell reisen möchte. Generell ist aber festzuhalten, dass es kein Land in Asien gibt, das so problemlos individuell bereist werden kann wie Thailand. Selbst wenn man des Englischen nicht mächtig ist, gibt es dank der Offenheit und großen Hilfsbereitschaft der Thais selten Verständigungsprobleme oder sonstigen Ärger. Da zudem die Flüge nach Thailand teilweise sehr preiswert sind, die touristische Infrastruktur denkbar gut entwickelt ist und das Netz öffentlicher Verkehrsmittel dichter nicht sein könnte, spricht nichts gegen eine Reise in Eigenregie. Ein wenig Abenteuerlust sollte man natürlich mitbringen. Für Urlauber mit hohen Ansprüchen an den Komfort ist eine Pauschalreise jedoch in der Regel wesentlich preiswerter. Dies gilt insbesondere für die Destinationen Hua Hin, Phuket und Ko Samui. Individualreisende, die vorab online buchen, können aber auch in den teuren Ferienzentren günstig logieren.

Online buchen

»Kommen, sehen, mieten« ist nur in den Gästehäusern der Budgetklasse zu empfehlen, denn in allen anderen Häusern, insbesondere denen der Spitzenklasse, kann man bei Online-Buchung Schnäppchenpreise erzielen, die bis zu 75 % unter den regulären Zimmertarifen liegen. Die Buchung nimmt man entweder direkt auf der Website des jeweiligen Hotels vor oder wendet sich an spezielle Hotelreservierungsdienste, die oft noch günstiger sind (u. a. www.suedthailand.de, www.thaisouth.com, www.hotelthailand.com).

Wohin fahren wir?

Ferienorte und Ferieninseln

Während Hua Hin, Phuket und Ko Samui in erster Linie den Pauschal-Tourismus locken, gilt Ko Pha Ngan weiterhin als Paradies der Rucksackreisenden. Krabi bietet für jeden Geschmack etwas. Sucht man Ruhe und Entspannung, dann empfehlen sich Khao Lak, Ko Lanta und Ko Yao Noi sowie viele andere Inseln in der Andamanensee. Die vergnügungshungrige Jugend der Welt trifft sich am Rai Leh Beach bei Krabi sowie auf Ko Phi Phi, Ko Pha Ngan, Ko Samui und Phuket, wo sich vor allem der Patong Beach mit teuren Nightlife-Adressen einen Namen gemacht hat.

Natur-Highlights

Da sich die Natur in Südthailand in spektakulären, ja oft geradezu surreal schönen Erscheinungsformen präsentiert, hat der Reisende die Qual der Wahl. Ein erster Platz gebührt sicherlich den Inseln und Küsten der **Andamanensee** mit ihren bizarren Felsformationen und weißen Stränden, allen voran Krabi, die Phang-Nga-Bucht, Ko Phi Phi und der Tarutao Marine National Park, wo man auf ›Inseln ohne Fußspuren‹ noch heute Robinson nacheifern kann. Freunden extremer **Urwald-Landschaften** seien der Khao Phanom Bencha National Park nördlich von Krabi und der Khao Sok National Park nördlich von Khao Lak ans Herz gelegt, der auch zur Tierbeobachtung bestens geeignet ist. Größter Transitplatz für Zugvögel in Thailand sind der Khao Sam Roi Yot National Park südlich von Hua Hin sowie Ko Libong in der Andamanensee, wo das einzige Rückzugsgebiet von Seekühen in Thailand liegt.

Rundreisen

Das ideale Fahrzeug für **Exkursionen zu Land** ist das Moped, das man für wenig Geld leihen kann. Auch Mietwagen sind außerordentlich günstig, taugen allerdings nicht für die Fahrt auf den oft schlechten Nebenstraßen. Auf Ko Samui, Ko Pha Ngan, Phuket oder Ko Lanta sollte man sich unbedingt einen Tag Zeit nehmen, die Insel einmal zu umrunden. Von Hua Hin aus empfiehlt sich eine Tagesfahrt nach Phetchaburi und zu den herrlichen Wasserfällen im Kaeng Krachan National Park. Khao Lak und Krabi bieten sich für diverse Touren ins Hinterland an.

Die Inseln der Andamanensee entdeckt man am besten beim **Inselhop-ping**. Wer sie alle bereisen will, beginnt auf Phuket und reist von dort via Ko Yao Noi nach Krabi, wo Bootsanschluss nach Ko Siboya und Ko Jum sowie via Ko Phi Phi nach Ko Lanta besteht. Von dort erreicht man Ko Ngai am einfachsten per Ausflugsboot. Für die weitere Fahrt gen Süden chartert man aus Zeitgründen Longtail-Boote, die einen preisgünstig und schnell von Insel zu Insel bringen, bis schließlich Ko Bulon Lae erreicht wird, wo Verbindungen nach Ko Lipe und Ko Tarutao bestehen.

Urlaubsaktivitäten

Für den Aktivurlauber ist Südthailand ein wahres Traumziel. Kein anderes Land in Asien kann eine vergleichbare Infrastruktur aufweisen. Und unter Kostenaspekten gibt es vermutlich weltweit keine Alternative zu Südthailand.

Fahrrad fahren

Ob Sie es glauben oder nicht, Südthailand ist auch in dieser Hinsicht durchaus ein Traumland: Die Verkehrsdichte ist im Großen und Ganzen gering und die Straßen sind gut. Durch die abwechslungsreiche Landschaft führen sowohl anstrengende Bergrouten als auch leicht zu bewältigende Küstenstrecken. Das Fahrrad kann im Flugzeug meist problemlos als Sportgepäck mitgenommen werden. Vor Ort kann man es im Bus transportieren, sofern man nicht einen Pickup mietet. Die Beschaffung von Ersatzteilen dürfte außerhalb der Touristenzentren, insbesondere Phuket und Krabi, allerdings ein Problem sein. In allen Touristenzentren kann man aber auch Fahrräder ausleihen (ab ca. 80 Bt/Tag). Auf Phuket und Ko Samui sowie in Krabi werden organisierte Radtouren angeboten.

Abgesehen von den Inselrundfahrten auf Ko Samui und Ko Pha Ngan führt die eindrucksvollste Radstrecke von Surat Thani an der Golfküste via Khao Sok nach Takua Pa an der Andamanensee, weiter über Kapong nach Phang Nga und von dort auf Küsten-Nebenstraßen nach Krabi. Dort bieten sich zahlreiche Abstecher an, u. a. hinüber zur Insel Ko Yao Noi sowie zu anderen Inseln in der Andamanensee, die größtenteils nur von Mopedwegen durchzogen werden.

Kajak

Mit seinen unzähligen und teils unbewohnten Inseln stellt die Andamanensee eines der abwechslungsreichsten Kajakreviere dar. Zentren dieses Sports sind **Phuket** und **Krabi,** wo zahlreiche Veranstalter sowohl organisierte Touren in den Bereich der Phang-Nga-Bucht und nach Ko Phi Phi sowie in die Mangrovenwälder an der Küste anbieten. Auf fast allen anderen Inseln der Andamanensee und des Golfs kann man inzwischen Kajaks ausleihen. Es handelt sich allerdings zumeist um *Sit on top*-Hartplastikschalen, mit denen man wahrhaftig keine ausgedehnten Touren machen möchte.

Adäquates Material für längere Kajaktouren findet man am ehesten auf Phuket, wo auch komplette Zeltausrüstungen vermietet werden. Allerdings übersteigt der Mietpreis schnell die Kosten für den Kauf eines faltbaren Kajaks, das in der Regel im Flieger als Sportgepäck ohne oder nur zu geringem Aufpreis transportiert werden kann. Insbesondere Klepper-Boote haben sich im Tropeneinsatz bestens bewährt (www.klepper.de). Zu den Toprevieren zählen die **Phang-Nga-Bucht,** die Küste zwischen **Krabi** und **Ko Muk** sowie vor allem der **Tarutao-Archipel.** Aufgrund teils schwieriger Strömungsverhältnisse sollte man nicht ohne Seekarten aufbrechen, die man vor Ort nur äußerst schwer bekommt. Eine Campingausrüstung ist nicht unbedingt erforderlich, schafft jedoch Freiraum für Abstecher auf Robinsoneilande.

Schnorcheln und Tauchen

Schnorchler finden in allen Ferienzentren, mit Ausnahme von Hua Hin, interessante Felsformationen, stellenweise sogar kleine Korallenriffe. Überall kann man Schnorchel, Maske und Flossen ausleihen. Außerdem können auch Schnorchler an den meisten Tauchausflügen teilnehmen.

Will man im Golf von Thailand in die Unterwasserwelt abtauchen, ist **Ko Tao,** das auch gern ›Ko Tauch‹ genannt wird, mit Abstand die beste Adresse. Von diesem Revier abgesehen, gilt der Golf aufgrund seiner geringen Wassertiefe und einer teilweisen Sichttrübung durch Sedimente bei Tauchern nur als zweite Wahl. Die Andamanensee hingegen ist tief und – zumindest von November bis April – glasklar. Da hier die Umweltverschmutzung geringer ist als im Golf und die Unterwasserwelt stellenweise schon seit mehreren Jahr-

Schnorchler und Taucher kommen in Südthailand voll auf ihre Kosten

zehnten im Rahmen von Nationalparks unter Schutz steht, finden sich intakte Korallenriffe von atemberaubender Vielfalt und Schönheit. Insbesondere die Riffe des **Ko Similan Marine National Park** und des **Ko Surin Marine National Park** nebst denjenigen des **Ko Tarutao Marine National Park** werden heute daher zu den Toptauchdestinationen der Erde gerechnet. Die Nationalparks von Ko Similian und Ko Surin werden vorzugsweise von Khao Lak aus betaucht, bester Ausgangspunkt zur Entdeckung von Ko Tarutao ist Ko Lipe. Ein weiteres lohnenswertes Tauchrevier befindet sich bei **Ko Lanta** und den vorgelagerten Inseln, die ebenfalls als Marine National Park unter Schutz stehen. Die Anfahrt erfolgt von Phuket und Krabi.

Segeln

Der Segler-Treff schlechthin in Südthailand ist **Phuket** mit einer vorbild-
lichen Infrastruktur und Chartermög-
lichkeiten von Booten und Yachten in
allen Größen und Preisklassen. Wer an
einem Segeltörn fürs kleinere Budget
interessiert ist, sollte sich in **Krabi** um-
hören: Während der Saison von etwa
November bis Ende April/Anfang Mai
werden oft zahlende Mitsegler gesucht.
Beliebt ist die Route von Krabi bis hinunter in den Tarutao-Archipel. Aber
auch nach Penang in Malaysia lässt
sich stets ein ›Lift‹ finden, der ab etwa
50 € pro Tag alles inklusive kostet. Daneben haben sich auch die Inseln im
Golf von Thailand, allen voran **Ko Samui,** einen guten Namen in Seglerkrei-
sen gemacht.

Trekking

Südthailand zählt zwar nicht zu den
klassischen Trekkingzielen, aber vor allem durch die faszinierenden Landschaften der Nationalparks führen Touren von nur wenigen Stunden bis zu
mehreren Tagen Dauer. Einzigartige
Eindrücke vermittelt z. B. eine Besteigung des Khao Phanom im **Khao Phanom Bencha National Park** nördlich
von Krabi. Für die organisierte Zweita-
gestour benötigt man nur ein wenig
Abenteuerlust und Kondition. Ein anderes lohnenswertes Trekkingziel ist der
Khao Sok National Park. Hier werden
organisierte Touren in verschiedenen
Schwierigkeitsgraden angeboten. Zahlreiche Tages- und Halbtagestouren
kann man aber auch ohne Führer bewältigen.

Parasailing zählt zu den Trendsportarten am Patong Beach auf Phuket

Wellness

Traditionell suchen die Thais Entspannung für Leib und Seele in Massagen und Meditation und setzen die heilende Wirkung von Kräutern, Ölen und Nahrungsmitteln in der Medizin ein. In allen Ferienzentren gibt es inzwischen Wellness- und Spa-Resorts, mehrere Dutzend zählt man allein auf Ko Samui. Das Angebot umfasst Massagen, Ayurveda und Kräuterdampfbäder, Fastenkurse und Meditationsübungen, Yoga und Reiki sowie Tee-Zeremonien. Aber auch Healing, Schamanismus und Chi Gong nebst Channeling, Chiromantie, Numerologie und vieles andere mehr kann man erlernen.

Reisen mit Kindern

Zugegebenermaßen gibt es für Säuglinge und Kinder im Krabbelalter geeignetere Reiseziele als die Tropen. Können die Kids aber erst einmal laufen, werden sie in Südthailand Sternstunden erleben. Nachdem man den üblichen Antisepsis-Wahn auf ein normales Maß reduziert hat, steht einer Familienreise eigentlich nicht mehr viel im Weg. Selbst die Kosten sind überschaubar: Im Flieger erhalten Kinder bis zu 12 Jahren normalerweise bis zu 50 % Rabatt. Die Unterkünfte sind in aller Regel auch für eine drei- bis vierköpfige Familie groß genug und meist auch nicht teurer als für zwei Personen. In allen Ferienzentren werden spezielle Familienzimmer und -bungalows angeboten, kaum ein Resort ab der Mittelklasse ohne eigenen Kinderpool,

Babysitterdienst und Kindermenü. Vor allem aber trägt die ausgesprochene Kinderfreundlichkeit der Thais zum Gelingen einer Familienreise bei. Kinder werden überall mit extremer Herzlichkeit empfangen und mit Aufmerksamkeit bedacht. Kein Gedanke liegt einem Thai ferner, als dass Kinder irgendwo im Weg sein oder stören könnten.

Unter dem Klimawechsel nach der Ankunft leiden die Eltern meist mehr als ihre Sprösslinge, für die aber die Zeitverschiebung ein Problem darstellt. Es folgen eventuell ein paar halb durchwachte Nächte, aber die gehen vorüber. Bei der Routenplanung sollten die Bedürfnisse der Kinder unbedingt berücksichtigt werden! Topdestinationen für Familien sind Ko Samui und Ko Pha Ngan am Golf von Thailand sowie Phuket, Khao Lak, Ko Siboya, Ko Jum und Ko Lanta in der Andamanensee.

Gegen die starke UV-Strahlung helfen Sonnenhut, langärmelige Baumwollhemdchen und Sonnenschutzmittel sowie natürlich Schatten. Dass auf sauberes Bade- sowie Trinkwasser zu achten ist, und auch kleinste Kratzer und Schrammen sofort desinfiziert werden müssen, dürfte selbstverständlich sein. Vorsicht bei der Wahl eines Anti-Mückenmittels: Die bekanntesten auf dem Markt sind definitiv nichts für Kinderhaut, pflanzliche Mittel wirken oft genauso gut. Sollten die Kleinen trotz allem krank werden, so ist die medizinische Versorgung ausgezeichnet. Da thailändische Ärzte üblicherweise sofort zu Antibiotika greifen, ist die Mitnahme homöopathischer Medikamente, die es in Thailand kaum gibt, allerdings zu empfehlen.

KÖNIGLICH ÜBERWINTERN

Immer mehr Senioren machen es den Zugvögeln gleich und ziehen mit Einbruch des Winters nach Südthailand, um der Kälte, dem Regen und dem trostlosen Grau den Rücken zu kehren und sich von Tropenwärme bei ausgezeichneter medizinischer Versorgung verwöhnen zu lassen. Zwar sind Senioren in allen Ferienzentren des Südens anzutreffen, doch Deutsche zieht es vor allem an den Nang Thong Beach nach Khao Lak. Sehr beliebt bei den Teutonen ist auch Ko Lanta, und dort insbesondere der Klong Dao Beach. Teilweise geht es auch nach Phuket. Selbstverständlich werden die Unterkunftspreise günstiger, je länger man bleibt. Erleichtert wird der Wechsel ins Winterquartier durch spezielle Visaregelungen der thailändischen Regierung. So erhalten über Fünfzigjährige mit geregeltem Einkommen völlig problemlos ein sogenanntes Non-Immigrant-Visum, das zu einem Langzeitaufenthalt berechtigt. Auch wer seinen Ruhesitz in Thailand nehmen will, findet ideale Bedingungen vor. Sogar betreutes Wohnen wird inzwischen vermehrt angeboten. Die Kosten für Unterkunft mit Vollpension und medizinischer Betreuung belaufen sich in einer Seniorenresidenz auf Phuket auf etwa 900 € im Monat. Die Senioren wohnen in separat stehenden Bungalows oder Häusern im Grün einer Parkanlage. Umfassende Information erhalten Interessierte beim Thailändischen Fremdenverkehrsamt in Frankfurt.

Reisezeit und -kleidung

Im Zeichen des Monsuns

Südthailand liegt im Tropengürtel und damit im Einfluss der Monsunwinde, die je nach Jahreszeit aus unterschiedlichen Himmelsrichtungen wehen und für drei Klimaperioden sorgen: Von Mitte Mai bis September/Oktober weht der Monsun aus Südwest und beschert die **Regenzeit** mit mehr oder weniger starken Niederschlägen, insbesondere am Spätnachmittag, und hoher Luftfeuchtigkeit bei Temperaturen um die 30 °C. Während des Nordost-Monsuns von November bis Februar/März herrscht die **kühle Zeit.** Die Temperaturen schwanken zwischen 21 °C und 28 °C,

die Luftfeuchtigkeit ist gering und die Schönwetterwahrscheinlichkeit am höchsten. Der kühlen Periode folgt die **heiße Zeit:** Schon gegen Ende März können die Temperaturen auf über 35 °C ansteigen und im April sind auch 40 °C keine Seltenheit. Erst gegen Mitte Mai, mit Einsetzen des Südwest-Monsuns, kühlt es wieder ein wenig ab.

Aufgrund des tropischen Klimas trägt man ganzjährig leichte **Sommerkleidung,** vorzugsweise aus Baumwolle. Neben Badeutensilien gehören lange Hosen und langärmelige Hemden ins Gepäck, die als Mücken- und Sonnenschutz dienen. Ein Pulli hilft, Fahrten in den klimatisierten Bussen ohne Erkältung zu überstehen. Wer wandern möchte, benötigt festes

Schuhwerk. Im Umgang mit Behörden ist auf gepflegte Kleidung zu achten. Auch beim Besuch von Tempeln ist Strandkleidung tabu. Da die Thais zuerst einmal nach dem Äußeren urteilen, ist ein seriöses Outfit außerhalb der Strandzonen ratsam.

Reisezeiten

Aufgrund der Lage zwischen zwei Ozeanen, der großen Längsausdehnung über fast 1000 km und den der Topographie geschuldeten Besonderheiten, ergeben sich für die einzelnen Großräume unterschiedliche Reisezeiten.

Am **Golf von Thailand** wirkt sich der Südwestmonsun weniger stark aus. Insbesondere im nördlichen Küstenabschnitt bei Hua Hin und in Bangkok hält sich der Niederschlag in Grenzen. Im Süden, im Bereich von Ko Samui, wechseln Regen- und Sonnentage einander ab, die Schauern gehen aber zumeist in den späten Nachmittagsstunden nieder und beeinträchtigen die Urlaubsfreuden kaum. Mit Einsetzen des Nordost-Monsuns im November gerät die Golfküste in den Einfluss teils heftiger Tiefdruckgebiete. Von Mitte/Ende Dezember bis Mitte Mai herrscht in der Regel eitel Sonnenschein. Zusammenfassend kann man sagen, dass mit Ausnahme von etwa Mitte September bis Mitte Dezember das ganze Jahr über Saison herrscht. Hochsaison, auch in preislicher Hinsicht, ist von Mitte Dezember bis Mitte Januar sowie von Juni bis Anfang August.

Für die **Andamanensee** gilt die Periode von November bis Ende April als Topreisezeit, wobei ab ca. Mitte Dezember die größte Schönwetterwahrscheinlichkeit herrscht, aber auch die Preise auf Höchststand klettern. Doch es sind regionale Unterschiede festzustellen. So können **Phuket** und **Ko Phi Phi** auch von Mai bis August empfohlen werden, wobei Juni und Juli in der Regel am schönsten sind, da es dann vorzugsweise am Spätnachmittag regnet. Die Mehrzahl der Unterkünfte ist rund ums Jahr auf Gäste eingestellt, doch das Meer ist während des Südwest-Monsuns meist aufgewühlt, das Baden nur in geschützten Buchten sicher, Tauchfahrten finden ausschließlich bei ruhiger See statt. Gleiche Bedingungen herrschen in **Krabi.** Da viele Strände geschützt liegen, ist Baden zumeist auch in der Nebensaison von Mai bis November problemlos möglich. Entsprechend hat sich die Region zu einem Ganzjahresziel entwickelt.

Auf **Ko Lanta** hingegen sind die Strände eher ungeschützt, so dass zwischen Mai und Oktober nur wenige Unterkünfte öffnen. Die **südlichen Inseln** bis hinunter nach Ko Tarutao sind während des Südwest-Monsuns aufgrund der oft rauen See mitunter nur schwer zu erreichen, und so haben die meisten Ferienanlagen geschlossen.

Da in **Khao Lak**, nur eine Fahrstunde nördlich von Phuket, die Strände wesentlich offener sind, ist das Baden von Mai bis Oktober oft tagelang nicht möglich, Tauchfahrten gibt es so gut wie keine, viele Unterkünfte schließen. Auch regnet es aufgrund der nahen Bergkette häufig. Reisezeit ist hier also von November bis Ende April, wobei Dezember/Januar auch in preislicher Hinsicht die Hochsaison markieren.

61

UNTERWEGS
IM SÜDEN THAILANDS

Ein Leitfaden für die Reise und viele Tipps für unterwegs.

Genaue Beschreibungen von Städten und Dörfern, Inseln und Stränden, Sehenswürdigkeiten, Ausflugszielen und Reiserouten.

Südthailand erleben: Ausgesuchte Hotels, Resorts, Bungalowanlagen und Guesthouses, Restaurants, Strandbars und Discos, Tauchspots, Bootstouren und Wanderungen.

Der Schwimmende Markt in Damnoen Saduak – eine der Hauptattraktionen des Landes

Stoppover in Bangkok

Die Thanon
Khao San
umwirbt die
Reisenden
aus aller Welt

Reiseatlas S. 235

BANGKOK

In nur 50 Jahren hat sich das Dorf im Pflaumenhain zur Megametropole mit rund 12 Millionen Einwohnern gemausert. Über 400 Tempel und Paläste inmitten einer glitzernden Hochhauskulisse tragen zur einzigartigen Atmosphäre im Spannungsfeld zwischen Alt und Neu bei. Hochrangige Sehenswürdigkeiten, eine schillernde Shoppingwelt, edle Thai-Restaurants und ein pulsierendes Nachtleben locken Besucher aus aller Welt.

Reiseatlas: S. 235, E1

Selten ist Fliegen so schön wie in Erwartung jenes Augenblickes, wenn beim Anflug auf ein fernes Ziel tief unten der erste Streifen Land, die ersten Bauwerke auszumachen sind. – Das also ist Bangkok! Palast- und Tempeldächer zeichnen sich ab, vereinzelte Grünflächen, vor allem aber die schimmernden Glastürme himmelstürmender Wolkenkratzer in einem weiten Häusermeer. Sie deuten an, dass die gepflegte Geruhsamkeit vergangener Tage längst der Hast des ökonomischen Wettlaufs gewichen ist.

Als König Rama I. am 6. April 1782 das ›Dorf im Pflaumenhain‹ (Ban Makok) gründete, lag es inmitten von Feldern und Wasserwegen. Noch vor 50 Jahren umfasste das Stadtgebiet nur 13 km² statt der heutigen 2000 km². Außer den zahlreichen Klongs oder Kanälen, die Bangkok früher den Beinamen Venedig des Ostens eintrugen, gab es nur wenige Straßen und Trampelpfade für Lastenelefanten. Heute zählt die Metropole 12 Millionen Einwohner und Tausende Straßenkilometer, die von Millionen von Fahrzeugen zu jeder Tages- und Nachtzeit unsicher gemacht werden. Trotz des ultramodernen Skytrains und einer U-Bahn ist Bangkok eine der engsten Städte des Fernen Ostens. Nicht zu vergessen ist auch die im Sinne des Wortes atemberaubende Smogbelastung.

Thailands Kapitale präsentiert sich als eine einzige gigantische Boomtown, ein monumentales Shoppingcenter, als ein New York des Ostens mit mehr Nightlife als in jeder anderen Stadt Asiens. Trotz allem ist sie aber auch ein Hort des Alten und Schönen: Mehr als 400 golden blinkende Tempel und Paläste erheben sich als Refugien der Ruhe inmitten des hektischen Treibens. Hier öffnet sich ein farbenprächtiger Markt, dort eine autofreie Bilderbuchgasse. Und zumindest in manchen Stadtteilen stößt man noch auf Wasserstraßen, die von Palmen und hölzernen Pfahlbauten gesäumt werden und den Besucher ins 18. Jh. zurückversetzen.

Nicht ohne Grund nennen die Thais ihre Hauptstadt »Krung Thep Mahanakhon Amon Rattanakosin Mahinthara Ayuthaya Mahadilok Phop Noppharat Ratchathani Burirom Udomratchaniwet Mahasathan Amon Piman Awatan Sathit Sakkathattiya Witsanukam Prasit«. Dieser mit 168 Buchstaben längste Ortsname der Welt bedeutet: ›Stadt der Engel, große Stadt und Residenz des heiligen Juwels Indras, uneinnehmbare Stadt des Gottes, große Hauptstadt der Welt, geschmückt mit neun wertvollen Edelsteinen, reich an gewaltigen königlichen Palästen, die dem himmlischen Heim des wiedergeborenen Gottes gleichen, Stadt, die von Indra geschenkt und von Vishnukarm gebaut wurde‹. Die Kurzform lautet Krung Thep (Stadt der Engel).

Der historische Stadtkern

Jene Stelle in einer Schleife des mächtigen Flusses Menam Chao Phraya, wo sich König Rama I. einst seinen Palast bauen ließ, ist die Keimzelle der Stadt. Dort auch treibt die uns so exotisch scheinende siamesische Architektur ihre schönsten Blüten. Einen Besuch der Palast- und Tempelanlagen sollte man auf keinen Fall versäumen, gelten sie doch als die berühmtesten in Thailand. Man muss sie einfach gesehen haben und dafür mindestens einen Tag reservieren. Zentrum des historischen Stadtkerns ist der **Sanam Luang** 1. Wenn das große Rasenoval des Platzes nicht für königliche Zeremonien oder für Drachenflug-Wettkämpfe be-

nutzt wird, ist es eine beliebte Spiel- und Picknickwiese für das Stadtvolk.

Einige Meter südöstlich des Platzes befindet sich ein kleines, tempelartiges Bauwerk, das den offiziellen Mittelpunkt Bangkoks, sogar des ganzen Königreichs beherbergt, von dem aus alle Entfernungen gemessen werden. Der phallusförmige Grundstein **Lak**

Sehenswürdigkeiten
1 Sanam Luang
2 Lak Muang
3 Wat Phra Kaeo
4 Königspalast
5 Wat Po
6 Wat Arun
7 Nationalmuseum
8 Itsaranuphap Lane
9 Sampeng Lane
10 Pahurat Market
11 Gurdwara Siri Guru Singh Sabha
12 Baiyoke 2 Tower

Übernachten
13 Peninsula Bangkok
14 Swiss Lodge
15 Rembrandt Hotel
16 Viengtai Hotel
17 Bhiman Inn
18 Nana Plaza Inn
19 Shambara Boutique Hostel

Essen und Trinken
20 Baan Khanitha
21 Lemongrass
22 Cabbages & Condoms

Cityplan, S. 68/69 ▷

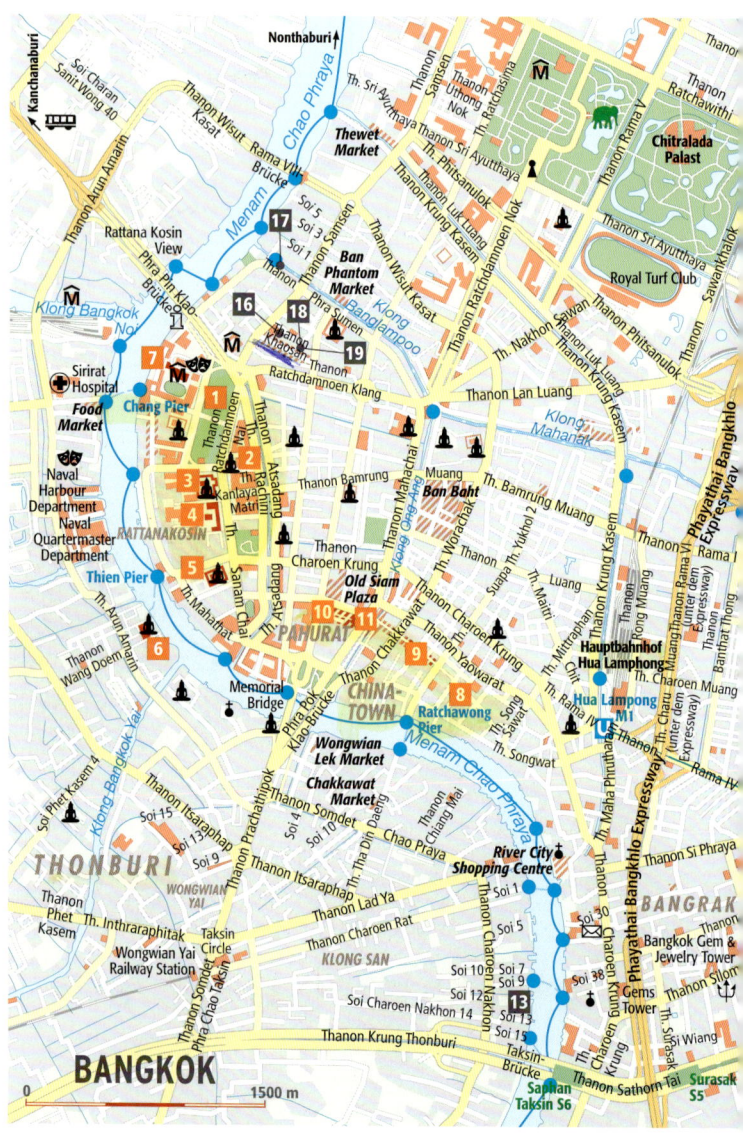

BANGKOK

0   1500 m

Der Besuch des Königspalastes ist ein Muss für jeden Bangkok-Reisenden

Muang 2, wurde von König Rama I. niedergelegt, um die Stadt vor Unheil zu bewahren. Auch der Schutzgeist von Bangkok hat hier seine Wohnstatt. Tag und Nacht strömen Gläubige herbei, um Hilfe zu erbitten und Opfergaben darzubringen. Wer erhört wird, spendet bunte Tücher oder engagiert eine Tanzgruppe, die klassische Tänze im Tempelhof aufführt.

Wat Phra Kaeo

3 Wendet man sich nach Süden, so fällt der Blick auf die weiße Mauer des Königspalastes und die dahinter aufsteigende traumhafte Kulisse goldfarbener, grüner und roter Staffeldächer zwischen prunkvollen Giebelfeldern und den Hunderten Pagoden und filigranen Turmnadeln des Wat Phra Kaeo. Der Tempelkomplex, das religiöse Herz des Landes, verschmilzt zu einem einzigen atemberaubenden Kunstwerk. Am besten lässt man sich einfach von Bauwerk zu Bauwerk treiben, um schließlich das zentrale Heiligtum zu erreichen, wo die legendäre und kostbare Statue des **Emerald Buddha** (Smaragd-Buddha) hoch über den Gläubigen auf einem goldenen Altar thront. Ihrem Namen zum Trotz ist die Figur aus Jade gefertigt und misst nur 75 cm. Die Thais sprechen dem vor über 500 Jahren im Norden des Landes entdeckten Abbild Buddhas göttliche Macht zu und verknüpfen mit ihm das Schicksal ihres Landes. Dreimal jährlich, zum Wechsel der Jahreszeiten, wird sie vom König persönlich in einer prunkvollen Zeremonie in neue Gewänder gekleidet. Neben weiteren

Kostbarkeiten und dem **Pantheon** mit den Urnen der verstorbenen Chakri-Könige beherbergt der Tempelbezirk auch die **Königliche Münzsammlung** und die **Bibliothek** mit den heiligen Schriften (tgl. 8.30–15 Uhr, 200 Bt, So Eintritt frei. Das Ticket gilt für alle integrierten Museen und den Königspalast. Wer unschicklich gekleidet ist, z. B. Shorts, kurzer Rock, schulterfreies Oberteil oder Sandalen, muss sich an der Kasse gegen Bezahlung adäquate Kleidung ausleihen).

Königspalast

4 Vom Zentralheiligtum mit dem Emerald Buddha gelangt man in den angrenzenden Königspalast (Royal Grand Palace), der in seiner unfassbaren Pracht dem Wat Phra Kaeo um nichts nachsteht. Der innere Palastbereich wird noch heute vom König und seiner Familie genutzt und ist daher nicht zugänglich. Kunstkenner richten ihr Augenmerk vor allem auf den 1789 als Audienzhalle errichteten **Dusit Maha Prasat,** der mit seinem neuneckigen Chedi auf vierfach gestaffeltem Dach als Beispiel unverfälschter klassischer Thai-Architektur gilt (s. Abb. S. 40 f.).

Als eines der schönsten Gebäude im traditionellen Stil wird der östlich angrenzende **Amporn Phimok Prasat** in der Literatur zitiert. Die hölzerne Umkleidehalle des Königs wird als vollkommenster Pavillon des Landes gerühmt. Von zierlicher Statur offenbart sie erst auf den zweiten Blick die Schönheit der minutiös gearbeiteten Schnitzereien und die Harmonie der Proportionen.

Die königliche Residenz **Chakri Maha Prasat,** 1872 im Zentrum des Palastkomplexes erbaut, vereinigt in einer eigenwilligen und höchst exotischen Mischung thailändische und europäische Stilformen (Mo–Sa 8.30–12, 13–15.30, Führungen tgl. 10, 10.30, 13.30, 14 Uhr).

Wat Po

5 Nördlich des Palastes streben die 95 teils mit bunten Keramiken, teils mit Gold geschmückten Ziertürme des größten und auch ältesten Tempelbezirks der Stadt gen Himmel. Der 1789 errichtete Wat Po bildet ein fantastisches Gewirr von Einfriedungen, Wandelgängen, Lehrsälen und Gebetshallen. Er wird von mehreren Hundert Mönchen bewohnt, ist Sitz der bedeutendsten Schule für traditionelle Thai-Medizin und Thai-Massage und beherbergt den größten und berühmtesten **Liegenden Buddha** des Königreiches. Die vollkommen vergoldete Statue mit den beeindruckenden Maßen von 45 m Länge und 15 m Höhe stellt Buddha beim Eingang ins Nirwana dar. Knapp 400 weitere, meist vergoldete Buddha-Figuren aus verschiedenen Stil- und Kunstepochen können in den Galerien rings um das Heiligtum bestaunt werden (tgl. 8–17 Uhr, 30 Bt).

Wat Arun

6 Vom Thien Pier am Ende der Thanon Thai Wang kann man für ein paar Baht in einem Flussboot zum schräg gegenüberliegenden Wat Arun Pier überset-

KÖNIG BHUMIPOL ADULYADEJ – DIE SEELE DES LANDES

»Wir werden das Land mit Rechtschaffenheit zum Wohle und zum Glück seiner Menschen regieren.« Diesen obersten Vorsatz verkündet jeder König von Thailand am Tage seiner Thronbesteigung. Doch nie zuvor hat es in Thailand einen Regenten gegeben, der diese traditionellen Worte so sehr beherzigt hat wie der amtierende Monarch mit dem treffenden Namen Bhumipol Adulyadej (Stärke des Landes). Obwohl es in Thailand seit 1932 nur noch eine konstitutionelle Monarchie gibt, steht seine Majestät heute als unumstrittene Integrationsfigur da. Er agiert als moralisch unfehlbarer Stabilitätsfaktor eines Landes, das seit Jahrzehnten mit Erfolg die schwierige Balance zwischen Tradition und Moderne meistert. Hin und wieder ist es sogar ein Seilakt zwischen Demokratie und Diktatur. Denn mehrfach versuchte das Militär, die Macht im Lande zu übernehmen und die demokratischen Grundrechte zu beschneiden.

Zuletzt ging das Militär am 17. Mai 1992 mit Waffengewalt gegen Demonstranten in Bangkok vor, die gegen die damalige Regierung protestierten. König Bhumipol intervenierte, ließ die Tore zu seinem Palast öffnen und bot den Demonstranten Schutz. Anschließend lud er die konträren Parteien zu einer Audienz, in deren Verlauf die Militärs zusichern mussten, auf jegliche Gewalt zu verzichten und die Probleme auf demokratischem Wege zu lösen. Bis heute versteht sich der Regent auf unerhört geschicktes Taktieren, wie zuletzt die Geschehnisse am 19. September 2006 gezeigt haben. Nur mit seinem Einverständnis konnten Polizei und Militärkräfte die Amtszeit von Premierminister Thaksin Shinawatra für beendet erklären und die Macht übernehmen. Der König selbst hatte nie einen Hehl daraus gemacht, was er von dem mittlerweile der Korruption überführten und des Aufrufs zum Mord beschuldigten Thaksin hielt. Er forderte die Bevölkerung auf, Ruhe zu bewahren und den Anordnungen der neuen Machthaber zu folgen, bis ein neuer Premierminister durch seine Majestät selbst im Amt bestätigt werde. Dies geschah prompt am 1. Oktober. So ist es König Bhumipol wieder einmal gelungen, ein mögliches Blutvergießen zu verhindern und die bedrohte Demokratie zu retten.

Doch der Monarch, der mehr Zeit seines Lebens auf Reisen durch das Land als in seinen Palästen verbrachte, engagiert sich auch anderweitig zum Wohl seiner Untertanen. Über 1500 Entwicklungsprojekte, u. a. in der Landwirtschaft und Bewässerung, im Gesundheits- und Bildungswesen, hat er ins Leben gerufen und zum Teil aus der eigenen Schatulle finanziert. Dabei macht er keinen Unterschied, ob es sich um Projekte für seine buddhistischen Glaubensbrüder oder Thais mit islamischem Glaubensbekenntnis handelt. So sponserte er z. B. eine Übersetzung des Korans ins Thai. Auch für den Umweltschutz und für die Wiederaufforstung der Wälder setzt er sich vehement ein. Als einziger thailändischer König hat er alle der 76 Provinzen seines Reichs besucht und sich stets mit den Menschen, ihren Sorgen und Nöten verbunden gezeigt.

Der Dank seines Volkes könnte größer nicht sein. Selten gab es einen Monarchen auf Erden, dem solche Achtung, Zuneigung und Ehrerbietung, ja Liebe entgegengebracht wird. 1987 sprachen sich die Thais in einer Volksabstimmung dafür aus, ihrem Regenten den Beinamen ›Der Große‹ zu verleihen. Sein Konterfei schmückt nicht nur die Amtsstuben, sondern ist in fast jedem Büro und in jedem Haus zu finden. Am 5. Mai 1950 als neunter König der Chakri-Dynastie Rama IX. im königlichen Palast in Bangkok gekrönt, ist König Bhumipol zudem der dienstälteste Monarch der Welt. Dass er von seinem Volk tatsächlich als die ›Seele des Landes‹ verehrt wird, spürt man zu keinem Zeitpunkt so stark wie am 5. Dezember, wenn der Geburtstag seiner Majestät jährt. Dann feiert ganz Thailand. Im Jahre 2007 steht ein besonderer Festtag an – der 80. Geburtstag.

Überlebensgroße Bilder des Monarchen begleiten die Thais im Alltag, selbst bei Tai-Chi-Übungen im Nationalstadion in Bangkok

zen. Das Ufer des Menam Chao Phraya wird hier vom Tempel der Morgenröte beherrscht, dessen 74 m hoher zentraler Turmbau *(prang)*, dekoriert mit zigtausend farbig lackierten chinesischen Porzellanstücken, als Wahrzeichen Bangkoks gilt. Insbesondere bei Sonnenaufgang sowie abends im Licht der farbigen Scheinwerfer bietet das schillernde Bauwerk einen majestätischen Anblick. Auf einer Außentreppe kann man bis in eine Höhe von 20 m emporsteigen. Von dort eröffnet sich ein faszinierendes Panorama auf die Tempelanlage, den träge dahinströmenden Fluss, den Wat Po und den Königspalast (tgl. 8.30–17.30 Uhr, 30 Bt; s. Abb. Umschlagklappe hinten).

Nationalmuseum

[7] Zurück am Thien Pier besteigt man ein Expressboot zum Chan Pier (via Phrannok Pier) oder man nimmt ein Taxi zum Nationalmuseum. Der verschachtelte Komplex, in dem einst der Vizekönig (ein Titel, der 1886 abgeschafft wurde) residierte, gibt der größten und bedeutendsten Kunstsammlung ihrer Art in ganz Asien ein würdiges Domizil. Sie umfasst Artefakte aus allen Epochen von der Prähistorie bis in die Neuzeit. Die Krönungsinsignien sind ausgestellt ebenso wie Regalien früherer Könige. Neben Skulpturen aller Stilrichtungen sind Musikinstrumente, Bücher und Masken, Wandmalereien und Holzschnitzereien, Porzellan und Keramik, Mode, Waffen und viele andere Kunstschätze mehr zu sehen (Mi–So 9–16 Uhr, 60 Bt).

Chinatown und Little India

Kein Stoppover in Bangkok, ohne nicht auch das chinesische sowie das mitten darin liegende indische Viertel südlich der Altstadt besucht zu haben. Kaum irgendwo sonst in Südostasien findet man heute noch ein derart buntes Wirrwarr von Läden, Werkstätten, kleinen Maschinenfabriken, Obst- und Gemüsemärkten und fliegenden Händlern. Die fahrzeugfreien Basar-Gassen scheinen die Vergangenheit zu konservieren.

Am schnellsten und zugleich beeindruckend ist die Fahrt mit dem Expressboot vom Chan oder Thien Pier zum Ratchawong Pier in Chinatown. Von dort ist es nur ein kurzes Wegstück bis zur chaotisch anmutenden **Itsaranuphap Lane** [8]. Links zweigt die **Sampeng Lane** [9] ab, das Herz der chinesischen Siedlung und zugleich die engste Gasse der Stadt. Ein Gang durch diesen herzerfrischenden Hexenkessel ist ein unvergessliches Erlebnis.

Über die mit Läden für Devotionalien reich bestückte Thanon Chakrawat hinweg erreicht man die Soi Wainit. Zwischen den zahlreichen Markt- und Essensständen kann man hemmungslos in fernöstlichen Aromen schwelgen. Dann geht es zum **Pahurat Market** [10] und damit mitten hinein nach Klein-Indien mit seinen buntfarbenen Stoff- und Seidenballen, Garküchen und Räucherstäbchenwolken. Überragt wird das Viertel von der goldenen Kuppel des **Gurdwara Siri Guru Singh Sabha** [11], des größten Sikh-Tempels außerhalb von Indien.

Praktische Informationen

Die modernen Stadtviertel

Als kontrastreiche Ergänzung im Sightseeing-Programm empfiehlt sich eine Fahrt mit dem **Skytrain.** Die Hightech-Hochbahn erschließt das moderne Bangkok mit seinen glitzernden Hochhäusern, in denen Banken und Einkaufspaläste, Komforthotels und Gourmetrestaurants residieren. Schwerpunkte bilden die Straßen Silom, Rama I., Ploenchit und Sukhumvit. Den größten Kick verspricht eine Fahrt mit dem Highspeed-Aufzug des **Baiyoke 2 Tower** 12, der nicht einmal 60 Sekunden benötigt, um Passagiere zur Aussichtsplattform des mit 309 m Höhe höchsten Gebäudes Thailands zu befördern (10.30–22 Uhr, 140 Bt).

Bangkok Tourist Division: 17/1 Thanon Phra Athit Road, Phra Nakhon, an der Phra Pin Klao Brücke, Tel. 022 25 76 12–4, Fax 022 25 76 15–6, www.bangkoktourist.com, tgl. 9–19 Uhr. Es liegen hunderte Broschüren aus sowie Infohefte zu Bangkok, das Personal ist sachkundig und motiviert. Auch die Website ist mit Abstand die beste und aktuellste Infoquelle zur Stadt. Zwei weitere Infostellen befinden sich im **Suvarnabhumi Airport,** und zwar in den Ankunftshallen für Inlandflüge (Domestic Arrivals) und für Auslandsflüge (International Arrivals). Beide Tel. 021 32 18 88, tgl. 8–22 Uhr.
TAT Call Center: Kostenlose Tourist Service Line, Tel. 16 72, tgl. 8–20 Uhr.
Internet: Außer der Seite des Fremdenverkehrsamtes (s. o.) sind empfehlenswert www.bangkok–city.com, www.bangkok.com und www.1stopbangkok.com. Über Bangkoks Traveller-Meile rund um

die Khaosan Road informiert www.khaosanroad.com.

Drei Zonen bieten sich für die Quartiersuche an. Vollendeter Luxus und größtmögliche Nähe zu den kulturellen Highlights der Stadt zeichnen die Hotels am **Ufer des Menam Chao Phraya** aus. Unzählige Häuser von der untersten Budgetklasse bis hin zum mittleren Segment liegen im Umfeld der ›Traveller-Meile‹ **Thanon Khaosan.** Sie liegen zentral nahe der Sehenswürdigkeiten, dem Fluss

Zeitreisen

Eine Klongtour mit einem Longtail-Boot durch den teilweise recht amphibisch anmutenden Stadtteil Thonburi entführt in die Welt von Joseph Conrad, als Bangkok noch zu Recht als Venedig des Ostens gerühmt wurde. Den Verkehrslärm noch im Ohr, schippert man durch eine fast schon dörfliche Idylle vorbei an hölzernen Pfahlbauten, wo badende Kinder und waschende Omas das Bild bestimmen. Idealer Ausgangspunkt für eine Fahrt entlang dem Klong Mon, dem Klong Bangkok Yai und Klong Sanamchai ist der Thien Pier, während der Klong Bangkok Noi u. a. am besten vom Chang Pier angesteuert wird. Neben organisierten Touren werden an den meisten Piers auch individuelle Fahrten angeboten (ab ca. 500 Bt/Std.) Wegen der Sprachprobleme sollte man in der Unterkunft Besuchs- und Zielorte in Thai aufschreiben lassen.

Hotel der Superlative

Ob in der Marmor-Lobby, den 407 Panoramazimmern und Apartments oder in den vier Restaurants, darunter das beste für indische Küche in Bangkok, stets wartet das **Rembrandt** 15 mit dem Superlativ auf. Dabei bleiben die Preise für die mit viel Holz und Pastelltönen zum Entspannen einladenden und doch reich mit Hightech ausgestatteten Standardzimmer erschwinglich. Zum Haus gehören mehrere Bars und Shopping-Arkaden, ein Business Center sowie ein Dach-Swimmingpool. Wer stressfrei von oder zum Flughafen will, wird in einer Komfortlimouse für 1400 Bt befördert. In Sachen Preis-Leistungs-Verhältnis gibt es kein vergleichbares Hotel in der Stadt (19 Sukhumvit Soi 18, Tel. 022 61 71, 00, Fax 022 61 70 17, www.rembrandtbkk. com, DZ Standard inkl. Frühstück ab 2300 Bt). *100 € = 4200 Bt / 50 € = 2100 Bt*

und dem Southern Busterminal. Skytrain und U-Bahn erschließen die modernen Stadtviertel um die **Thanon Silom** und **Thanon Sukhumvit** mit zahlreichen Hotels von der gehobenen Budget- bis zur höchsten Luxusklasse. Hier wohnt man zwar weiter entfernt vom historischen Zentrum, genießt dafür aber die stadtgrößte Dichte an Restaurants, Geschäften und Nightlife-Adressen.

Peninsula Bangkok 13: 333 Thanon Charoen Nakhon, Tel. 028 61 28 88, Fax 028 61 11 12, www.peninsula.com. Wenn das Beste gerade gut genug ist, wählt

man dieses Fünf-Sterne-Haus in Toplage am Ufer des Menam Chao Phraya, das von internationalen Reise- und Lifestyle-Magazinen bereits mehrfach ausgezeichnet wurde. DZ ab 8500 Bt.

Swiss Lodge 14: 3 Thanon Convent, Tel. 022 33 53 45, Fax 022 36 94 25, www.swisslodge.com. Das feine Boutique-Hotel ist schon seit über 20 Jahren eine der empfehlenswertesten Adressen im Bereich der Silom Road und beeindruckt u. a. mit sehr individuellem Service, mit modernen, eleganten und dennoch gemütlichen Zimmern sowie einer Gartenterrasse für einen entspannenden Chill-out. DZ ab 3800 Bt inkl. Frühstück.

Viengtai Hotel 16: 42 Thanon Ram Buttri, Tel. 022 81 81 53 und 022 80 54 34, www.viengtai.co.th. Die 215 Zimmer des siebengeschossigen Hotels der Mittelklasse wurden 2004 komplett renoviert und in angenehmen Farben gestaltet. Der große Vorteil des Hauses ist der Standort in direkter Nähe der Thanon Khaosan sowie der Haupt-Sehenswürdigkeiten von Bangkok. DZ 2200 Bt inkl. Frühstück.

Bhiman Inn 17: 55 Thanon Phra Sumen, Tel. 022 82 61 71, Fax 022 82 61 76, www. khaosanroad.com/bhiman_inn_bangkok. Nur einen Steinwurf vom Menam Chao Phraya und ganze nahe der Thanon Khaosan gelegenes neues Boutique-Hotel mit 45 Zimmern und gutem Preis-Leistungs-Verhältnis. Ein kleiner Pool gehört ebenso zum Haus wie ein Restaurant. DZ 1400 Bt inkl. Frühstück.

Nana Plaza Inn 18: 202 Thanon Khaosan, Tel. 022 28 64 02, Fax 022 80 56 63, www.nanaplaza-inn.com. Wenn man mitten in der Szene der Traveller-Meile gut und günstig wohnen will, empfiehlt sich dieses gut geführte Budget-Hotel mit 47 Zimmern auf vier Etagen, teils mit eigener kleinen Veranda, alle mit AC und TV. Die Bäder sind schlicht weiß, aber sauber. Zum Haus gehören u. a. ein Restaurant,

Internet-Café und zwei Reisebüros (alle Tickets). DZ 600 Bt bzw. 1100 Bt für 4 Pers.
Shambara Boutique Hostel [19]: 138 Thanon Khaosan, Tel. 022 82 79 68, www.shambarabangkok.com. Erst 2004 wurde das in einer Nebengasse der Khaosan und daher zentral, aber dennoch recht ruhig gelegene Hostel in einem alten Holzhaus eingerichtet. Die Atmosphäre ist angenehm familiär, wirkt aber nicht aufgesetzt. Auch ein gemütlicher Aufenthaltsraum mit TV ist vorhanden. Wenn man nicht unbedingt ein eigenes Bad/WC benötigt, bieten die neun Zimmer alles, was man für wenig Geld verlangen kann. EZ 250 Bt (Fan), 300 Bt (AC), DZ 400 Bt bzw. 500 Bt. _ca. 12 € p. DZ_

Budget Guesthouses: Thanon Khaosan und Nebengassen. Preiswerte und einfache Unterkünfte in kleinen Gästehäusern. Oftmals bestehen die Wände aus dünnen Spanplatten und die sanitären Einrichtungen sind zu beanstanden, deshalb genau ansehen. Schlafsaal 100 Bt/Pers., EZ 120–150 Bt, DZ 150–180 Bt.

Essen ist mit Abstand die liebste Freizeitbeschäftigung der Bangkoker. Wo immer man in dieser Stadt geht und steht, stets ist eine Garküche oder ein Essensmarkt, ein einfaches Lokal oder ein Restaurant nicht fern. Nachfolgend einige der besten Thai-Restaurants.
Baan Khanitha [20]: 36/1 Thanon Sukhumvit Soi 23, Tel. 022 58 41 81, tgl. 11–14 und 18–23 Uhr. Das Ambiente des bereits siebenmal als bestes Restaurant von Bangkok preisgekrönten Gourmettempels wird geprägt von edlem Teakmobiliar und ausgesuchten Antiquitäten. Die Gerichte der königlich thailändischen Küche sind Gaumenschmaus und Augenweide zugleich. Wer einmal hier gespeist hat, was auch draußen auf der Veranda im schattigen Grün möglich ist, kommt wieder, wann immer es der Geldbeutel erlaubt. Tischreservierung und gepflegte Garderobe sind selbstverständlich. Menü 800–1000 Bt für 2 Pers.
Lemongrass [21]: 5/1 Thanon Sukhumvit Soi 24, Tel. 022 58 86 37, tgl. 11–14 und 18–23 Uhr. Das sehr atmosphärisch mit Bambusmobiliar und Antiquitäten eingerichtete Spitzenrestaurant der Nouvelle Thai Cuisine ist eine Institution für die in Bangkok lebenden Europäer, denn der Küchenchef zaubert gelungene Kreationen der klassisch thailändischen Küche mit mediterranem Touch. Hauptgericht ab 150 Bt, Menü 500–800 Bt für 2 Pers.
Cabbages & Condoms [22]: 10 Thanon Sukhumvit Soi 12, Tel. 022 29 46 11, tgl. ab 11 Uhr. Der frivole Name resultiert daraus, dass das Restaurant im Dienste einer Familienplanungs- und AIDS-Hilfe-Organisation steht. So bekommt man mit der Rechnung einige kostenlose Kondome. Man sitzt im tropischen Garten oder in mit Holz, Erdfarben und indirekter Beleuchtung gemütlich eingerichteten Speiseräumen und genießt beste Thai-Gerichte zu fairen Preisen. Eine Institution in Bangkok! Auch der angeschlossene Shop, in dem u. a. prächtige Bouquets aus Kondomen als Blickfang dienen, lohnt einen Besuch. Hauptgericht ab 80–100 Bt.

Die größte Dichte an Shopping-Adressen, findet sich im Bereich der kilometerlangen **Thanon Sukhumvit**. Es ist die Adresse schlechthin für imitierte Markentextilien, Gürtel, Schuhe, Uhren und Koffer, aber auch für maßgeschneiderte Kleidung in hochwertiger Qualität. Auch in Sachen Seide kann man hier in Dutzenden Fachgeschäften – und nur dort sollte man als Laie Seide kaufen in Bangkok! – fündig werden. Elegante und selbstverständlich klimatisierte Einkaufszentren reihen sich an der **Thanon Ploenchit,** der westlichen Verlängerung der Sukhumvit, sowie an der weiterführenden

Thanon Rama I. Während das **Central World Plaza** (Rama I.) als beliebtestes Kaufhaus im Königreich gilt, beherbergt das **Siam Paragon** (Rama I.) mit Abstand die meisten Dependancen der teuersten Toplabel der Modebranche. Von Antiquitäten und Edelsteinen sollte man als Laie unbedingt die Finger lassen, wohingegen Gold, dessen Preis sich nach dem aktuellen Goldkurs richtet, ein beliebtes Mitbringsel ist. Die ›goldenen Meilen‹ sind die Thanon Charoen Krung und Thanon Yaowarat in **Chinatown.** Auf der Sampeng Lane findet man alles, was chinesischen Ursprungs ist.

Bangkoks Nachtleben steht in einem eindeutig körperbezogenen Ruf, wird es doch in der Regel mit den rund 300 000 Prostituierten in Verbindung gebracht, die u. a. an der Thanon Patpong, ihrem Gewerbe nachgehen. Dass Prostitution offiziell verboten ist und die meisten Frauen, Mädchen und Männer, die sich anbieten, HIV-positiv sind, hat dem Geschäft bislang keinen Abbruch getan. Doch natürlich gibt es auch andere Aspekte des Nachtlebens in Bangkok. Ausführlich informieren das Stadtmagazin ›Metro‹ sowie im Internet u. a. www.bangkokrecorder.com.

Bangkok Bar: 149 Soi Rambutri, Thanon Chakrapong. Multi-Kulti-Techno-Club und am Wochenende ›der‹ Nachttreff der Bangkoker Studentenszene.

Brown Sugar: 231/20 Thanon Sarasin Road. Musiker bieten einen Soundmix von Rhythm'n Blues bis hin zu Reggae.

Hard Rock Café: 424/2–6 Soi 11, Siam Square. Mo–Sa ab 22.30 Uhr wird die Bar ihrem Namen gerecht, auch Disco.

Lava Club: 249 Thanon Khaosan, im Baiyon Building. Vor allem Backpacker tanzen hier zu ›house with an edge of trance‹.

Das Vertigo macht seinem Namen mit schwindelerregender Aussicht alle Ehre

Luzifer: 76/1–3 Soi Patpong 1. Völlig abgefahrener Techno-Tempel, tgl. ab 21 Uhr.
Saxophone: 3/8 Victory Monument, Thanon Phayathai. Tgl. ab 21 Uhr wird Jazz in allen Varianten life gespielt.
Vertigo: Banyan Tree Hotel, 21/100 Thanon South Sathorn. Der Vertigo Grill (tgl. 18.30–23 Uhr) mit der angeschlossenen Moon Bar (tgl. 17–1 Uhr), der höchsten Freiluftbar Asiens, bietet wahrhaft spektakuläre Ausblicke (bei entsprechenden Preisen); um gepflegte Garderobe wird gebeten.

Patravadi Theatre: 266 Soi Wat Rakhang, Thanon Arun Amarin, Thonburi, Programmauskunft Tel. 024 12 72 87, www.patravaditheatre.com. Vorstellungen Fr, Sa und So, Tickets 300–800 Bt. Seit rund 20 Jahren steht der Name Patravadi für klassische, aber auch innovative und zeitgenössische Dramen. Fr und Sa am späten Nachmittag können auch Touristen dem Training im klassischen Tanz kostenlos beiwohnen.
National Theater: Thanon Na Phratat, Sanam Luang, Programmauskunft über die Bangkok Tourist Division oder Mo–Fr 8–16.30 Uhr, Tel. 022 24 13 42 und 022 21 01 74. Maskentanz und klassisches Theater, aber auch zeitgenössische Aufführungen aus dem In- und Ausland.

Alle landesweit gefeierten Feste werden auch in Bangkok begangen, aber zumeist viel prunkvoller als irgendwo sonst, u. a.:
Chinese New Year: Zum Vollmond zwischen dem 21. Jan. und 19. Feb., farbenprächtige Umzüge in ganz Chinatown.
Visakha Bucha: Vollmondnacht im Mai, Prozessionen von Gläubigen zu den Tempeln der Stadt.
Loy Krathong: Vollmondabend im Nov., Prozession von Gläubigen zum Tempel auf dem Goldenen Berg.

Königsgeburtstag: 5. Dez., Umzüge in der Stadt, insbesondere im Bereich des Saman Luang, wo ein Volksfest einlädt, abends Feuerwerk.

Flussfahrten: Zahlreiche Boote verschiedener Komfortklassen laden zu abendlichen Sightseeing- und Dinnertouren auf dem Menam Chao Phraya. Ab River City Pier z. B. mit den modernen Ausflugsschiffen ›Chao Phraya Princess‹ (Tel. 022 50 63 24, www.thaicruise.com, 1000 Bt inkl. eines unschlagbar üppigen Buffets) oder ab Manohra Pier südlich der Taksin Brücke mit gut 50 Jahre alten, aufwendig restaurierten Reisbarken (Tel. 024 76 00 22, www.manohracruises.com, 8–19 Uhr Sunset-Cocktail-Fahrt 750 Bt, 19.30 Uhr Dining Cruise 1500 Bt).

Flugzeug: Suvarnabhumi International Airport (ausgesprochen: Suwana Poom), Callcenter Tel. 021 32 18 88, Flugplan Tel. 021 32 00 00, www.airportsuvarnabhumi.com. Flughafensteuer 700 Bt für internationale bzw. 100 Bt für nationale Flüge. 30 km östlich der Stadt. Taxifahrt ins Zentrum ca. 45–50 Min., ca. 250 Bt. Limousinenservice ca. 1000 Bt (Coupon am Limousine Service Counter). Tgl. 5–24 Uhr Express-Bus Linie AE1 zur Thanon Silom, Linie AE2 zur Thanon Khaosan, Linie AE3 zur Thanon Sukhumvit, Linie AE4 zum Hauptbahnhof Hua Lamphong (je 150 Bt). Stadtbus Linie 3 zum Victory Monument nahe Thanon Khaosan (35 Bt). Ab 2008/2009 soll ein Hochgeschwindigkeitszug zwischen Flughafen und Zentrum verkehren, mit Anschluss an U-Bahn- und Skytrain-Netz.
Don Muang Airport, Tel. 025 35 11 92 und 025 35 12 77, www.donmuangairportonline.com. Diverse Inlandverbindungen (s. auch S. 223). 30 km nördlich der Stadt. Taxifahrt ins Zentrum ca. 1 Std., ca. 500 Bt. Airport Bus Linie A1 zur Thanon

Silom, Linie A2 zum Sanam Luang/Königspalast, Linie A3 zur Thanon Sukhumvit, Linie A4 zum Hauptbahnhof Hua Lamphong (jeweils 100 Bt). Beim Weiterflug vom ca. 40 km entfernten Suvarnabhumi Airport empfiehlt Thai Airways eine Umsteigezeit von fünf Stunden einzuplanen. Ein Shuttle-Service zwischen den Flughäfen besteht nur von Thai Airways. Taxifahrt ca. 1–2 Std., ca. 500 Bt.

Bahn: Hauptbahnhof Hua Lamphong, Tel. 022 23 70 10. Mit Southern Line 12 x tgl. nach Hua Hin (3,5–4 Std., 235–930 Bt); 10 x tgl. nach Surat Thani, dort Fähre nach Ko Samui, Ko Phangan oder Ko Tao (8–11 Std., 400–1280 Bt); 4 x tgl. nach Hat Yai (14–17 Std., 340–1500 Bt). Ticket-Vorverkauf beim Advance Booking Office, Tel. 022 23 37 62, Mo–Fr 8.30–18, Sa/So bis 12 Uhr.

Bus: Southern Bus Terminal Saitai Mai, Thonburi, Tel. 024 34 71 92 und 024 35 12 00. Tag- und Nachtverbindungen in verschiedenen Komfortklassen zu allen in diesem Reiseführer vorgestellten Orten in Südthailand. Tickets, meist inkl. Transfer von der Unterkunft zum Busbahnhof, auch in den Reisebüros der Thanon Khaosan und Sukhumvit. In den Reisebüros auch kombinierte Bus-/Bahn- und Fährtickets für die Reise auf die Inseln im Golf von Thailand und in der Andamanensee.

Innerstädtische Verkehrsmittel

Skytrain: Hightech-Hochbahn mit ca. 24 km langer Strecke, tgl. 6–24 Uhr im Minutentakt, einfache Fahrt 10–40 Bt, Tagesticket 100 Bt, 3-Tagesticket 280 Bt.

U-Bahn: Etwa 10 km lange Strecke vom Hauptbahnhof Richtung Norden, wo sie die Thanon Sukhumvit kreuzt. Fahrpreise in etwa wie Skytrain.

Bus: Fahrzeuge ohne Klimaanlage verkehren im 5-Minuten-Takt auf den Hauptrouten. Sie sind in aller Regel hoffnungslos überfüllt, einfache Fahrt ab 5 Bt. Klimatisierte Busse, die nicht gar so überfüllt

sind, fahren nur auf den wichtigsten Strecken, einfache Fahrt ab 15 Bt. Ein Busstreckenplan ist unerlässlich, erhältlich in vielen Kiosken und Supermärkten (60 Bt).

Flussboot: Am schnellsten und billigsten ist die Fortbewegung auf dem Menam Chao Phraya, insbesondere wenn man in der flussnahen Thanon Khaosan wohnt. Nummerierte Boote ca. 6–18 Uhr im 10- bis 30-Minutentakt, einfache Fahrt ca. 5–20 Bt.

Taxi: Wegen des enormen Smogs empfehlen sich klimatisierte Wagen. Taxis mit dem Schild ›Meter‹ auf dem Dach sind mit Taxameter ausgestattet, die in der Regel auch eingeschaltet werden. Grundgebühr 35 Bt, 2 km ca. 40 Bt, 5 km ca. 60–80 Bt.

Motorrad-Taxi: Wer in Eilie ist, setzt sich auf den Sozius eines Motorrad-Taxis. Die schnellen Maschinen kommen überall durch und selbst eine komplette Stadtdurchquerung ist kein Thema. Die Angst fährt bei 120 km/h mitten im dicken Stau freilich mit. Die Preise variieren je nach Strecke und Stauwahrscheinlichkeit, vor Antritt der Fahrt vereinbaren, in etwa identisch mit Taxifahrten.

Tuk-Tuk: Die dreirädrigen Mopedkutschen, die sich inmitten tiefblauer Abgaswolken um ohrenbetäubendem Geknatter fortbewegen und dem Fahrgast eine Überdosis Kohlendioxid garantieren, werden auch als Wahnsinn auf drei Rädern bezeichnet. Preise unbedingt vor Antritt der Fahrt aushandeln, ca. 30 Bt für eine kurze Strecke.

Tourist Police: Tel. 11 55.
Bumrungrad International Hospital: 33 Sukhumvit Soi 3, Tel. 026 67 10 00, im Notfall Tel. 026 67 29 99, www.bumrungrad.com. Eines der besten Krankenhäuser von ganz Asien, für Touristen steht ein spezielles International Patients Services Center zur Verfügung (u. a. mit Dolmetscher).

Damnoen Saduak

Reiseatlas: S. 235, D2
Der mit Abstand beliebteste Tagesausflug von Bangkok hat die schwimmenden Märkte von Damnoen Saduak zum Ziel, etwa 100 km westlich bei Samut Songkhram. Allmorgendlich ab etwa 8 Uhr bieten auf den verzweigten Kanälen des Provinzortes Hunderte Marktfrauen in kleinen Holzbooten ihre Waren an. Nur der Vermarktung durch den Tourismus ist es zu verdanken, dass dieser letzte von früher mehreren Hundert Floating Markets in Bangkoks Umgebung heute weiterhin existiert. Mit dem Ausbau der Straßen verloren die Kanäle an Bedeutung, der Handel auf dem Wasser wurde überflüssig. Eigens für die Besucher wurden Brücken und Fußwege angelegt, die nicht zuletzt den Hobbyfotografen optimale Perspektiven ermöglichen, denn malerisch sind die Märkte nach wie vor. Gegen 9 Uhr etwa, wenn die zahlreichen organisierten Touren eintreffen, bleibt dem Lokalkolorit aber nur noch wenig Raum. Es heißt also, sehr früh aufstehen und den ersten Linienbus um 5.10 Uhr nehmen, um vor dem Touristenansturm in Ruhe entlang der Marktkanäle umherschlendern zu können.

Bus: Ab Bangkok Southern Busterminal nach Klong Damoen Saduak, Linienbus Nr. 81 oder Nr. 81–1 bis 81–36, ab 5.10 Uhr im 15-Minutentakt (ca. 2 Std, ca. 75–100 Bt), weiter mit dem Mietboot, ca. 200 Bt pro Person und Stunde.
Organisierte Tour: Buchung über alle Unterkünfte und Reisebüros, ca. 800–3000 Bt/Pers. inkl. Führer, Mittagessen, Abholung am Hotel, Abfahrt ca. 6/7 Uhr.

Auf den schwimmenden Märkten erfolgt der Verkauf vom Boot aus

Am Golf von Thailand

Die Pfade durch
das wilde
Inselinnere von
Ko Samui sind
für Elefanten
kein Problem

Reiseatlas S. 234–237

HUA HIN UND DIE GOLFKÜSTE

Hua Hin gilt als das älteste und königlichste Seebad des Landes. Seit den 1930er Jahren pflegt hier der Monarch mit seiner Familie Urlaub zu machen. International genießt der mit kilometerlangen Stränden gesegnete Ort hohes Ansehen als urbanes Ferienzentrum. Im Hinterland kann man großartige Landschaften entdecken und entlang der Golfküste kulturelle Schätze, malerische Buchten sowie weitere Strände.

Phetchaburi

Reiseatlas: S. 235, D2
Die ›Stadt der Diamanten‹ gehörte im 17. und 18. Jh. dank den im Flussbett gefundenen Edelsteinen zu den wohlhabendsten des Königreiches. Zuvor war sie für über ein Jahrtausend eine der bedeutendsten Stationen auf dem langen Karawanenweg von der Malaiischen Halbinsel nach Indien gewesen.

Aus jener glorreichen Zeit stammen auch die meisten der rund drei Dutzend **Tempelanlagen.** Ihre lackierten Dächer und gold schimmernden Türme verleihen dem Bild der rund 26 000 Einwohner zählenden Hauptstadt der gleichnamigen Provinz eine charmante, leicht altertümliche Note. Ein Stadtplan des Touristenbüros führt zu den nicht weniger als 20 Tempeln, die Besucher empfangen. Bemerkenswert sind insbesondere der **Wat Yai Suwannaram** mit Fresken aus dem 17. Jh., der **Wat Kamphaeng Laey** mit Stuckdekorationen und alten Mauerresten aus der Khmer-Epoche sowie der **Wat Mahatat** aus dem 19. Jh., der den Turmheiligtümern der Khmer nachempfunden ist.

Von den Tempeln einmal abgesehen, zieht insbesondere der **Khao Wang,** der ›Palast auf dem Hügel‹ die Aufmerksamkeit auf sich. Der neoklassische Komplex liegt auf einer knapp 100 m hohen Erhebung etwa 2,5 km außerhalb des Stadtzentrums beim Highway-4. König Rama IV. ließ die gepflegte Anlage im Jahre 1860 als Sommerresidenz errichten, die von dem wahrhaft exotischen **Phra Nakhon Khiri Historical Park** umrahmt wird. Vom Fuß des Hügels ist er in etwa 15 Minuten auf einem steilen Fußweg oder bequem mit einer Seilbahn zu erreichen (Mi–So 9–16 Uhr, Eintritt 40 Bt, Tuk Tuk ab Zentrum ca. 20 Bt).

Rund 5 km vor der Stadt in Richtung Bangkok liegt die bezaubernde Tropfsteingrotte **Khao Luang.** Sie besteht aus einem System untereinander verbundener Höhlen. Inmitten der märchenhaften Unterwelt aus Stalagmiten und Stalaktiten wurden zahllose Buddha-Statuen aufgestellt, darunter ein liegender Buddha von 5 m Länge. Am eindrucksvollsten präsentiert sich die Hauptgrotte, in die nachmittags das Sonnenlicht durch ein Deckenloch einfällt und die Figuren und Tropfsteine optisch verzerrt erscheinen lässt (tgl. 9–17 Uhr, Anfahrt mit dem Motorrad-Taxi 50 Bt).

Tourism Authority of Thailand: 500/51 Thanon Petchkasem (gegenüber Khao Wang), Tel. 032 47 10 05, Fax 032 47 15 02, tatphet@tat.or.th, tgl. 9–16 Uhr.
Internet: Die nicht-kommerzielle Seite www.datofarm.com bietet eine Vielzahl an Informationen.

Royal Diamond Hotel: 86/1 Thanon Petchkasem, Tel. 032 41 10 61, Fax 032 42 43 10, www.royaldiamond hotel.com. Die einzige empfehlenswerte Adresse in der Stadt, gute Mittelklasse mit lichten, angenehmen Zimmern. DZ 800–1800 Bt.
Datofarm: 84 Moo 4, Ban Krog, Tel. 032 45 02 95, www.datofarm.com. Palmenplantage unter deutsch-thailändischer Leitung, rund 8 km nördlich von Phetchaburi inmitten eines ländlichen und völlig untouristischen Gebietes am Ufer eines Flusses. Separat stehendes Gästehaus im Thai-Stil mit einigen gemütlichen Zimmern (alle mit Fan/Bad) und Veranda, außerdem am Flussufer ein Pavillon zum Ausruhen. Familiäre Atmosphäre, bei Interesse aktive Teilnahme am thailändischen Land- und Alltagsleben. Auf Wunsch ebenso günstige wie leckere Mahlzeiten der Thai-Küche. Der Besitzer kann umfassend über Natur- und Kultur-Highlights informieren. Nach Anmeldung Abholdienst am Busbahnhof oder Bahnhof; auf eigene Faust ist die Farm etwas schwer zu finden (EZ 400 Bt, DZ 700 Bt).

Am Nachmittag verzaubert Sonnenlicht die Tropfsteingrotte Khao Luang

Zug: Bahnhof nördlich des Zentrums. Rund ein Dutzend Verbindungen tgl. von/nach Bangkok (ca. 2 Std.) und Hua Hin (ca. 1,5 Std.).

Bus: Busbahnhof nördlich des Khao Wang. Ab dem frühen Morgen alle 30 Min. AC-Busse von/nach Bangkok Southern Busterminal (ca. 2 Std.) und Hua Hin (ca. 1,5 Std.).

Hua Hin

Reiseatlas: S. 235, D3

Im Jahre 1926 gefiel es seiner Majestät König Rama VII., sich rund 185 km südlich von Bangkok einen Sommerpalast an den kilometerlangen Strand nahe eines unbedeutenden Fischerdorfes setzen zu lassen. Wahrscheinlich in Anlehnung an Schloss Sanssouci gab er seiner neuen Residenz den Namen **Klai Kangwon** (Ohne Sorgen) 1. Da die Königsfamilie die Gebäude noch heute nutzt, sind sie nur zur Besichtigung freigegeben, wenn niemand vom Königshaus anwesend ist (ca. 3 km nördlich vom Stadtzentrum).

Von jenem Jahr an ging es bergauf mit dem Dorf, das nach einem Felsen in Form eines Kopfes bald Hua Hin genannt wurde. Dieser Fels steht am Strand vor dem Sofitel Central Hotel, das bis in die 1980er Jahre Hua Hin Railway Hotel hieß und im britischen Anti-Kriegsfilm aus dem Jahr 1984 »The Killing Fields – Schreiendes Land« als Hotel Le Phnom zu Weltruhm kam. Durch den Kinohit rückte Hua Hin ins

Blickfeld der Welt. Der bis dato nur bei Familien der Bangkoker High Society beliebte Badeort entwickelte sich zu einem Ferienzentrum internationalen Zuschnitts mit mittlerweile rund 50 000 Einwohnern und einer ständig wachsenden Skyline. In urbanem Ambiente finden sich luxuriöse Resorts, edle Restaurants, hunderte Nachtlokale und ein umfassendes Aktivitäts-Angebot. Unverändert zeigt sich die **Hua Hin Railway Station** ②, die, in den frühen 1920er Jahren erbaut, ein Paradebeispiel für feinste klassische Thai-Architektur darstellt.

Hua Hin aus der Vogelperspektive, das muss man sich einfach gönnen, zumal es vom Stadtzentrum aus mal gerade 3 km bis hinauf auf den Stadthügel **Khao Hin Lek Fai** sind. Der Blick hinunter auf den Royal Hua Hin Golf Club und über die weit ausgedehnte Stadt hinaus aufs Meer lohnt in jedem Fall den Aufstieg. Vor allem zur Zeit des Sonnenuntergangs lassen sich fantastische Motive für die Kamera finden.

Die Strände

Die Strände von Hua Hin und Umgebung erstrecken sich über Kilometer an einem Saum von Kasuarinen. Obwohl sie relativ feinsandig und von heller, wenn auch zumeist nicht weißer Farbe sind, können sie in Sachen Exotik nicht mit denjenigen der weiter südlich gelegenen Inseln konkurrieren. In seinem nördlichen Bereich ist der Golf von Thailand zu flach und das Wasser aufgrund der zahlreichen Zuflüsse zu stark von Sedimenten durchsetzt, als dass es jene berückend azurblaue oder türkis-

grüne Klarheit aufweisen könnte, die man zumeist mit Thailand assoziiert.

Der eigentliche **Hua Hin Beach** beginnt südlich vom Pier jenseits der Thanon Naretdamri, wo er nahtlos von Shops und Restaurants gesäumt wird. Je weiter südlich man vordringt, desto ruhiger und auch badetauglicher wird es. Der schönste Strandabschnitt beginnt etwa in Höhe des Sofitel Central Hua Hin Resort, wo Liegestühle und Sonnenschirme in Reih und Glied stehen, und zieht sich bis zu einem weithin sichtbaren Tempelhügel. Das sind gut und gerne 5 km, und mit jedem Kilometer wird es ruhiger.

Ein von Affenhorden belagerter Treppenweg führt auf den **Khao Takeap** ③. Von seiner mit einem Tempel gekrönten Höhe öffnet sich ein beeindruckendes Panorama über Land, Strand und Meer. Der Strand trägt nun den Namen **Khao Takeap Beach** und zeigt sich in großen Abschnitten als eine weite, breite Sandfläche, die sanft ins Meer ausläuft und daher gerade auch für Kinder ideal ist. Aber mit der Ruhe ist es hier inzwischen vorbei, denn der Tourismus hat Fuß gefasst, und ein neues Ferienzentrum entsteht (grüne Songthaew ab Hua Hin 10 Bt, Motorrad-Taxi 50 Bt).

Weiter südlich, nun schon 15 km von Hua Hin entfernt, lädt der von Touristen selten besuchte **Suan Son Beach** ein. Gesäumt von Kasuarinen erstreckt er sich weit und einsam am Ozean. Der nach 5 km anschließende **Khao Tao Beach** ist in Thai-Kreisen auch für seine guten Seafood-Restaurants bekannt (mit dem Bus bis zur ausgeschilderten Abzweigung, wo Motorrad-Taxis warten).

Tourist Information Center: Ecke Thanon Petchkasem/Damnoen Kasem, Tel. 032 53 24 33, tgl. 8.30–20 Uhr. **Internet:** www.thailand–huahin.com, www.huahinafterdark.com, www.huahin today.net (Sprachrohr der in Hua Hin lebenden Ausländer), www.huahin-tourist-information.de (kommerzielle Reisebüro-Website, auch Deutsch), www.khaotaki-ab.com (bislang einzige Website des neuen Ferienstandortes Khao Takeap).

Die Budgetklasse ist reich vertreten, aber nicht strandnah, und bietet im Gegensatz zu der extrem breit gefächerten Spitzenklasse kein gutes Preis-Leistungs-Verhältnis.

Sofitel Central Hua Hin Resort 4: 1 Thanon Damnoen Kasem, Tel. 032 51 20 21, Fax 032 51 10 14, www.centralhotels resorts.com. Das erste Resort des Königreiches, 1923 als Hua Hin Railway eröffnet und Ende der 1980er Jahre zu einem Luxushaus der ersten Klasse umgebaut, präsentiert sich außen wie in seinen 207 Zimmern und Suiten ganz im feinsten Kolonialstil. Die 13 ha große Parkanlage bietet reichlich Platz, u. a. für vier luxuriöse Swimmingpools. Weit und breit gibt es kein Pendant zu diesem Haus – auch in Sachen Preis-Leistungs-Verhältnis. Gerade die Internet-Preise sind absolut unschlagbar. DZ 15 000 Bt, im Internet 4200–5700 Bt, Luxusvilla 29 000 Bt, im Internet 13000–15 000 Bt (je Saison).

Baan Bayan 5: 119 Thanon Petchkasem, Tel. 032 53 35 44, Fax 032 53 35 45, www.baanbayan.com. »Step back in time« ist das Motto des feinsten Boutique-Hotels der Stadt in einer schmucken Holzvilla aus dem frühen 20. Jh. Die 24 Zimmer strahlen Eleganz und Charme aus, sind ebenso stilvoll wie modern eingerichtet und noch in ihrer kleinsten Ver-

Teams aus drei Kontinenten kämpfen um den Meistertitel im Elephant Polo

Cityplan: S. 86

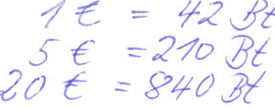
1 € = 42 Bt
5 € = 210 Bt
20 € = 840 Bt

sion rund 50 m² groß. Direkt am Strand, mit Pool. DZ ab 6000 Bt.

New Beach Guest House 6: 113/23 Thanon Petchkasem, Tel. 032 53 26 35, Fax 032 53 22 68, Information/Buchung in Deutschland unter Tel. 061 22/98 00 79, www.newbeachguesthouse.com. Rund zehn Gehminuten südlich vom Zentrum, aber nur zwei vom Strand entferntes Gästehaus unter deutscher Leitung, ruhige Lage in Nachbarschaft vieler anderer ähnlicher Häuser. Die Zimmer sind groß und gepflegt, alle mit Bad/WC, Kühlschrank, Minibar, TV und Balkon. Ein naher Swimmingpool kann kostenlos genutzt werden. DZ 800/950–1200/1300 Bt (je Saison).

Cha-ba Chalet 7: 1/18 Thanon Srasong, Tel. 032 52 11 81, Fax 032 52 11 80, www.chabachalet.com. Der dreigeschossige Neubau macht nicht gar so viel her, aber die 33 Zimmer (alle mit Bad/WC, AC, TV), schlicht weiß und sauber, sind vergleichsweise günstig. Angeschlossen sind Restaurant und Coffee Shop. DZ 600–700 Bt.

Jinning Beach Guest House 8: 113/25–26 Thanon Petchkasem, Tel. 032 53 25 97, Fax 032 51 39 50, www.jinningbeachguesthouse.com. Vieretagenhaus mit luftigem Dachrestaurant in direkter Nachbarschaft vom New Beach Guest House. Saubere AC-Zimmer (Bad/WC, TV, Kühlschrank, Minibar), außerdem Pool. DZ ab 500–700 Bt, Familienzimmer 1100–1400 Bt (je Saison).

🍴 Unzählige Restaurants laden in Hua Hin ein. Von den Spitzenlokalen der Luxus-Resorts einmal abgesehen befinden sich die besten Restaurants im Bereich der Thanon Naretdamri zwischen der Kreuzung Thanon Dechanuchit und dem Pier. Meist wird Seafood serviert.

Sasi Restaurant 9: Sasi Garden Theatre, 83/159 Thanon Nong Kae, Tel. 032 51 24 88, tgl. 19–21 Uhr. Klassisch thailändi-

sche Tanzshow zu einem dreigängigen Menü mit Spezialitäten der thailändischen Küche. Reservierung ist ein Muss. Menü 750 Bt.

Brasserie de Paris 10: 3 Thanon Naretdamri, Tel. 032 53 06 37, tgl. ab 17 Uhr. Der schöne Meerblick von der zweiten Etage sowie die feine französische Küche mit Schwerpunkt Fisch und Meeresfrüchte sprechen für dieses moderne Restaurant, das zu den besten der Stadt zählt. Hauptgerichte ab 150–200 Bt.

Chao Lay 11: 15 Thanon Naretdamri, Tel. 032 51 34 36, tgl. ab 10 Uhr. Zweigeschossiger Pfahlholzbau direkt über dem Wasser, gemütlich-rustikal eingerichtet und eine der besten Seafood-Adressen der Stadt. Man wählt à la carte oder am großen Buffet. Menü ca. 80–350 Bt.

Orchid Restaurant 12: 110/1 Naretdamri, Tel. 032 51 36 70. Exotische Hölzer, tropische Pflanzen und traditionelle thailändische Kunst geben den edlen Rahmen für ausgesuchte Speisen der französischen sowie thailändischen Küche. Menü ca. 120 Bt.

Chat Chai Market 13: Der große Markt von Hua Hin bietet vom frühen Morgen bis in die späten Abendstunden Thai-Spezialitäten für wenig Geld.

Nachtmarkt 14: Wenn abends die Imbissstände öffnen, kann man preiswert auf kulinarische Entdeckungsreise gehen.

🔒 In unzähligen Shops und Boutiquen steht all das wohlfeil, was des Touristen Herz begehrt. Zentren sind insbesondere der **Hua Hin Bazaar**, die **Thanon Kamnoadvitee** (Shopping Mall) sowie der **Nachtmarkt** (tgl. ab 18 Uhr), der sich insbesondere mit Imitationen von Markenlabels einen Namen gemacht hat. Eine weitere Einkaufsempfehlung ist der **Wochenendmarkt** vor dem Hua Hin Grand Hotel an der Thanon Petchkasem (Do–So ab 17 Uhr).

Hua Hin und Golfküste

Einige Hundert Bier- und Go-go-Bars sind es sicherlich, die mittlerweile in Hua Hin um Kundschaft werben, Dutzende stehen unter ausländischer Leitung. Auch die üblichen Thai-Hostessen-Bars fehlen nicht. Die dichteste Konzentration an Lokalen jedweder Art findet sich im Bereich zwischen der **Soi Selakam** und der **Soi Bintabat**. Ein weiterer Schmelztiegel der Nachtlust ist der **Hua Hin Bazaar.**

International Kite Festival: Mitte März, Drachen-Festival.
Heineken Jazz Festival: Mitte März, drei Tage mit internationalen Musikern aus aller Welt.
King's Cup Elephant Polo Tournament: Anfang Sept. Teams aus drei Kontinenten nehmen an der sechstägigen Meisterschaft im Polospiel auf Elefantenrücken teil, die weltweit einzigartig ist.
Vintage Rally: Dez., Oldtimer-Rennen mit rund 60 Fahrzeugen auf der Strecke von Hua Hin nach Bangkok.

Beste Informationen über alle Sportmöglichkeiten in Hua Hin unter www.huahinsport.com.
Hua Hin Golf Center: Tel. 032 53 01 19, Fax 032 51 20 85, www.huahingolf.com. 18 Loch.
Hua Hin Water Sports Center: Tel. 032 51 38 63, www.huahinwatersports.com. Größter Anbieter in Sachen Wassersport, u. a. Wasserski (15 Min. ab 700 Bt), Parasailing (10 Min. 800 Bt), Hochseeangeln (4 Std. 6000 Bt), Kite-Surfing (4 Tage 11 000 Bt). Renner ist das ganztägige Aktivprogramm, das u. a. Jet- und Wasserski, Bananenboot- und Kajakfahren sowie einen Highspeed-Trip umfasst (ca.1500 Bt).
Touren: Dutzende Veranstalter bieten Tages- sowie Mehrtagestouren ins Umland (1200–1800 Bt), nach Bangkok (ab 2300 Bt) und nach Myanmar (ab 5000 Bt).

Flugzeug: Flughafen rund 6 km nördlich von Hua Hin. Taxifahrt in die Stadt ca. 150–200 Bt. Mit SGA 4 x tgl. von/nach Bangkok, Hin- und Rückflug 3400–5800 Bt (Tel. 021 34 32 33, Fax 03 21 34 32 35, www.sga.co.th, auch Online-Buchung).
Zug: Etwa stdl. von/nach Bangkok (3,5–4 Std.) und Surat Thani (5–8 Std.), 2 x tgl. von/nach Malaysia.
Bus: Busbahnhof an der Thanon Liap Thang Rot Fai. Von den frühen Morgen- bis in die späteren Abendstunden zwischen Hua Hin (Thanon Srasong) und Bangkok Southern Busterminal alle 30 Min. AC-Busse (3,5 Std., 120–160 Bt je Komfort). Außerdem Busse aller Komfortklassen zu allen Städten in Südthailand.
Kombitickets (Bahn/Bus und Schnellboot): Verkauf in den örtlichen Reisebüros, z. B. Ko Tao 850 Bt, Ko Samui 1300 Bt, Ko Phangan 1150 Bt.
Minibus: Von den örtlichen Reisebüros mehrmals tgl. Minibusse nach Bangkok (690 Bt) sowie zum Suvarnabhumi International Airport (1200 Bt).
Taxi: Bangkok Zentrum oder Suvarnabhumi International Airport 2400–4500 Bt, Buchung über die örtlichen Reisebüros.
Mietfahrzeuge: Niederlassungen internationaler Verleihfirmen. Wesentlich günstiger sind die lokalen Firmen, Buchung über die örtlichen Reisebüros (Motorrad ca. 200–250 Bt/Tag).

Tourist Police: Am Ende der Thanon Damnoen Kasem vor dem Strand, Tel. 093 51 10 47 und 11 55.

Rings um Hua Hin

Reiseatlas: S. 234/235, C/D 2/3
Fantastisch mutet der auf tausend Pfeilern ruhende zweigeschossige **Phra Ratchaniwet Mrigadayavan** an.

CHAO THI – HÄUSCHEN FÜR ERDGEISTER

Jeder Besucher in Thailand wird sich über die kleinen Häuschen auf etwa manns-
hohen Pfosten wundern, die in den Städten, aber insbesondere auf dem Land vor
beinahe jedem Haus stehen. Die Miniaturen aus Holz oder Zementguss sind die
Wohnstätten von Erdgeistern. An der rückwärtigen Innenwand der sogenannten
chao thi findet sich meist ein Bild des Geistes, der traditionell mit einem Schwert
in der rechten und einem Buch in der linken Hand dargestellt wird. Auf einer kleine Plattform davor werden dem Geist Opfergaben, etwa Blumen und Räucherstäbchen oder zu besonderen Anlässen auch Nahrung, dargereicht.

Die Geisterhäuschen werden immer errichtet, bevor ein Grundstück bebaut wird.
So will man den Geist, der das Gelände bewohnt hat, für den Verlust seiner Heimat entschädigen und sein Wohlwollen sicherstellen. Beim Bau des Chao Thi sind
tradierte Regeln zu beachten: So muss beispielsweise das Datum seiner Errich-
tung von einem Astrologen berechnet werden. Sein Standort darf nur östlich oder
südlich des Hauses liegen, aber niemals gegenüber dem Eingang. Auch darf es
nicht im Schatten des Hauses stehen, wie umgekehrt sein Schatten nicht das Haus
treffen darf. Denn die Welt der Geister und die Welt der Menschen unterscheiden
sich stark voneinander und dürfen nicht vermischt werden.

Alle Regeln und die Zeremonien rings um das Geisterhäuschen wurzeln im Animismus, der Vorstellung von der Beseeltheit der Natur. Obwohl der Animismus
nicht Bestandteil der buddhistischen Lehre ist, haben sich einzelne Elemente sowohl mit dem Buddhismus als auch mit dem Hinduismus verquickt.

Der komplett restaurierte Teakholzpalast wurde im Jahre 1924 von König Rama VI. direkt am Strand ca. 5 km nördlich von Hua Hin erbaut. Er gilt als ein Meisterwerk klassischer thailändischer Palastarchitektur und wird im Rahmen aller Sightseeing-Touren angefahren, die die Region nördlich von Hua Hin zum Ziel haben. Besonders eindrucksvoll ist die Thronhalle mit verspielten Balustraden und Erkern (tgl. 8.30–16, Sa/So bis 17 Uhr, 90 Bt).

Auch **Cha-am,** ein paar Kilometer weiter nördlich steht auf dem Programm der Rundfahrten. Der Badeort ist vor allem bei thailändischen Touristen und Wochenendausflüglern aus Bangkok beliebt. Ausländische Besucher sieht man insbesondere vor den hohen Hotelkomplexen, die im Süden der Stadt den kilometerlangen Strand säumen.

Der rund 60 km westlich von Hua Hin in Richtung der Grenze zu Myanmar gelegene **Wasserfall Pa La U** ist ebenfalls am einfachsten im Rahmen von organisierten Touren zu besuchen. Über nicht weniger als 16 Stufen stürzt er in die von Urwald ummantelte Tiefe und ist damit einer der mächtigsten Wasserfälle des Königreiches. – Vorausgesetzt, es hat genügend Niederschläge gegeben. Alle Stufen zu erklimmen ist ein mehrtägiges Unterfangen, während man problemlos bis zur dritten Kaskade gelangen kann, wo ein Badepool ins erfrischende Nass einlädt. Dorthin werden alle organisierten Touren geführt. Auf dem Tagesprogramm steht in der Regel auch der Besuch eines Elefantencamps mit der Möglichkeit zum Ritt auf den Dickhäutern.

Kaeng Krachan National Park

Reiseatlas: S. 234, C2/3

Der 1981 eingerichtete Kaeng Krachan National Park ist mit einer Fläche von nahezu 3000 km^2 das größte Schutzgebiet des Königreiches. Er erstreckt sich im Westen der Provinz Phetchaburi entlang der Grenze zu Myanmar in einer durchschnittlichen Höhenlage von rund 500 m und gilt als eines der letzten Refugien für wild lebende Elefanten, Tiger, Leoparden und Bären, um nur einige der 57 Säugetierarten zu nennen, die in den ausgedehnten Regen- und Nebelwäldern ein zu Hause haben. Auch die Vielfalt an Vögeln – über 400 Arten sind bekannt – sucht ihresgleichen.

Wer eine abenteuerliche Ader hat, kann im Nationalpark für viele Tage auf Trekkingtour gehen. Aber auch Tagestouren sind möglich. Guides, die jedoch nur sehr wenig Englisch sprechen, werden im Nationalparkamt vermittelt. Highlight eines Parkbesuches ist der Aufstieg zum **Panoen Thung,** dem mit 1207 m höchsten Gipfel der gesamten Region. Einfacher gestaltet sich die etwa dreistündige Wanderung zum **Thorthip Wasserfall,** der sich aus einer Höhe von nahezu 100 m über neun Kaskaden in einen Urwaldkessel ergießt. Für Entspannung pur stehen die kühlen Fluten des rund 46 km^2 großen **Kaeng Krachan Stausees,** der sich direkt beim Hauptquartier des Nationalparkamtes öffnet.

Kaeng Krachan National Park: Amphur Kaeng Krachan, Phetchaburi, Tel. 032 45 92 93, Fax 032 45 92 91, www.dnp.go.th sowie www.thaiforest booking.com.

 Nationalparkamt: Beim Parkzentrum Vermietung von Bungalows, ab 1200 Bt (bis zu 4 Pers.)
Camping: Mehrere Zeltplätze sind eingerichtet, u. a. beim Nationalparkamt, es werden auch Zelte verliehen (150 Bt).

 Im Restaurant der Parkverwaltung kann man günstig essen, ca. 60 Bt.

 **Taxi/Songthaew:** Keine öffentlichen Verkehrsmittel, so dass man in Phetchaburi oder Hua Hin ein Fahrzeug chartern muss (ca. 1200–1500 Bt)
Organisierte Tour: Die Fahrt in den Nationalpark inkl. Besuch des Stausees, einer Bootstour sowie einer Dschungelwanderung steht bei den meisten Veranstaltern in Hua Hin im Programm, währt etwa 13 Stunden und kostet alles inkl. um 3000 Bt/Pers.

Khao Sam Roi Yot National Park

Reiseatlas: S. 235, D3
Rund 43 km südlich von Hua Hin erstreckt sich die rund 100 km^2 große Nationalpark der ›Dreihundert Gipfel‹. Großartige Landschaften und eine überreiche Vogelwelt machen seinen besonderen Reiz aus. In dem Schutzgebiet wurden seinerzeit die meisten Außenaufnahmen für den preisgekrönten Film »The Killing Fields« gedreht. Das landschaftliche Spektrum umfasst urwüchsige bis 600 m hohe Kalksteinfelsen ebenso wie ausgedehnte Höhlensysteme.

In den Mangroven- und Marschgebieten des Parks überwintern zwischen November und März mehr als 200 Arten an Zugvögeln. Viele weitere Arten legen auf ihrer Reise in weiter südlich gelegene Winterquartiere zwischen September und November sowie auf der Rückreise zwischen März und April/Mai einen Zwischenstopp ein. In Thailand gibt es kaum einen besseren Platz zur Vogelbeobachtung als dieses Schutzgebiet. Im Nationalparkamt erhält man eine Broschüre über die Vogelwelt mitsamt Hinweisen zu den besten Aussichtsposten (Check List and Guide to Bird Finding). Bei Interesse werden ornithologische Führungen in den Bereich der **Thung Sam Roi Yot** angeboten, bei der es sich um eine der größten Marschlandschaften des Landes handelt.

Kein Besucher sollte den **Khao Daeng Viewpoint** versäumen, denn der Blick von dem 157 m hohen Gipfel reicht weit übers Land. Vom Khao-Daeng-Parkamt führt ein etwa 30-minütiger Fußmarsch zu dem Aussichtspunkt. Am besten unternimmt man den Aufstieg kurz vor Sonnenaufgang, wenn das Licht am schönsten ist und die Tierwelt, insbesondere die zahlreichen Vögel, ringsum erwacht.

Lohnenswert ist auch eine Bootstour über die etwa 1,5 km vom Parkamt entfernten **Klong Khao Daeng,** einen für seinen Vogelreichtum bekannten Mangrovenkanal. Beste Zeit für dieses Erlebnis ist der späte Nachmittag (ab ca. 16.30 Uhr).

Das Highlight im Schutzgebiet ist die **Höhle Phraya Nakhon,** deren Schönheit König Rama V. bereits im Jahre 1890 begeisterte. Rund drei Stunden

Mit etwas Glück sieht man in den Nationalparks den prächtigen Nashornvogel

Zeit sind für die Besichtigung der Höhle, die auch ohne Führer gut zu finden ist, einzuplanen. Vom Laem Sala Parkamt führt der Weg auf einen Plateauberg mit guter Aussicht. Von dort geht es steil in die Grotte hinab und durch mehrere Felstore hindurch in eine große, nach oben hin offene Tropfsteinhöhle mit Sinterterrassen. In ihrer Mitte erinnert ein kleiner Tempel an den königlichen Gast.

Ein Erlebnis ist auch der Besuch der etwas weiter südlich gelegenen **Tham Sai.** Diese Höhle zeichnet sich durch ein monumentales kuppelartiges Gewölbe aus, von dem bis zu 15 m lange Stalaktiten herabhängen.

Khao Sam Roi Yot National Park: Drei Parkzentren laden im Schutzgebiet ein, touristisch wichtig sind diejenigen bei Khao Daeng und Laem Sala (etwas weiter nördlich), Tel. 032 61 90 78, Fax 032 61 90 78, www.dnp.go.th und www.thaiforestbooking.com.

Dolphin Bay Resort: Phu Noi Beach, Tel 032 55 93 33, Fax 032 55 93 61, www.dolphinbayresort.com. Transfer von Hua Hin 500 Bt, von Bangkok 2800 Bt. In der großzügigen, direkt an einem weiten Sandstrand am nördlichen Parkeingang gelegenen Anlage unter europäischer Leitung lohnt ein längerer Aufenthalt – so angenehm und entspannt ist die Atmosphäre. Gutes Restaurant. Verleih von Motorrädern (200 Bt/Tag), Fahrrädern (100 Bt/Tag), Kajaks (120 Bt/Std.) und Katamaranen (300 Bt/Std.) sowie u. a. Vogelbeobachtung und Höhlentouren. 24 Balkon-Zimmer mit Garten-/Poolblick 1290 Bt, 24 Bungalow-Zimmer 1290 Bt, Zwei-, Drei- und Vierzimmerwohnungen teils mit eigenem Pool bzw. Whirlpool 3400–5500 Bt, Frühstücksbuffet 140 Bt. **Nationalparkamt:** In den beiden o. g. Parkzentren Vermietung von Bungalows 1200–2200 Bt und Zelten 150 Bt.

Bus/Songthaew: Etwa stdl. Verbindung von Hua Hin nach Pran Buri, dort weiter per Songthaew nach Ban Bang Pu (50 Bt) und weiter zum Laem-Sala-Parkzentrum (30 Bt). Alternativ ab Pran Buri mit dem Motorrad-Taxi (ca. 200 Bt) oder Taxi (ca. 400–500 Bt).
Auto/Motorrad: Ab Pran Buri (südl. von Hua Hin) der Beschilderung folgen.
Taxi/Organisierte Tour: Etwa achtstündiger Tagesausflug ab Hua Hin ca. 1500–2000 Bt (max. vier Fahrgäste) oder ca. 1500 Bt/Pers. mit organisierter Tour.

Die südliche Golfküste

Reiseatlas: S. 235, D4 und S. 236/237, C/D 1–4
Die rund 400 km lange Strecke von Khao Sam Roi Yot bis hinunter nach Surat Thani führt durch touristisches Niemandsland. Wer die Hauptstraße verlässt, kann sich noch ein wenig in dem Gefühl sonnen, Pionier zu sein. Zahlreiche (Strand-)Gründe gäbe es zum Abbiegen, aber das öffentliche Transportsystem ist schlecht, und so sind die zahlreichen Sandbuchten, die die Küste säumen, denen vorbehalten, die über ein eigenes Fahrzeug verfügen. Also den Thailändern, die es vor allem an den Wochenenden an die Strände lockt, die zumeist nur über Stichstraßen zu erreichen und kaum auf die Bedürfnisse westlicher Besucher eingerichtet sind. Auch die beiden populärsten Ferienorte der Region – **Ban Krut** sowie **Bang Saphan** – machen da keine Ausnahme.

Je weiter man nach Süden kommt, desto üppiger wird die Landschaft, die nun zunehmend von großen Plantagen dominiert wird. Ölpalmen- und Kautschuk-Pflanzungen herrschen vor und bestimmen das Bild bis hinunter nach **Chumpon,** der etwa 80 000 Einwohner zählenden Hauptstadt der gleichnamigen Provinz. Sehenswürdigkeiten gibt es keine, und lediglich als Absprungbrett nach Ko Tao ist die geschäftige Metropole in touristischer Hinsicht von Bedeutung: Wer hier als Ausländer per Bus oder Zug ankommt, wird entsprechend gleich weitergeleitet.

Bei Chumpon biegt der Highway-4 nach Westen ab, um den **Isthmus von Kra,** wo die Malaiische Halbinsel am schmalsten und Thailand nur 45 km breit ist, gen Westen Richtung Ranong am Indischen Ozean zu queren. Der Highway-41 hingegen, als Autobahn ausgebaut, verläuft an Chumpon vorbei nach **Surat Thani** hinunter, Hauptstadt der gleichnamigen Provinz und ca. 130 000 Einwohner groß. Für Touristen ist es eine reine Durchgangsstation auf dem Weg nach Ko Samui, Ko Pha Ngan und Ko Tao. Ob man nun mit dem Bus oder Zug ankommt, stets wird man von Ticket-›Schleppern‹ angesprochen und zum Fährhafen weitergeleitet.

Gen Süden schließt sich die nach der gleichnamigen Stadt benannte Provinz **Nakhon Si Thammarat** an, die in touristischer Hinsicht noch ganz und gar in den Kinderschuhen steckt und zur Provinz von **Songkhla** überleitet. Sie wird bereits zum politisch instabilen tiefen Süden gerechnet und sollte von ausländischen Besuchern aufgrund der anhaltenden Unruhen bis auf Weiteres gemieden werden (s. S. 24 f. und 220).

KO SAMUI

Trotz ständig wachsender Besucherzahlen konnte sich das einstige Paradies der Rucksackreisenden seinen ursprünglichen Tropenzauber bewahren. Urlauber aus aller Welt genießen auf der Palmeninsel exotische Traumstrände, Unterkünfte aller Komfortklassen nebst einem überschäumenden Nachtleben. Doch auch wer Ruhe und Entspannung sucht, kann voll auf seine Kosten kommen.

Reiseatlas: S. 237, D/E3

Fotos von Ko Samui zieren die Titelseiten unzähliger Thailand-Prospekte, denn die Insel gilt als das Highlight des Strandtourismus in Südostasien. Rucksackreisende aus westlichen Landen fanden hier in den frühen 1970er-Jahren ihr Tropenparadies. Aber bereits wenige Zeit später war der Geheimtipp in aller Munde. Heute finden fast 1,5 Mio. Besucher jährlich den Weg auf dieses exotische Eiland. Ob nun Unterkünfte aller Art – von der Bambushütte bis zur Teakholzvilla –, Traumstrände und ein überschäumendes Nachtleben die Urlauber anlockt oder ob sie von Menschen, Landschaft und Tropenwärme fasziniert sind, alle sind sich einig, dass Ko Samui ein einzigartiges Fleckchen Erde ist.

247 km² machen die durchschnittlich 14 km breite und 20 km lange Insel zur drittgrößten des Königreiches. Ganz ohne Frage besitzt sie die meisten Strände und obendrein die meisten Kokospalmen. Mehrere Millionen Bäume bilden neben der Fischerei die solide Lebensgrundlage der rund 35 000 *chao samui,* die auf dem rund 35 km entfernten Festland als eine besonders lockere und lustige Gattung Mensch bekannt sind. Nur ein Drittel der Inselfläche jedoch wird genutzt, denn das Inselinnere ist unwegsam und besteht aus einem bis über 630 m hoch aufragenden Gebirgszug, der mit Sekundärwald bewachsen ist und kleine Dschungel-Refugien birgt.

Mit kulturellen Highlights kann Ko Samui zwar nicht aufwarten, dafür aber mit mehr als zwei Dutzend erschlossenen Stränden von zusammen über 26 Kilometer Länge. Ab dem Fähranleger im Dorf Nathon führt die ungefähr 50 km lange Ringstraße (4169) einmal um die Insel und zu allen wichtigen Urlaubszentren.

Tourist Office: Ban Nathon, Tel. 077 42 05 04 und 077 42 07 20, Fax 077 42 05 04 und 077 42 07 20–2, tatsamui @tat.or.th.
Internet: www.kohsamui.net, www.on-samui.com, www.kosamui.com, www.samui guide.com.

DIE KOKOSPALME – DER BAUM DES LEBENS

Die Kokospalme, Symbol für Tropen und Exotik, für Fernweh und Urlaubsglück, gehört zum Markenzeichen Thailands wie Sonne, Strand und Meer. Für die Thais aber ist sie weit mehr als nur ein Spender von Assoziationen und Schatten. Aufgrund ihrer vielseitigen Nutzbarkeit gilt sie als wertvolles Geschenk der Natur. Kokospalmen gedeihen so problemlos wie Unkraut – ebenso in Feuchtgebieten wie direkt am Strand im Einflussbereich des Salzwassers. Schon nach kurzer Zeit tragen sie Früchte – bis zu 180 Stück jährlich – und können bis zu 100 Jahre alt werden. Fast jeder Teil der bis über 30 m hoch aufragenden holzigen Pflanzen kann verwendet werden. Der Stamm der Palme wird z. B. traditionell im Haus- und Schiffsbau eingesetzt, ihre Blätter dienen als Dacheindeckung, die selbst bei heftigen Monsunregen kein Wasser durchlassen. Die Palmblätter können aber auch zu Besen zusammengebunden werden, und ihre Schösslinge geben ein gutes Gemüse ab.

Am vielfältigsten nutzbar sind die bis zu 5 kg schweren Palmfrüchte. Die Nussschalen dienen als Brennmaterial, das zudem Mücken und Sandflöhe vertreibt, aber auch als Pflanzensubstrat und Torfersatz. Die Fasern der Kokosnüsse können zu Seilen und Matten, Körben und Säcken, Teppichen und Hüten verarbeitet werden und sind als Wärmedämmung ebenso wie als Füllung in Matratzen. Selbst im Fahrzeugbau sind sie verwendbar. Das leicht mineralhaltige Kokoswasser ist ein ebenso wohlschmeckendes wie erfrischendes und nahrhaftes Getränk, das darüber hinaus gegen Durchfall wirkt. Da es in der geschlossenen Nuss steril bleibt, kann es im Notfall sogar als Blutserumersatz direkt in die Vene injiziert werden. Obendrein kann es zu Kokoswein vergoren werden. Das Fruchtfleisch enthält eine Vielzahl an Mineralien, Vitaminen und Spurenelementen sowie ungesättigte Fettsäuren. Getrocknet dient es als Ausgangsstoff zur Gewinnung von Kokosflocken, Kokosfett und in erster Linie Kokosöl, das sich zum Braten und Backen ebenso wie als Basis für Sonnenschutzmittel, Cremes, Seifen und Shampoos eignet. Zunehmend soll es auch zu Biodiesel verarbeitet werden.

Die Kokosmilch – nicht zu verwechseln mit dem Wasser im Innern der Nuss – verleiht nicht nur der Piña Colada und anderen Cocktails ihren unvergleichlichen Geschmack, sondern auch den typischen thailändischen Currys. Die meisten thailändischen Süßspeisen werden ebenfalls aus Kokosmilch zubereitet oder mit ihr verfeinert. Die Kokosmilch entsteht erst, indem das Kokosfleisch mit heißem Wasser püriert und dann durch ein Tuch gepresst wird. Der Pressrückstand wiederum gibt ein reichhaltiges Tierfutter ab.

Aber Achtung, Kokosnüsse können auch töten! Ein 4 kg schweres Exemplar erreicht beim Fall aus 25 m Höhe fast 80 km/h und übt beim Aufprall gut 1 t Druck aus. Jahr für Jahr werden etwa 150 Menschen Opfer des Fallobstes. Gerade bei Wind sollte man deshalb größtmögliche Vorsicht walten lassen und nicht in der Hängematte unter Kokosnüssen dösen!

In allen Unterkünften und Restaurants Prospekte von Outdoor-Veranstaltern. Das breite Angebot erlaubt es, an jedem Urlaubstag eine andere Sportart zu erproben.

Kajak: Verleih an allen Stränden, Einer ca. 150 Bt/Std. bzw. Zweier 200 Bt /Std. Geführte Halbtagestouren ca. 800 Bt, Exkursionen in den Ang Thong Marine National Park ca. 2000 Bt.

Segeln: Verleih von Laser-Booten und kleinen Cats ca. 600 Bt/Std., Segelkurs 500 Bt/Std.

Tauchen/Schnorcheln: Kein Strand ohne Tauchschulen. Open-Water-Kurs in einer niedergelassenen Schule 14 000–16 000 Bt. Da die Korallenriffe von Ko Samui unbedeutend sind, führen Tauchexkursionen meist nach Ko Tao (ca. 4300 Bt) oder zum Sail Rock (4000 Bt). Reine Schnorcheltouren nach Ko Tao kosten um 2000 Bt.

Touren: Zu den Highlights der Insel 750 Bt, in die Berge 1500 Bt, zum Ang Thong Marine National Park 1700–2000 Bt, nach Ko Pha Ngan 2000 Bt, auf einer Dschunke rund um Ko Samui 2000 Bt.

Windsurfen: Verleih von Funboards ca. 550 Bt/Std., Anfängerkurs etwa 3000 Bt für 5 Std.

Yachtcharter: Größter Anbieter ist Samui Ocean Sports, Tel. 081 940 19 99, www.sailing-in-samui.com. Kleinere Yacht für bis zu 4 Personen inkl. Skipper für einen halben Tag 7200–9600 Bt, vier Tage für einen Törn rund um Ko Samui, Ko Pha Ngan, Ko Tao 26 000–34 000 Bt.

Flug: Flughafen **Ko Samui** im Osten der Insel. Mit Bangkok Air

Der Big Buddha ist das Ziel von Einheimischen und Touristen gleichermaßen

12–20 x tgl.von/nach Bangkok ab 2000 Bt, von/nach Phuket 2050 Bt, außerdem Verbindungen mit Pattaya, Singapur und Hongkong. Vom Flughafen zu den Stränden per Songthaew 80–150 Bt, Minibus ca. 100–300 Bt oder Taxi 350–600 Bt (je Entfernung).
Flughafen **Surat Thani**, mit Thai Airways und Air Asia von/nach Bangkok 3700 Bt bzw. ab 1300 Bt. Weiter per Boot nach Ko Samui.
Boot: Vom Fährhafen **Surat Thani** (Bustransfer zum Stadtzentrum im Preis inkl.) 5–19 Uhr stdl. mit den Schnellbooten von Seatran (1,5 Std., 120 Bt) oder den Autofähren von Raja (54 Bt), außerdem Nachtboot (6,5 Std., 100 Bt). Nach **Ko Pha Ngan** 9–12 x tgl. (150–300 Bt), ab Nathon und Thong Sala 45 Min, ab Big Buddha Beach und Hat Rin 50 Min., ab Mae Nam Beach und Thong Sala 20 Min. Nach **Ko Tao** 6–7 x tgl. (2–3 Std., 350–750 Bt).
Kombitickets (Bahn/Bus und Schnellboot): Verkauf in den meisten Reisebüros auf Ko Samui und in allen Touristenzentren auf dem Festland. Bangkok 600–1200 Bt (je nach Gesellschaft), Krabi 450 Bt, Phuket 300 Bt.
Inselverkehr
Songthaew: Von Nathon zu allen Stränden (z. B. Maenam 30 Bt, Lamai 80 Bt).
Mietfahrzeug: Zahlreiche Vermieter, Motorräder ab 150 Bt/Tag, Jeeps ab 800 Bt/Tag.

Geldautomaten: An den populärsten Stränden sowie in Nathon (mehrere Banken).
Tourist Police: Nathon, Tel. 077 42 12 81, im Notfall Tel. 11 55.
Immigration Office: Nathon, Tel. 077 42 10 69, Mo–Fr 8.30–12 und 13–16 Uhr
Krankenhaus: Samui International Hospital, Chaweng Beach, North Beach Road, Tel. 077 23 07 81 und 077 42 22 72, www.sih.co.th. Beste Einrichtung der Insel.

Entlang der Nordküste

Im Hauptdorf der Insel **Nathon** laden an zwei Straßen ein kleiner Essensmarkt und viele Restaurants ein. Außerdem gibt es im Ort alle wichtigen Service-Adressen. Die Ringstraße führt von hier durch lichte Kokospalmenhaine rund 6 km Richtung Norden zum **Bang Po Beach,** der zwar eine schöne Optik und viel Ruhe bietet, doch zum Baden nur bedingt geeignet ist. Damit ist er prädestiniert als ›New Age Spot‹, denn mehrere Healing- und Meditationsoasen haben sich etabliert.

Etwa 5 km weiter wird Ban Maenam mit dem ca. 4 km langen **Mae Nam Beach** erreicht. Die Bungalowanlagen verteilen sich in Palmenhainen hinter dem goldgelben Grobkornstrand, der zumeist mit spiegelglattem Wasser aufwartet, während die Straße ungehört im Hinterland verläuft. Parallel zum Strand erstreckt sich im Meer die Korallenkette eines schützenden Riffs, so dass Schnorcheln und andere Wassersportarten hier angesagt sind. Allerdings läuft das Wasser bei Ebbe teils weit zurück, Baden ist dann nicht überall ideal. Wer Ruhe sucht und dabei relativ preisgünstig wohnen will, sollte hier ein Domizil suchen, auch wenn sich heute mehr und mehr Spitzenresorts zwischen die Budgetbungalows drängen.

Östlich an die Maenam Beach schließt sich der rund 3 km lange **Bo Phut Beach** an, der ebenfalls recht grobkörnig ist und sich zu einem kleinen Wassersportzentrum, insbesondere für Windsurfer, entwickelt hat. Zum Baden eignen sich am besten der östlichste Strandabschnitt, denn in der

10 € = 420 Bt
12 € = 504 Bt
15 € = 630 Bt

Reiseatlas: S. 237

zentralen Zone mit dem fein herausge-putzten Dorf Ban Bo Phut verderben Tang und Algen teilweise den Spaß. Im Dorf mit vielen gestylten Boutiquen und Restaurants diverser Küchen geht es ruhig zu. Das Ambiente mutet ein wenig mediterran an, denn hier nehmen vorzugsweise Mittelklasse-Urlauber aus britischen Landen Quartier.

Auffallend viele Familien sowie Back-packer legen am benachbarten **Big Buddha Beach** Langzeitaufenthalte ein. Während des Sommerhalbjahres mag diese Wahl gut sein, auch wenn der etwa 2 km lange weiße Feinsand-strand bei Flut in manchen Abschnitten auf Handtuchbreite zusammen-schrumpft. Im Winter aber, wenn der Ostwind dominiert und das Meer zu-rückdrängt, wird hier oft ein schlammi-ger Grund entblößt. Ein weiteres Man-ko stellt die Lärmbelästigung durch die parallel zum Strand verlaufende Straße dar, die u. a. zum Samui International Airport führt. Besucherattraktion ist der **Big Buddha** [1], eine 12 m hohe gold-farbene Statue auf einer Halbinsel am östlichen Strandende.

Peace Resort [6]: Bo Phut Beach, Tel. 077 42 53 57, Fax 077 42 53 43, www.peaceresort.com. Seit nunmehr 30 Jahren eine der bei Familien beliebtesten Adressen am Strand mit Spielplatz und Pool. Die luftigen und hellen Bungalows in vier Komfortstufen sind elegant im mo-dernen Thai-Stil eingerichtet. Ab 3500 Bt bzw. 6100 Bt in der Hochsaison.

Coco Palm Resort [7]: Mae Nam Beach, Tel. 077 24 72 88, Fax 077 42 53 21, www. cocopalmsamui.com. Locker in der recht großen Gartenanlage verteilt umringen rund 70 Bungalows und einige Luxusvil-

len den schicken Pool. Standard mit AC ab 900 Bt, Komfort 2110–2900 Bt (je La-ge), Luxus ab 4500 Bt.

Maenam Cheer [8]: Mae Nam Beach, Tel. 089 591 32 00. Näher als hier kann man dem Meer nicht kommen, denn die zwar schlichten, aber korrekten Bungalows (al-le mit Bad/WC) finden sich direkt hinter dem Strand im Palmenschatten. Auch das Restaurant hat eine Toplage. 500 Bt.

Shambala [9]: Big Buddha Beach, Tel. 077 42 53 30, www.samui-shambala. com. Ein englisches Pärchen hat für sich (und viele Budgetreisende) hier einen klei-nen Traum vom Traveller-Paradies ver-wirklicht. Gemütliche und gut dimensio-nierte Bungalows in zwei Komfortklassen (ohne AC) mit großen Balkonen, die teils einen tollen Meerblick haben. Das Res-taurant ist super, die Leute nett, und zum Relaxen laden Chill-out-Zonen mit Sofas und Liegematten ein. 500–1000 Bt.

In den vielen kleinen Boutiquen von **Ban Bo Phut** fällt manches aus dem Rahmen. Wer das besondere Sou-venir sucht – z. B. Designerkleidung aus Hongkong, allerlei Buntes aus Indien, Schmuck aus Sri Lanka oder Amulette aus Thailand – sollte bei **Siri** vorbei-schauen, die mit künstlerischem Auge manches Feine aus Fernost bietet (tgl. 16–22 Uhr, Tel. 077 42 75 40).
Exotisches Mobiliar findet man in den Lä-den in **Ban Mae Nam**. Insbesondere **Beautiful World** hat sich einen guten Na-men gemacht, auch in Sachen günstiger Verschiffung (tgl. 10.30–19 Uhr).

Choeng Mon Beach

Vom Großen Buddha führt eine Stich-straße zur Choeng Mon Beach an der Ostküste hinüber. Von Palmen und al-

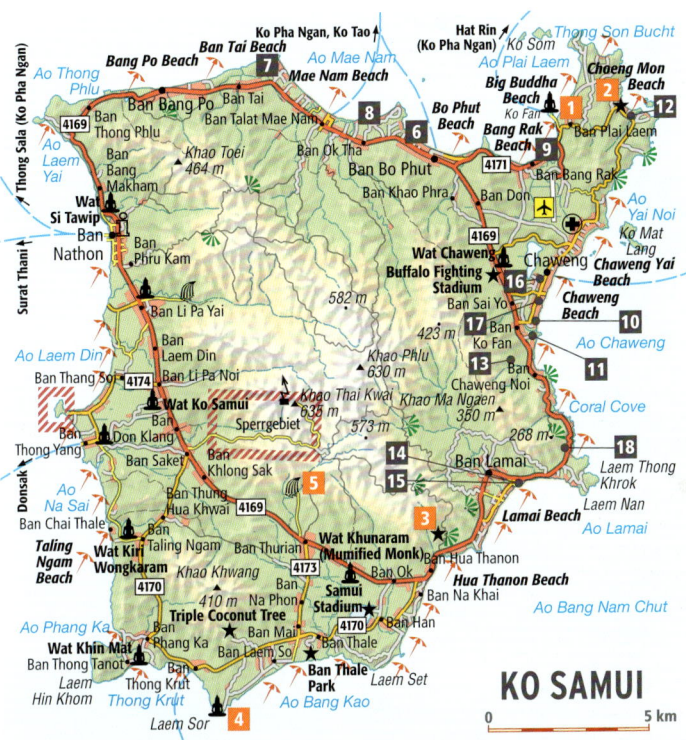

KO SAMUI

0   5 km

Sehenswürdigkeiten
1 Big Buddha
2 Imperial Boat House
3 Overlap Stone
4 Chedi Laem Son
5 Wasserfall Na Muang

Übernachten
6 Peace Resort
7 Coco Palm Resort
8 Maenam Cheer
9 Shambala

10 Le Paradise
11 First Bungalow Beach Resort
12 Samui Honey Cottages
13 Jungle Club
14 Beer's House Beach Bungalows
15 New Hut

Essen und Trinken
16 Spice Island
17 Poppies
18 Village Restaurant

ten Kasuarinen gesäumt zieht sich der blütenweiße Feinsandstrand entlang einer perfekt geformten Halbmondbucht zu einem vorgelagerten Inselchen hin. Exotischer könnte die Landschaft nicht sein. Da dank eines schützenden Korallenriffs draußen vor der Bucht das Wasser zu jeder Jahreszeit ruhig und seicht ist, kann man ganzjährig Badefreuden genießen – ein Paradies, gerade auch für Familien, zumal es äußerst ruhig zugeht. Allerdings sind viele Unterkünfte von Normalsterblichen nicht bezahlbar. So auch das **Imperial Boat House** 2 , das vermutlich bekannteste Hotel der Insel. Sehenswert sind die zu luxuriösen Domizilen umgebauten Reisbarken rings um den Swimmingpool. Bei Preisen ab 165 US-Dollar kann man sicherlich auch eine ausgefallene Optik verlangen.

Chaweng Beach

Der Sand des **Chaweng Beach** ist so weiß wie Schnee und so fein wie Puderzucker. Die üppige Fülle seines Palmensaumes betont die makellose Halbmondform der Bucht, in der das Wasser in allen Farbschattierungen zwischen Zarttürkis und Kobaltblau schimmert. Außer im Winter, wenn der Wind an manchen Tagen die Wellen hochpeitscht, zeigt das Meer seine sanfte Seite. Nur ganz allmählich senkt sich der von scharfen Korallen freie Sandstrand in das ebenso klare wie warme Wasser. Baden ist bei jedem

Gezeitenstand das reinste Vergnügen. Der rund 6 km lange und 20–50 m breite Strand gliedert sich in drei Abschnitte. Auch wenn mancherorts ein Spalier aus Liegestühlen und Sonnenschirmen das Bild bestimmt, stellt sich kaum ein Gefühl der Enge ein. Von einigen Bungalowanlagen abgesehen, reihen sich Resorts der Mittel- und Luxusklasse nahtlos aneinander, so dass die Übernachtungspreise am Chaweng Beach im Durchschnitt um die 1500–5000 Bt betragen.

Extrem seicht und warm und damit ideal für Kinder ist der durch ein Korallenriff vom offenen Meer geschützt liegende **Chaweng North Beach.** Es geht ruhig zu; die Urlauber wohnen zumeist in edlen Resorts und reisen pauschal an.

Strandverkäufer am Chaweng Beach

Chaweng Beach

Chaweng Central ist zweifellos eine Augenweide, wird aber extrem stark frequentiert und ist daher sehr laut. Tagsüber kann der Lärm der Motorboote, Wasserscooter und Jetskis als außerordentlich störend empfunden werden, abends dann das Nachtleben. Das Publikum ist gemischt: Backpacker treffen auf Promis, abends geben sich alle ein Stelldichein auf dem Strip, wie die hinter den Resorts parallel zum Strand verlaufende Straße genannt wird. Dort findet sich die größte Dichte an Restaurants und Boutiquen, Bars, Diskotheken und Nachtclubs der Insel, wo immer, auch spät in der Nacht, viel Betrieb herrscht.

Durch ein kleines Kap vom Zentralstrand getrennt, liegt der **Chaweng Noi Beach,** der mit abgeschliffenen Felsen gespickt und daher malerisch anzusehen ist. Doch beim Baden ist Vorsicht geboten, zumindest im Winter herrschen gefährliche Strömungen. Weil der Strand nur wenige Hundert Meter lang, aber von Resorts nahtlos gesäumt ist, geht es immer relativ eng zu.

Le Paradise 10 : Chaweng Central, Tel. 077 23 90 41–3, Fax 077 23 90 40, www.leparadisresort.com. Der Name verspricht nicht zu viel, denn schwerlich findet man in Thailand ein Resort, in dem Tradition, Moderne und Natur harmonischer vereint sind. Edle Thai-Häuser aus Teakholz, die ursprünglich in Ayuthaya nördlich von Bangkok standen, bieten allerhöchsten Komfort. Umbedingt empfehlenswert, wenn das Urlaubsbudget es gestattet! 8800–11 900 Bt (je Saison und Lage).

10 € = 420 Bt
20 € = 840 Bt
30 € = 1260 Bt

First Bungalow Beach Resort 11: Chaweng Central, Tel. 077 2304 14, Fax 077 42 22 43, www.firstbungalowsamui.com. Der ›Urgroßvater‹ aller Bungalowanlagen in Chaweng aus den frühen 1970er Jahren spielt nach mehreren Faceliftings nun in der Mittelklasse. Über 30 m^2 große Komfort-Bungalows direkt am Strand oder mit Strandblick sowie 80 Zimmer, natürlich auch Pool, Bar und Restaurant. Bungalow 2500–4100 Bt (je Saison und Lage), DZ 2000–3200 Bt.

Samui Honey Cottages 12: Choeng Mon Beach, Tel. 077 24 50 32, Fax 077 42 70 94, www.samuihoney.com. Recht neue Gartenanlage direkt hinter dem Strand mit charmanten, großen Cottages in zwei Komfortstufen, die alle mit AC, TV, Minibar, Kühlschrank ausgestattet sind. 1900–4500 Bt (je Saison und Kategorie).

Jungle Club 13: Chaweng Noi, Tel. 08 18 94 23 27 und 08 18 91 82 63. Die 1,5 km zum Strand nimmt man gerne in Kauf (Shuttle-Service), bietet doch das unter französisch-thailändischer Leitung stehende Resort auf einem mit Palmen bestandenen Wiesenhügel hoch über Chaweng Noi die mit Abstand schönste Aussicht auf die Bucht – ob von den Bungalows, dem luftigen Strohdach-Restaurant oder dem schicken Pool. Die Atmosphäre ist angenehm locker, regelmäßig werden Barbecues und relaxte Partys organisiert. Ruhiger und idyllischer und doch nahe am Geschehen kann man in Chaweng nicht wohnen – ein Platz für Genießer, ganz und gar ›out of time‹. Bungalows in mehreren Komfortklassen von urig-rustikal über gepflegt-komfortabel bis hin zu edel-luxuriös. 450 Bt (Fan), 850 Bt (AC), 1200–2900 Bt (Luxus).

🍴 Auf Ko Samui zählt man mehr Restaurants als in einer mittleren deutschen Stadt. Am größten ist die Auswahl am Chaweng Beach. Aber auch das Preisniveau ist superlativ. Sucht man das Besondere, kann man schnell 1000–2000 Bt und mehr für ein Dinner zu zweit ausgeben.

Poppies 17: Chaweng Central, Tel. 077 42 24 19, tgl. ab 19 Uhr. Am südlichen Strandende, an einem tropischen Garten angrenzend, mit exotischem Flair. Die Speisekarte listet erlesene Gourmet-Köstlichkeiten der thailändischen und internationalen Küche auf. Di, Do und Fr wird das Mahl von den klassischen Klängen eines Meistergitarristen untermalt, So und Mo von einem Pianisten. Highlight

---

First-class dining ...

»... in a high-class setting«, so lautet das Motto des Gourmet-Restaurants **Spice Island** 16. Man diniert direkt am Strand unter dem offenen Sternenhimmel oder in klimatisierten Pavillons mit Blick auf Lotosteiche. Der Service ist professionell. Nirgendwo sonst auf der Insel umfasst die Speisekarte eine derartige Vielzahl an traditionellen Thai-Gerichten: Über 100 sind zu zählen. Wem die Auswahl Probleme bereitet, der bestellt am besten ein Menü. Das Chaweng Beach z. B. umfasst sechs erlesene Köstlichkeiten. Dazu trinkt man eine Flasche Wein des Château de Loei Chenin Blanc, der all diejenigen Lügen straft, die meinen, dass es in Thailand keine exquisiten Weinlagen gibt (Central Samui Resort, Chaweng Central, Tel. 077 23 05 00, tgl. ab 18.30 Uhr, Menü ab 1000 Bt).

aber ist der Samstag, wenn die ›Thai Night‹ mit traditionellen Tänzen und Klängen einlädt. Hauptgerichte ab 250 Bt.

Village Restaurant 18: Im Spa Resort & Health Center, zwischen Chaweng und Lamai, Tel. 077 23 08 55, tgl. ab 7 Uhr. Weniger fancy und gestylt als vielmehr locker und erdnah. Unlängst vom englischen Prestige-Magazin »Restaurant« zu den 50 besten Restaurants auf Erden gerechnet! Die Speisekarte listet mehr als Hunderterlei Köstlichkeiten auf, allerdings ausschließlich Seafood, etwa 20 vegetarische Gerichte und ein gutes Dutzend Salate, so dass Fleischgenießer nicht auf ihre Kosten kommen. Angenehm ist es, dass man zwischen kleinen und großen Portionen wählen kann. Salate 25–160 Bt, vegetarische Gerichte um 60–80 Bt, Rohkostteller 100–200 Bt.

🔒 »You name it, we've got it«, verheißt der Strip von Chaweng seinen Kunden. Was immer man an echter und imitierter Markenware, an Kitsch und Kunsthandwerk, an Fashion und Fummel, Echt- und Raubdrucken sucht, ist in zahllosen Läden wohlfeil. Günstigster kauft man allerdings in Nathon und Lamai, wo freilich das Angebot nicht so üppig ist.

🍸 Chaweng und Lamai sind die Zentren der Nachtlust. Am Strip von Chaweng geben gepflegte Pubs, coole Cafés und funky Clubs den Ton an. In diesem Epizentrum des allabendlichen Nachtbebens wiederum tut sich insbesondere die Soi Green Mango mit Dutzenden Lokalen hervor.

Green Mango Club: Fast schon legendär ist der Ruf des Clubs, wo ab etwa 22 Uhr das Partyvolk in großer Zahl hinströmt.

Mint Bar: Regelmäßig sind hier die international berühmtesten DJs unter Vertrag.

Reggae Pub: Legendärer Club, wo heute allerdings weniger Bob Marley gehul-

Büffelkampf

Während großer Feste sowie an den meisten Feiertagen, also mindestens ein- bis zweimal im Monat, werden in einer der insgesamt sieben Büffelkampf-Arenen der Insel *bullfightings* ausgetragen. Die Wettkämpfe sind ein Erlebnis, ebenso für die wettbegeisterten Dörfler wie für die Touristen und durchaus auch für Kinder. Oft werden Ritte auf den bis 600 kg schweren Wasserbüffeln angeboten. In jeder Unterkunft weiß man, wann der nächste Kampf ansteht, den auch unzählige Flugzettel ankündigen. Der Eintritt für ausländische Besucher beläuft sich in der Regel auf etwa 200 Bt.

digt wird als viel mehr Eurohouse und Techno.

Sounds Bar: Inselweit einziger Club mit einem eigenen Pool, was zahlreiche Tänzer immer wieder zu fast schon exhibitionistischen Show-Offs hinreißt.

Sweet Soul Café: Bei überwiegend Hip Hop, House und Drum' n' Bass geht es hier mit Abstand am lebhaftesten, um nicht zu sagen wildesten zu.

🪂 **Bungy Jumping:** Samui Bungy, Chaweng, Soi Reggae, Tel. 077 41 42 52. Direkt über dem kleinen See beim Reggae Pub. 50-m-Sprünge, Tandem-Sprünge, sowie ›Submersion Jumps‹, bei denen man kurz in den See eintaucht. Freier Transfer von/zur Unterkunft.

Kochkurse: Es sind die Renner jeder Saison. Als ›die‹ Adresse gilt das Samui Institute of Thai Culinary Arts – SITCA in

Chaweng (gegenüber dem Central Samui Beach Resort), Tel./Fax 077 41 31 72, www.sitca.net. Tgl. zwei Klassen, 1600 Bt/Tag und Person. Zusätzlich kann man die hohe Kunst des Schneidens und dekorativen Arrangieren von Früchten erlernen, drei Tage 3000 Bt.

Lamai Beach

Südlich von Chaweng steigt die Insel steil aus dem Meer auf. Von zwei ausgeschilderten **Aussichtpunkten** an der Straße kann man das herrliche Panorama genießen. Dazwischen liegt umrahmt von Granitfelsen die kleine Bucht der **Coral Cove**. Zum Baden gibt es bessere Plätze, doch zum Schnorcheln ist das vorgelagerte Riff ideal. In idyllischer Lage am Hang stehen einige Bungalows.

Das einzige, was abends und nachts die Stille stören kann, sind Jubel und Trubel vom benachbarten **Lamai Beach.** Der etwa 5 km lange, fein- bis

Paradiesisch schön –
die Coral Cove Bay

 **Beer's House Beach Bungalows** [14]: Tel. 077 23 04 67 und 077 23 10 88. Bei Muk & Ben & Beer & Wine wohnt die Szene der Langzeitreisenden günstig und zünftig. Außer den Bungalows am Strand, die alle mit Fan und Bad/WC ausgestattet sind, sich allerdings etwas dicht im Palmenschatten drängeln, werden im Haupthaus Low-Budget-Zimmer (mit Gemeinschaftsbad) angeboten. Der Strand eignet sich ideal zum Baden und es ist ruhig. Die Trubeltreffs liegen ca. 10 Gehminuten entfernt. Bungalow 400–600 Bt (je Saison), DZ 250 Bt.

New Hut [15]: Tel. 089 729 84 89 und 081 476 13 43. Ein treffenderer Name wäre Old Style Hut, denn die sogenannten *A-frame*-Hütten am Strand mit Palmwedeldach und Matratze auf dem Boden sieht man auf Samui schon seit vielen Jahren nicht mehr. Doch Beachfreaks mit Sinn für Romantik und kleinem Budget können nicht billiger wohnen. 200 Bt.

In Lamai Beach wird Schmuck in delirierender Vielfalt ausgestellt, beispielsweise bei **Mr. Samui's,** wo man auch eigene Designs umsetzen lassen kann (Lamai, South, Lamai Beach Road, tgl. 9–22 Uhr).

Bauhaus: Das einzige Pendant zu Chawengs vielen berühmten Lokalen und mit Abstand größter Danceclub am Ort, wo vor allem der gute alte Rock am Trommelfell zerrt. Berüchtigt sind die Cocktailnächte an jedem Mittwoch: Wer zehn Cocktails getrunken hat, erhält gratis ein T-Shirt.

Fusion Nightclub: Zweite Adresse am Lamai Beach, alle Soundarten zwischen Acid-Jazz und Funky-House.

grobsandige Strand schrumpft bei Flut teils arg zusammen, ein Felskap trennt ihn in zwei Abschnitte. Am Saum des Strandes stehen zwischen Palmen auffallend viele Bungalowanlagen der Budgetklasse. Dahinter verläuft die Dorfstraße, die sich mit Restaurants sowie Nachtclubs, Bier- und Go-go-Bars als ein weiterer Strip vorstellt. Das Publikum dieses nach Chaweng zweitpopulärsten Strandes ist im Durchschnitt eher jung und nacht- sowie wassersportaktiv.

Yoga unter Palmen – auf Ko Samui bieten zahlreiche Resorts Wellness und Spa

Jungle Bungy Catapult: Lamai Night Plaza, Tel. 018 93 34 03. Mit ca. 100 km/Std. wird man nach oben katapultiert, bevor sodann der ›Sprung‹ folgt. 500 Bt.

Der Inselsüden

Auf Ko Samui ist es kein Problem, Alternativen zu den großen Hauptstränden zu finden, denn Dutzende kleine Buchten säumen die abseits liegende Südküste. Selbst während der Hochsaison garantiert sie einen Urlaub in absoluter Ruhe. Allerdings sind die Badefreuden eingeschränkt, da die Strände oft schlickig, mit scharfen Muschel- bzw. Korallenfragmenten durchsetzt und zudem sehr gezeitenabhängig sind. Einen Überblick über die Region kann man sich vom **Overlap Stone** 3 aus verschaffen. Den Aussichtspunkt, der direkt südlich von Lamai an der Straße ausgeschildert ist, erreicht man im Rahmen einer etwa 15-minütigen Wanderung.

Weiter südlich folgt der nur bei höchstem Wasserstand badetaugliche **Hua Thanon Beach.** Daran schließt der Schnorchelspot **Laem Set** an, wo Urlauber in wunderschönen, aber auch

Für Leib und Seele

Auf Ko Samui haben sich mittlerweile mehrere Dutzend Resorts auf Wellness & Spa spezialisiert. Auch Nicht-Gästen stehen u. a. am Mae Nam Beach das Health Oasis Resort (Ao Bang Po, Tel. 077 42 02 55 und 077 23 61 24, Fax 077 42 02 54; www.healthoasisresort.com) sowie zwischen Chaweng und Lamai das Tamarind Retreat (Tel. 077 42 42 21, Fax 077 42 43 11, www.tamarindretreat.com) und The Spa Resorts (Tel. 077 23 09 76, Fax 077 42 46 67, www.thesparesorts.net) offen. Die Preise sind vergleichsweise günstig, u. a. Massagen 300 Bt/Std., Yoga 250 Bt/90 Min., Reiki 15 000 Bt/3 Tage, Thai-Massagekurs 8500 Bt/14 Std., Fastenkurs 9000 Bt/7 Tage.

sehr teuren Bungalows am Hang ein Quartier finden. Vorbei an **Ban Thale** sowie an dem kilometerlangen Schlickstrand der **Bang Kao Bay** erreicht man auf teils unbefestigten Wegen durch endlose Kokoshaine schließlich das Südkap. Die weithin sichtbare, in der Sonne golden leuchtende Pagode **Chedi Laem Sor** ④ gibt hier ein schönes Fotomotiv ab.

Die größtenteils von flach auslaufenden und zum Baden untauglichen Stränden gesäumte Westküste von Ko Samui ist touristisch weniger erschlossen. Es gibt nur einige Luxusresorts. Allerdings kann man hier – fast allabendlich – großartige Sonnenuntergänge genießen. Auf dem Rückweg nach Nathon über die Ringstraße (4169) lädt bei Ban Thurian der **Wasserfall Na Muang** ⑤ zu einem erfrischenden Bad im Dschungel ein.

Ang Thong Marine National Park

Reiseatlas: S. 237, D3
Der schönste Ausflug von Ko Samui führt in den etwa 20 km westlich gelegenen Ang Thong Archipel mit über 40, teils dicht mit Urwald überwucherten Inseln, der seit 1980 unter Naturschutz steht. Weltberühmt wurden die bis über 400 m hoch aus dem Meer ragenden Kalkstein-Eilande als Schauplatz des von Alex Garland verfassten Romans »The Beach«. Der gleichnamige Kinohit wurde allerdings auf Ko Phi Phi gedreht. Dennoch enttäuscht die intakte Inselnatur die durch den Roman geweckten Vorstellungen nicht.

Die organisierten Bootstouren steuern die Hauptinsel **Ko Wua Talab** mit dem Nationalparkzentrum an, wo ein Strand zum Baden und der Aussichtsberg **Utthayan Hill** zu einer etwa 30-minütigen Wanderung (feste Schuhe sind ein Muss!) einladen. Bei den Korallenriffen von **Ko Thai Plao** sowie **Ko Sam Sao** kann man ausgerüstet mit Schnorchel und Taucherbrille die tropische Unterwasserwelt erkunden. Ein Höhepunkt der Tour ist das Bad im türkisfarbenen und kristallklaren Salzwasserkratersee **Thale Noi** auf **Ko Mae Ko** (tgl. Touren von zahlreichen Anbietern, um 1700–2000 Bt).

KO PHA NGAN UND KO TAO

Ko Pha Ngan erinnert mit Bambushütten an Bilderbuchstränden noch stark an vergangene Tage. Das Publikum ist überwiegend jung und die Vollmondfeste sind mittlerweile weltberühmt. Wer eine aktive Ader hat, kann auf diesem Eiland sein Paradies finden. Das kleinere Ko Tao wird seinem Spitznamen ›Ko Tauch‹ in jeder Hinsicht gerecht und findet nirgends sonst im Golf von Thailand ein Pendant.

Ko Pha Ngan

Reiseatlas: S. 237, D/E3
Nostalgiker können einen Hauch vergangener Globetrotter-Atmosphäre auf dem ca. 12 km von Ko Samui entfernten und ca. 170 km² großen Ko Pha Ngan verspüren. Die stark gebirgige und bewaldete Insel mutet wild an. Auch ihre zahlreichen Strände umweht der Zauber ursprünglicher Schönheit. Da die Reisekonzerne bislang Zurückhaltung gezeigt haben, wird es wohl noch eine Weile dauern, bevor der sehr stark ausgeprägte Individualtourismus vom Pauschaltourismus verdrängt wird.

Bis dahin wird die Bambushütten-Romantik der ›guten alten Zeit‹ wenigstens teilweise fortbestehen. Und auch die berühmt-berüchtigten Full Moon Parties am Hauptstrand der Insel werden weiterhin ausschweifend gefeiert und bleiben so abgefahren, wie es in der heimischen Boulevardpresse immer wieder mal nachzulesen ist. Ganz und gar ausschweifend übrigens ist auch das Aktivitäts-Angebot der Insel,

das kaum irgendwo sonst in Thailand ein Pendant findet. Die meisten Aktivitäten werden im Inselsüden angeboten, Schwerpunkt Hat Rin.

Spätestens bei Ankunft im Hauptort der Insel, **Thong Sala,** wo die Fähren anlegen und jeder zweite Inselbewohner lebt, muss man sich entscheiden, an welchem Strand man Quartier beziehen will. Einige Strände an der Ostküste und der Bottle Beach im Norden sind nur per Boot oder zu Fuß zu erreichen.

Internet: www.phangan.info, www. phanganislandguide.com, www. phanganexplorer.com. Aktuelle Neuigkeiten über die Insel: www.kohphangan news.org. Monatlich erscheinendes Online-Magazin unter www.flashahead.com/magazine_online.

Boot: Vom Fährhafen **Surat Thani** 9–12 x tgl. (ca. 250–350 Bt/Pers.), Seatran-Autofähre via Ko Samui ca. 3,5 Std., Raja-Autofähre ca. 2,5 Std., Seatran- oder Songserm-Expressboot ca. 2 Std., Nachtboot ca. 7 Std. Nach **Ko Sa-**

mui 9–12 x tgl. (ca. 150–300 Bt/Pers.), ab Nathon 45 Min, ab Mae Nam Beach 20 Min., ab Big Buddha Beach 50 Min. Nach **Ko Tao** 6–7 x tgl.(1–3 Std., 250–400 Bt/Pers.).

Tickets: Kombinierte Bus-/Zug- und Schnellboot-Tickets, Bangkok 600–1200 Bt (je Gesellschaft), Krabi 450 Bt, Phuket 300 Bt. Online-Buchung der wichtigsten Verbindungen unter www.phangantickets.com. Stets aktuelle Fahrpläne unter www.backpackersthailand.com.

Inselverkehr

Songthaew: Von Thong Sala zu allen Stränden außer der Ostküste und der Bottle Beach, 30–150 Bt (je Distanz).

Longtail-Boot: Thong Sala – Hat Rin ca.150 Bt/Boot.

Mietfahrzeuge: Zahlreiche Leihfirmen. Motorräder ab 200 Bt/Tag, Jeeps ab 800 Bt/Tag.

Geld: Banken mit Geldautomaten in Ban Thong Sala, weitere Automaten am Hat Rin Beach und in Ban Chalok Lam.

Polizei: Thong Sala, Tel. 077 37 71 14.

Ko Phangan Hospital: 3 km nördl. von Thong Sala, Tel. 077 37 70 34.

Entlang der Südküste

Die Strände an der Südküste östlich von Ban Thong Sala sind unschön grau und stark gezeitenabhängig. Erst ab dem **Ban Tai Beach** etwa wird der Strand ansehnlicher. Doch aufgrund der geringen Wassertiefe kann man nur jenseits eines etwa 200–400 m weit vorgelagerten Korallenriffs schwimmen. Dennoch sind hier sowie am benachbarten **Ban Kai Beach** zahlreiche Bungalowanlagen in allen Preisklassen zwischen etwa 100 und 4000 Bt zu finden, denn es herrscht Ruhe, abgesehen von den allmonatlichen Neumond- und Halbmondfesten, die vor allem zwischen November und Juni einladen; die Schnorchelmöglichkeiten längs dem Riff sind attraktiv und die Sonnenuntergänge fantastisch.

Östlich von Ban Kai steigt die Küste steil über Granitklippen an. Bis zum Südostkap der Insel liegen zwischen Felsen und Wald zahlreiche kleine Sandbuchten, die unter den Namen **Hin Lor Beach** und **Bangson Beach** zusammengefasst werden. Die Idylle wird nur bei Ebbe getrübt, wenn das Meer teils einen mehr oder weniger breiten Schlick- und Korallengürtel freilegt. Unterkünfte der unteren bis mittleren Preisklasse sind reichlich vorhanden, darunter wildromantisch gelegene Bungalows für den Einsamkeits- und Naturfreak an.

Am benachbarten **Hat Rin Nai Beach,** wo ein Fähranleger die Überfahrt zum Buddha Beach auf Ko Samui ermöglicht, geht es zwar schon wesentlich lauter zu, aber immer noch vergleichsweise relaxt. Der weißfarbene Strand erfreut sich großer Beliebtheit, obwohl er bei Flut nur handtuchbreit ist und keine idealen Schwimmbedingungen bietet. Das Gleiche gilt auch für den etwa 15 Gehminuten entfernten **Leela Beach,** der sich als schmales, teils mit Mangrovenbäumen gespicktes Sandband präsentiert. Früher unterhielten hier die Anhänger von Bhagwan ein kleines Zentrum: Die Schwingungen aus jener Zeit sind vereinzelt noch zu spüren.

An der Ostseite des Kaps spannt sich der **Hat Rin Nok Beach,** meist kurz Hat Rin Beach genannt, als wei-

Ko Tao

Ko Ma

Ao Hat Thong Lang

Laem Kong Noi

Ko Kong

Ao Khom

Khom Beach

Chalok Lam Bay (Ao Chalok Lam)

Khao Kin Non
438 m

Ao Hat Khuat

9

Bottle Beach (Khuat Beach)

Mae Hat Bay (Ao Mae Hat)

Ban Mae Hat

Laem Chua

Ao Hat Salat

Hat Salat Beach

Wang Sai Waterfall

Ban Chalok Lam

Chalok Lam Diving School

Wat Chalok Chalam

Ao Hat Yao
Yao Beach

10

250 m

Paradise Waterfall

11

Son Beach

Ao Niat

Chao Phao Beach

15

Wat Si Thanu

Ao Si Thanu

Ban Sri Thanu

Khao Tha Luang
478 m

Kuan Yin Temple

105 m

58 m

Khao Ra
627 m

Sri Thanu Beach

Laem Sri Thanu

Ao Hin Kong

Ban Hin Kong

Wat Samai Khongkha

498 m

Hin Kong Beach

Wok Tum Bay (Ao Wok Tum)

Ban Wog Tum

National Park Headquarter

Ban Madeua Wan

Wat Khao Noi

Phaeng Waterfall

Wat Amphawan

Khao Hin Nok
142 m

Ban Nai Suan

Khao Mai Ngam
413 m

385 m

Laem Hin Nok

6 m

Ban Don San

5 m

Noi Wok Bay (Ao Noi Wok)

Thong Sala

Wat Rat Charoen

143 m

Ban Nua

Ko Tae Nok

Thong Sala Beach

Ko Tae Nai

Laem Son

Wat Khao Tham

Wat Nai Pagoda

Ban Tai

13

Wat Pho

Ban Nok

Ban Kai

3

Ao Bang Charu

Ban Tai Beach

Ban Kai Beach

Hin Lor Beach

Surat Thani (Nathon)
Ko Samui (Nathon)
Ko Samui (Mai Nam Beach)

G o l f   v o n

T h a i l a n d

KO PHA NGAN

0   5 km

Ko Pha Ngan

Übernachten

1. Drop In Club Resort & Spa
2. Sarikantang Resort
3. Rainbow Bungalow
4. Suncliff Resort
5. Harmony Beach Resort
6. Panviman Resort
7. The Sanctuary
8. Plaa's Than Sadet
9. Smile Bungalows
10. Long Bay Resort
11. Haad Son Bungalows

Essen und Trinken

12. Om Ganesh
13. Somtum Inter
14. Chantara Restaurant
15. The Village Green

ßer Feinsandstreifen auf etwa 500 m Länge am Saum eines Palmenhains zwischen Felsen. Vielen gilt der auch als ›Sunrise Beach‹ bekannte Strand als der schönste der Insel. In jedem Fall ist er der mit Abstand beliebteste Strand, und er kann das ausgeprägteste Nachtleben vorweisen. Kein Wunder also, dass es im Durchschnitt teurer ist als andernorts auf Ko Pha Ngan. Allmonatlich sind die Full Moon Parties das Ziel Tausender junger Reisender, weshalb man um den Mondwechsel ohne rechtzeitige Reservierung kaum eine Chance hat, ein vakantes Zimmer zu bekommen.

Backpackers Information Center: Hat Rin Beach, Tel./Fax 077 37 55 35, www.backpackersthailand.com. ›Die‹ Infoquelle schlechthin für Ko Pha Ngan.

300 Bungalowanlagen und Resorts gibt es am Hat Rin Beach sicherlich. Wenn auch Komfort- und damit Preisniveau in den letzten Jahren drastisch gestiegen sind, so findet man doch immer noch gemütliche Hütten ab etwa 200–300 Bt bzw. ab 500 Bt mit AC. Während der Hochsaison aber steigen die Preise mit der Nachfrage; über den Jahreswechsel ist es oft ein Ding der Unmöglichkeit, eine Bleibe zu finden.

Drop In Club Resort & Spa 1: Hat Rin Nok Beach, Tel. 077 37 54 44, Fax 077 37 54 48, www.dropinclubresortandspa. com. Die um einen Pool gruppierten zweigeschossigen Häuser im Thai-Stil bieten alles, was der verwöhnte Reisende begehrt (u. a. AC, TV, Safe, Minibar), sind geschmackvoll dekoriert und mit Teak-Mobiliar ausgestattet. Etwa 300 m abseits vom Strand, fünf Komfortklassen. DZ inkl. Frühstück 2350–6450 Bt.

Sarikantang Resort 2: Leena Beach, Tel. 077 37 50 55, www.sarikantang.com. Komfortanlage mit Pool oberhalb des zentralen Strandabschnitts mit teils recht schicken und aussichtsreichen Steinbungalows. 700 Bt (Fan), 1400–3300 Bt (AC).

Rainbow Bungalow 3: Ban Kai Beach, Tel. 077 23 82 36, www.rainbowbunga lows.com. Hübsche und sehr gepflegte Anlage unter Palmen am Strand, Bungalows in drei Komfortklassen. 80–120 Bt (Gemeinschaftsbad), 200–600 Bt (Bad/WC, Fan), 1200–1600 Bt (Bad/WC, AC).

Suncliff Resort 4: Hat Rin Nai Beach, Tel. 077 37 51 34. Die Hügellage über dem Strand mit Panoramablick ist Gold wert. Zum Hat Rin Nok Beach sind es nur ein paar Gehminuten. Man wohnt zentral und dennoch in völliger Ruhe in gepflegten, teils zweigeschossigen Bungalows. Insbesondere in der höheren Preisklasse sehr gutes Preis-Leistungs-Verhältnis. 300–500 Bt (Fan), 900–1500 Bt (AC).

Harmony Beach Resort 5: Hin Lor Beach, Tel. 08 68 85 55 09 und 08 68 85 46 46. 17 Bungalows, idyllisch in einem Dschungelhang verstreut über einer kleinen Sandbucht mit Felssaum, großartige Aussicht auf das Meer und den Sonnenuntergang. Ein kleiner Pool mit Poolbar ist angeschlossen, Vermietung von Seekajaks. Ab 450 bzw. 1100 Bt (AC)

Das Preisniveau ist generell günstiger als auf Ko Samui. Für 60–80 Bt kann man in einem der sehr zahlreichen Restaurants recht gut essen. Ausgefallenes bieten die beiden folgenden Adressen.

Om Ganesh 12: Hat Rin Nai Beach, beim Bootsanleger in der Himalaya Art Gallery. Indisches Restaurant mit authentischen Gerichten wie Currys, Tandoris, Biriyanis und insbesondere Thalis, eine rein vegetarische Reisplatte. Dazu täglich frische Chapatis und Naan. Menü 60–100 Bt.

WENN DER VOLLMOND SCHEINT

Die allmonatlich am Hat Rin Beach stattfindenden Full Moon Parties stehen im Ruf, die weltweit größten und bekanntesten Dance & Music Beach-Happenings zu sein. In Spitzenzeiten werden nicht weniger als 30 000 Besucher gezählt, die zu Drum 'n' Bass, House, Techno, Garage und Psytrance ausflippen, aber auch auf Reggae und Pop abfahren. Selbst in der Nebensaison finden sich inzwischen regelmäßig bis zu 8000 Partygäste zum Beat der Trommelfell zerreißenden wattstarken Soundsysteme ein. Unfassbar scheint heute, dass dieses Festival gegen Ende der 1980er-Jahre mit Klampfenklängen und etwa 50 Teilnehmern seinen Anfang nahm.

Damals konnte man sich noch ganz ohne Sicherheitsvorkehrungen für Leib und Seele den Tanzfreuden hingeben. Wer das heute tut, darf froh sein, wenn er am nächsten Morgen noch genügend Kleingeld hat, um seine Botschaft zu kontakten. Denn auch für Langfinger sind die Mondfeten das Happening schlechthin. Deshalb wird empfohlen, seine Besitztümer im Safe der Unterkunft zu deponieren, keine Wertsachen im Bungalow liegen zu lassen und am Körper – möglichst auf verschiedene Taschen verteilt – nur das benötigte Kleingeld zu tragen. Wer sich von der Masse entfernt und sich alleine in die nächtliche Einsamkeit oder zu den abseits gelegenen Bungalows zurückzieht, läuft sogar Gefahr, tätlich überfallen zu werden. Vor allem Frauen werden Opfer von Gewaltdelikten, nachdem sie zuvor mit Drogen, die in Speisen und Getränken versteckt sind, gefügig gemacht wurden. Man sollte sich also nicht von Fremden zu einem Drink oder Imbiss einladen lassen. Trotz Hundertschaften von Polizisten, die auch undercover unterwegs sind, steigt die Zahl der Verletzten und Toten von Jahr zu Jahr. Schon Tage im Voraus werden alle von der Polizei gefilzt, die zwischen Thong Sala und Hat Rin – auf welchem Weg auch immer – unterwegs sind. Wird man mit Rauschgift erwischt, und sei es nur ein Joint, droht Gefängnis, sofern man nicht auf die meist eindeutigen Angebote eingeht und sich an Ort und Stelle freikauft. 30 000 bis 60 000 Baht muss man in diesem Fall bar hinblättern.

Wer sich dennoch dopt oder übermäßig den Freuden des Bacchus hingibt, sollte tunlichst aufs Schwimmen verzichten. Die Füße danken es, wenn man feste Schuhe trägt, denn je später der Abend desto größer die Anzahl der Scherben im Sand. Dass die Unterkunftspreise zu Vollmond eskalieren, dürfte selbstredend sein. Aber selbst für noch so viel Geld ist am Vollmondtag kein freies Zimmer mehr zu bekommen – weder am Hat Rin noch an allen benachbarten Stränden. Man reist entweder drei, vier Tage früher an oder bezieht andernorts Quartier, denn selbst zu den Stränden an der Nord- und Westküste sind die ganze Nacht über bis zum frühen Morgen Songthaews unterwegs. Boote pendeln nach Bo Phut und Big Buddha Beach auf Ko Samui. Weiterführende Informationen finden sich auf der Website www.fullmoonparty-thailand.com.

Bei Vollmond versammeln sich die Partyhungrigen am Hat Rin Beach

Somtum Inter 13: Ban Tai, im Dorf an der Durchgangsstraße. Großes und gemütliches Palmwedelrestaurant, nicht nur bei Touristen, sondern auch Thais beliebt. Serviert werden Spezialitäten der in Nordost-Thailand gepflegten Isan-Küche. Immer zu empfehlen sind der Papayasalat *somtum* und *larb,* ein extrem scharfer Salat aus Gehacktem. Die Preise sind sehr günstig. Hauptgerichte ab ca. 50 Bt.

Zu jedem Vollmond lädt die Full Moon Party am Hat Rin Beach ein, außerdem an jedem Neumond die Black Moon Party und an jedem Halbmond die Half Moon Party am Ban Kai Beach. Treffs sind insbesondere das **Clubland Resort** sowie der **Hin Kong Club,** wo sich während der Mondfeste durchschnittlich 500–700 Partyhungrige vergnügen. Vor dem Vollmond toben die Full Moon Warm Up Parties am Hat Rin Beach mit ›super funky tunes‹ in der **Warm Up Bar** und in

der benachbarten **Outback Bar** (Hat Rin Pier Richtung Strand) sowie im berühmten **Reggae House** und in der **Same Same Lodge,** wo abends ein Superbuffet aufgetragen wird und ausnahmsweise Rock pur erklingt. Doch keine Vollmondparty ohne Full Moon After Hour Party, und zwar im **Backyard Pub** und im **Baan Sabai** am Ban Tai Beach. Und dann gibt es natürlich all die anderen Partys, wie z. B. die Green Cross Party (3 Tage vor Vollmond) in der **Big Boom Bar** am Hat Rin.

Information über alle Aktivitäten sowie Buchung – auch online – beim **Backpackers Information Center** in Hat Rin Beach (s. o.). Das vielfältige Angebot umfasst u. a. Elefantenritte (850 Bt./Std.), Trekkingtouren (1700 Bt/Tag), Bootsfahrten in den Ang Thong Marine National Park (1800 Bt), Schnorchelausflüge nach Ko Tao (1400 Bt), Kajakverleih (250 Bt/Std.), Vermietung von Segelbooten und Katamaranen (650 Bt/Std.), Windsurfing (400 Bt/Std.), Kitesurfing-Kurse (15 000 Bt/4 Tage), natürlich auch Tauchkurse (Open Water ab 9800 Bt/4 Tage), sowie Yoga und Reiki, Healing und Ayurveda, Massage und Meditation diverser Richtungen.

Boot: Tgl. mehrmals Ko Samui/ Big Buddha Beach – Hat Rin Noi (ca. 1 Std., ca. 120 Bt). Tgl. 1 x Ko Samui/Mae Nam – Hat Rin Nok (ca. 40 Min.,100 Bt/Pers.), weiter nach Hat Thien Beach, Ban Sadet und Thong Nai Paan.

Der wilde Osten

Zwischen Hat Rin und Thong Nai Paan reicht der Urwald bis an die hier äußerst klippenreiche und größtenteils unzugängliche Westküste heran. Nur vereinzelt öffnen sich kleine verschwiegene Sandbuchten in dieser touristisch noch eher unterentwickelten Inselregion. Da sie nur mit dem Boot oder auf einem Waldpfad ab Hat Rin Nok (s. Tipp S. 120) erreichbar sind, sind sie während der Regenzeit oft von der Außenwelt abgeschnitten. Wer einen Touch ›gute alte Zeit‹ sucht, sollte dem **Hat Yuan Beach** einen Besuch abstatten. Er liegt rund 5 km nördlich von Hat Rin Nok und bildet zusammen mit dem benachbarten **Hat Thian Beach,** wo sich inzwischen ein alternatives Yoga- und Wellness-Zentrum sowie eine professionelle Schule für Thai-Boxing (s. Tipp S. 119) etabliert haben, ein wahres Refugium, das allerdings von Jahr zu Jahr bekannter wird. Rund 3 km weiter Richtung Norden erstreckt sich die weiße Sandbucht von **Hat Yao.**

Motorisiert ist erst der **Hat Sadet Beach** wieder zu erreichen, der vom Than Sadet durchflossen wird. Nicht weniger als 14 Mal nahm König Rama V. ein Bad in den angeblich heilsamen Fluten des Flusses. König Rama VII. machte es ihm nach und auch der jetzige König kam zu Besuch. Unlängst wurden beidseitig des Flusses der rund 66 km^2 umfassende Nationalpark Than Sadet – Ko Pha Ngan eingerichtet. Während der Strandabschnitt südlich des Flusses einsam und noch weitgehend naturbelassen ist, liegt am nördlichen Fussufer das kleine Fischerdorf **Ban Sadet,** in das mehrere Bungalowanlagen integriert sind.

Die beiden Feinsandstrände der kesselförmigen Doppelbucht von **Thong Nai Paan** sind von Klippen und Dschungelhügeln umkränzt und bieten ideale Bedingungen zum Schwimmen und Schnorcheln. Wegen der miserablen Straßenanbindung lag der Ort lange im Dornröschenschlaf. Inzwischen ist die Straße besser und damit auch der Strand erwacht. Zum Jahreswechsel 2006/2007 öffnete das erste und bislang einzige Luxusresort der Insel, so dass nun auch die anderen Bungalowanlagen auf zahlungskräftigere Kundschaft hoffen dürfen.

Die Bucht wird durch einen Hügel in zwei Teile getrennt. Im südlichen ca. 1,5 km langen Abschnitt **Thong Nai Paan Yai** mit dem kleinen Fischerdorf Ban Thong Nai Paan laden unter Palmen ein rundes Dutzend Ferienanlagen der Budget- und Mittelklasse ein. Der nördlich anschließende schönere **Thong Nai Paan Noi** schmiegt sich als perfekt geformte, etwa 1 km lange

Bucht zwischen Felsnasen, von deren Saum zum Inselinnern der Wald ansteigt. Zum Baden ist es absolut ideal, und in Nähe der Felsbegrenzungen, kann man recht gut Schnorcheln.

Panviman Resort [6]: Thong Nai Paan Noi, Tel. 077 44 51 00 Fax 077 44 51 00, www.panviman.com. Die Panoramalage am Hang über dem Strand ist unvergleichlich schön, ebenso wie die Ausstattung der rund 45 Cottages und 30 Zimmer, alle mit großen Glasfronten und Glastüren, die Komfort eines Vier-Sterne-Hauses bieten. Das Restaurant hoch oben auf dem Hügel ist ebenfalls vom Feinsten, ein weiteres Restaurant lädt am Strand ein. Außerdem gibt es einen Pool. DZ ab 3800 Bt, Bungalows ab 4800 Bt.

The Sanctuary [7]: Hat Thian, Tel. 081 271 36 41, www.thesanctuarythailand. com. Alle Bungalows und schon gar die zahlreichen Häuser, die Yoga-Halle sowie das Restaurant (vegetarische Gerichte und Seafood) sind perfekt in die Natur integriert. Ein Platz wie geschaffen, um die Seele baumeln zu lassen, an Yoga-, Meditations-, Healing- oder Massage-Kursen teilzunehmen und sich an verschiedenen Geist- und Körpertherapien zu erfreuen. All das bei fairen Preisen. Schlafsaal 80 Bt, Bungalows 450–1200 Bt, Häuser bis 4000 Bt.

Plaa's Than Sadet [8]: Ban Sadet, Tel.077 44 51 91, Fax 077 44 51 94, www. plaa-thansadetresort.com. 15 Holzbungalows mit dem Dschungel im Rücken und dem Strand sowie Meer zu Füßen. Schlicht, aber liebevoll ausgestattet (alle mit Bad/WC, Fan), mit wunderschönen Aussichten von den sehr großen Veran-

Junge Thais üben sich im traditionellen Boxsport

den. Vor allem die Thai-Gerichte im Restaurant sind eine Wucht. Es herrscht familiäre Atmosphäre. Die fünf Gehminuten den Hang hinab zum Strand nimmt man gerne in Kauf. Zwei Komfortklassen, 250–350 Bt und 400–500 Bt.

🍴 **Chantara Restaurant** 14: Santhiya Resort, Thong Nai Paan Noi, tgl. ab 11 Uhr. Die Panoramalage dieses zu drei Seiten hin offenen Restaurants ist vollendet und das Ambiente stilvoll. Die Speisen diverser Küchen, Schwerpunkt Thai, sind sowohl geschmacklich als auch optisch formvollendet zubereitet.

🔄 **Boot:** 1x tgl. Ko Samui/Mae Nam via Hat Rin Nok, Hat Thian und Ban Sadet bis Thong Nai Paan. Zu den Stränden **Hat Yuan, Hat Thian** und **Hat Yao** Taxi-Boot ab Hat Rin Nok.

Bottle Beach

Der auch als **Hat Khuat** bekannte Strand liegt isoliert im Norden der Insel und erfreut sich wegen der Ruhe und optimaler Badebedingungen im stets sanften Meer bereits seit Jahren bei Langzeitreisenden der Budgetklasse sowie Stammgästen allergrößter Beliebtheit. So kann es schwer sein, während der Hochsaison ein vakantes Quartier zu finden. Er misst etwa 500 m Länge, ist feinsandig, von goldener Farbe, in Palmenhaine gefasst und blickt auf bewaldete Berge.

Die Anreise erfolgt von Thong Nai Paan oder aber von **Ban Chalok Lam,** dem größten Fischerdorf der Insel, das von Ban Thong Sala aus per Songthaew erreichbar ist. Die Atmosphäre im Ort ist geruhsam, es werden Bootstouren angeboten, diverse Restaurants

Thai-Boxen

Das **Horizon Muay Thai Boxing Camp** zählt zu den wenigen professionellen Box-Schulen in Thailand, die auch Ausländer aufnimmt. Täglich zweimal zwei Stunden unterrichten ausgebildete Fachlehrer, die fließend Englisch sprechen, im Thai-Boxen. Wer Energie übrig hat, kann außerdem traditionellen Schwertkampf oder Thai-Massage (5000 Bt/5 Tage) erlernen, einen Survival-Kurs (3800 Bt/2 Tage) oder auch Thai-Kochkurs (1500 Bt/Tag) belegen sowie viele weitere Angebote wahrnehmen. Zum Camp gehört eine Ferienanlage mit zwar schlichten, aber romantischen und panoramareichen Bungalows aus Naturmaterialien und einem Restaurant. Ein kompletter Trainingstag kostet 500 Bt, eine Woche 2500 Bt bzw. 5000 Bt inkl. Unterkunft und Frühstücksbuffet, ein Monat 8000 Bt bzw. 17 500 Bt (Hat Thian Beach, Tel. 077 23 83 74 und 089 588 12 41, www.horizonmuaythai.com).

und Internet-Cafés laden ein, auch Motorräder können ausgeliehen werden.

🛏 **Smile Bungalows** 9: Bottle Beach, Tel. 081 956 31 33. Die 27 Bungalows (alle mit Fan, Bad/WC) sind mit großem Abstand zueinander locker in einer Gartenanlage verteilt. Die Atmosphäre ist entspannt und angenehm. Standard 350 Bt, Komfort ab 500 Bt.

Im Inselinnern an der Straße von Chalok Lam nach Thong Sala durchtanzen etwa zweimal im Monat bis über 1000 Gäste bei der **Paradise Waterfall Party** zu Trance und Techno die Nacht.

Boot: 2 x tgl. von/nach Ban Chalok Lam, 50 Bt.
Fußweg: Von Thong Nai Paan oder Ban Chalok Lam jeweils ca. 5 km (mind. 2 Std.) auf beschwerlichen Pfaden.

Trekkingtouren

Zwei ebenso abwechslungsreiche wie interessante Touren für Dschungel-Einsteiger laden auf Ko Pha Ngan ein. Der **Green Dot Trail** führt parallel zur ansonsten weglosen Ostküste vom Hat Rin Beach (Laluna Bungalow) zum etwa 5 km entfernten Hat Yuan Beach sowie Hat Thian Beach. Bis zum Ziel ist der Pfad mit grünen Farbklecksen markiert. Die reine Gehzeit je Weg beträgt etwa 1,5 Std. Der **Khao Ra Trail** hat den mit 627 m höchsten Berg der Insel zum Ziel. Ausgangspunkt der etwa zweistündigen Wanderung mit teils sehr steilen Aufstiegen ist das Dorf Ban Madue Wan an der Straße zwischen Ban Thong Sala und Ban Chalok Lam. Da der Trail teils schlecht zu finden ist, empfiehlt sich die Mitnahme eines Führers, der im nahe gelegenen Hauptquartier des Than Sadet – Ko Pha Ngan National Park beim Phaeng Waterfall angeheuert werden kann (500 Bt/Tag).

Die Westküste

Entlang der felsigen Westküste finden sich insgesamt zehn Buchten mit touristischer Infrastruktur. Da die Badebedingungen aufgrund geringer Wassertiefe und vorgelagerter Muschel- und Korallenbänke nicht optimal sind, können sie dem Vergleich mit anderen Inselstränden allerdings nicht standhalten. Eine Ausnahme bildet der etwa 1 km lange und teils extrem breite **Hat Yao Beach** (nicht zu verwechseln mit seinem Namensvetter an der Ostküste), der neben genügend Tiefe zum Baden und Schnorchelfreuden auch malerische Sonnenuntergänge bietet. Zudem verfügt er über eine gute Infrastruktur mitsamt einem entspannten Nachtleben. Budget- und Luxusreisende finden hier gleichermaßen ihr Urlaubsglück. Empfehlenswert ist auch der zwei Buchten weiter südlich gelegene etwa 500 m lange **Chao Phao Beach** mit gelbweißem feinen Sand.

Long Bay Resort [10]: Hat Yao Beach, Tel. 077 34 90 57, www. long-bay.com. Die Gartenanlage ebenso wie die Bungalows von gehobenem Standard (alle u. a. mit AC, TV; Minibar) sind gepflegt. Das Restaurant direkt am Strand erfreut mit authentischer Thai-Küche. Zum Freizeitangebot gehören ein nierenförmiger Pool nebst Kinderpool, eine Tauchschule und Verleih von Fahrrädern und Kanus. Insgesamt sieben Preisstufen, 1500–4500 Bt (je Lage und Ausstattung).
Haad Son Bungalows [11]: Son Beach/ Chao Phao Beach, Tel. 077 34 91 03, Fax 077 34 91 03, www.haadson.net. Die 47 Bungalows liegen entweder am Strand

oder haben Strandblick. Insbesondere die komfortableren sind aus Stein erbaut und sehr geschmackvoll eingerichtet. Ausgezeichnetes Preis-Leistungs-Verhältnis. 450–600 Bt (Fan), 2150–3000 Bt (AC).

The Village Green 15: Chao Phao Beach, hinter den Sea Flower Bungalows. Zweigeschossiges Holzrestaurant im Thai-Stil, Speisebalkon mit schönem Sunset View. Gerichte aus aller Welt, teils ausgefallen kreiert, darunter viel Vegetarisches. Renner sind u. a. die große Enchilada-Platte mit Sauerrahm und Guacamole (120 Bt). Thai-Gerichte durchschnittlich 50–60 Bt.

Die Apple Bar Party finder jeden Sonntag am **Hat Yao Beach** statt, die Moon Set Party (3 Tage vor Vollmond) in der **Pirate's Bar** am Chao Phao Beach.

Ko Tao

Reiseatlas: S. 237, D2

Fischerboote treiben auf dem gescheckten Malachit des flachen Küstenwassers, Sandstreifen leuchten zwischen Korallenfelsen, grüne Hänge säumen palmenbestandene Strände im Süden und Westen des wegen seiner Form ›Schildkröteninsel‹ geheißenen Eilandes. Nicht mehr als 7 km ist es lang, nur 3 km breit, trägt aber dennoch fast 400 m hohe Berge. An den insgesamt mehr als 7 km langen feinen Stränden nächtigen in mittlerweile mehr als 100 Bungalowanlagen jährlich über 100 000 Besucher. Für die etwa 800 permanenten Inselbewohner stellt der Tourismus, der hier seit den frühen 1990er Jahren boomt, natürlich die

Haupteinnahmequelle dar. Ausnahmsweise werden die Urlauber nicht in erster Linie von den Inselstränden angelockt, sondern vielmehr von naheliegenden Tauchrevieren. Sie versprechen, die mit Abstand schönsten im gesamten Golf von Thailand zu sein. So ist der Andrang groß, und während der Hochsaison (Dez.–März, Juli–Sept.) werden Nicht-Taucher in den meisten Bungalowanlagen nicht akzeptiert.

Internet: www.kohtaoexperience. com, www.kohtao.com, www.on-koh-tao.com sowie www.kohtaoonline. com. Gedruckte Informationen im kostenlosen »Koh Tao Info Booklet«.

Unterkünfte können über die o. g. Websites online gebucht werden sowie auf der Seite der Vereinigung der Insel-Resorts www.kohtaobungalows. com. Wer das Besondere sucht, schaut unter www.kohtaovillas.com.

Kajaks: Verleih an den meisten Stränden (100 Bt/Std.)

Klettern: Ko Tao hat auch für Kletterfans einiges zu bieten, bis hin zu anspruchsvollen Spots der Kategorie Five-Star Boulder. ›Die‹ Kletteradresse der Insel ist Zen Gecko, sowohl Schulung als geführte Touren (Halbtagskurs 800 Bt, 3–Tageskurs 4500 Bt; www.zengecko.com).

Schnorcheln: An allen Stränden Verleih von Maske und Flossen (je 50 Bt) sowie organisierte Schnorcheltrips, u. a. einmal rund um die Insel (250–500 Bt).

Tauchen: Über 50 Tauchzentren, fast ausnahmslos mit Bungalowanlage oder Resort. Das beste Dutzend präsentiert sich unter www.kohtaoonline.com. Empfehlenswert vor allem das konkurrenzlos günstige PADI Gold Palm **IDC-Blacktip Dive Resort & Water Sport Center** am

Tauchlehrer bereiten Touristen auf Ko Tao für den Ausflug unter Wasser vor

Strand der Tanot Bay, Tel. 077 45 64 88, Fax 077 45 64 89, www.black-tip.com (Open Water 9800 Bt, Rescue Diver 9500 Bt, Deep Diver 7600 Bt, Dive Master 25 000 Bt, Leihgebühr für die Ausrüstung 500 Bt, Touren inkl. 2 Tauchgängen ab 2300 Bt, Bungalow je Komfort 400–3000 Bt, Studenten 50 % Rabatt).

Wasserski: Mono-Ski oder Wakeboard (1000 Bt/20 Min.), u. a. beim Blacktip Water Sport Center (s. o.).

Boot: Von/nach **Surat Thani** 1 x tgl. per Schnellboot (6 Std., 500 Bt), Nachtboot 9 Std. Von/nach **Chumpon** 4 x tgl. (1,5–3 Std., 450–750 Bt), Nachtboot 5 Std. Von/nach **Ko Phangan** 6–7 x tgl., (1–3 Std., 250–400 Bt). Von/nach **Ko Samui** 6–7 x tgl.(2–3 Std., 350–750 Bt.).

Kombi-Tickets: Kombinierte Bus-/Zug- und Schnellboot-Tickets, Bangkok um 1000 Bt, Hua Hin um 1000 Bt, Krabi 700 Bt, Phuket 500 Bt. Online-Buchung und Information unter www.kohtaotickets.com.

Inselverkehr

Songthaew/Motorrad-Taxi: Von Ban Mae Hat zu allen Stränden 60–130 Bt (je Distanz).

Longtail-Boot-Taxi: 100–400 Bt.

Leihfahrzeuge: Vermietung an allen Stränden. Motorrad um 220 Bt, Jeep um 1000 Bt.

Geld: Banken mit Geldautomaten in Ban Mae Hat.

Polizeistation: Mae Ha, Tel. 077 45 66 31.

Die Westküste

Alle Besucher erreichen Ko Tao am **Mae Hat Beach** mit dem Hauptdorf **Mae Hat.** Vom Meer aus zeigt sich der

Ko Tao

Strand wunderschön, doch beim Baden und Wassersport stört der rege Bootsverkehr. Wesentlich angenehmer wohnt man an der nördlich anschließenden Bucht, etwa 10 Gehminuten entfernt, mit dem weißsandigen **Sai Ri Beach**. Mit rund 1,7 km Länge ist er der längste sowie mit mehreren Dutzend Bungalowanlagen und Resorts in allen Preis- und Komfortstufen auch der touristischste aller Inselstrände.

Nördlich vorgelagert liegt das in Privatbesitz eines Tauch-Resorts stehende **Ko Nang Yuang,** das im Hausprospekt als »the only place with three joined beaches in the world« gepriesen wird. Ob das nun stimmt, sei dahingestellt. Der Anblick der durch weiße Sandstrände miteinander verbundenen Inselchen mutet jedenfalls paradiesisch an. Unter Wasser lädt eine reiche Korallenwelt zum Staunen ein. Will man an Land gehen, sind 100 Bt zu entrichten, der Aufenthalt selbst ist kostenlos.

Tipwimarn Resort: Tel. 077 45 64 09, Fax 077 45 60 24, www.thip wimarnresort.com. Die mit Abstand panoramareichste Adresse des Strandes beeindruckt mit stilvollen Bungalows aus Naturmatetialien, die geschickt in den Hang integriert sind. Ihr Interieur ist ebenso geschmackvoll und exotisch wie das Exterieur. Auch ein Pool lädt ein. Das Restaurant ist wegen seiner Konstruktion und Aussicht einzigartig. Auf einer überdachten Veranda sitzt man klassisch an niedrigen Tischen auf dem Boden und genießt ausgezeichnete Thai-Küche. Ab 1850 Bt (Fan), ab 3900 Bt (AC).
Nang Yuan Island Dive Resort: Ko Nang Yuang, Tel./Fax 077 45 60 88, www. nangyuan.com. Die Insel ist in Besitz des PADI-Tauchresorts, was für exklusive Privatsphäre und – zumindest ab nachmittags – für absolute Ruhe spricht. Seit über 20 Jahren schon ist es ›die‹ Adresse auf Ko Tao und daher extrem stark nachgefragt. Einige Bungalows schmiegen sich wildromantisch an die Küstenfelsen. Ab 1500 Bt (Fan), 2100–7700 Bt (AC).
Sai Ree Cottage: Tel. 08 13 72 34 27. Bungalows (mit Fan) im Stil der ›guten alten Zeit‹, teils direkt am Strand gelegen. 300–500 Bt.

Das Preisniveau ist zwar günstig, doch Restaurants mit herausragender Küche gibt es nicht.
Papa's Tapas: Sai Ri Beach, tgl. ab 18 Uhr. Ein schwedischer Küchenchef bereitet echt spanische Tapas. Dazu wird selbstverständlich Sangria serviert. Allerdings haben auch die Preise durchaus spanisches Niveau.
Noori-India: In Hügellage am Weg von Mae Hat nach Sai Ri, tgl. ab 11 Uhr. Authentisch indische Küche.
N'Joy Café: Mae Hat, am Hauptplatz. Will man mal wieder echt italienisches Eis schlecken, führt kein Weg um das Café herum. 20 verschiedene Sorten, außerdem Crêpes und italienischer Kaffee.

An den Hauptstränden Sai Ri, Chalok Ban Kao und in Mae Hat ist erstaunlich viel los. Zumindest während der Hauptsaison wird allnächtlich irgendwo eine Party organisiert, worüber Flugblätter informieren.
Dry Bar: Sai Ri. Fr lockt die Beach-Party.
In Touch: Sai Ri. Mi und Sa lassen DJs den Sound ertönen.
Party Pub: Sai Ri. Di, Do und Sa ab 20 Uhr wird zu einem Nacht-Happening eingeladen.

Ko Nang Yuan – imposante Granitfelsen in türkisfarbenem Wasser   ▷

KO TAO – INSEL DER TAUCHER

Nicht umsonst trägt Ko Tao in Kreisen deutscher Unterwasserfreaks den Spitznamen Ko Tauch, gehören doch die etwa 30 Tauchspots rings um die Insel mit Abstand zu den besten in Südostasien. Das liegt nicht zuletzt an der Entfernung zum Festland – immerhin sind es 74 km bis Chumpon – und der damit verbundenen Sauberkeit des Wassers. Es erlaubt Blicke in eine Tiefe von 20–30 m, wo sich flache Korallengürtel erstrecken und über 16 m hohe Korallensäulen senkrecht aufragen – tief beeindrucken die **Chumpon Pinnacles** ca. 5 km nordwestlich der Küste. In einer Wassertiefe von durchschnittlich 20 m tummeln sich u. a. große Barrakuda-Schwärme, Grashechte, Rochen und Riffhaie. Auch der äußerst seltene Walhai zieht hin und wieder seine Runden.

Die insgesamt vier Tauchreviere rings um **Ko Nang Yuang** vereinen den Vorteil enormer Vielfalt an mariner Flora und Fauna mit einer relativ geringen Wassertiefe von etwa 6–12 m. Gerade der Anfänger weiß das zu schätzen, während der versierte Höhlentaucher beim **Green Rock** seinen Adrenalinausstoß steiger kann – tagsüber ebenso wie nachts. Der populärste Nachttauchspot ist jedoch der **White Rock**. Die farbenprächtigen Anemonengärten von **Shark Island,** direkt vor dem Südzipfel von Ko Tao gelegen, sind Spielplatz zahlreicher Arten von Korallenfischen. Dem Inselnamen entsprechend zählen aber auch vereinzelt Leopard- und Riffhaie zu den Besuchern. Als abwechslungsreichstes und spektakulärstes Tauchziel gilt der äußerst beliebte **Sails Rock.** Da er am weitesten draußen im Meer liegt ist er zugleich das teuerste Ziel.

The Whitening: Mae Hat. Allabendlich kann man bei musikalischer Untermalung die exotischsten Inselcocktails schlürfen. Fr ab 21/22 Uhr Beach Party.

Im Inselabseits

Die ganz im Norden gelegene **Mango Bay** ist auf ihre Weise ebenso exklusiv wie Ko Nang Yuang, denn nur per Boot ist dieses Schwimm- und Schnorchelparadies erreichbar. Nur ein Resort schmiegt sich an den malerischen Granit- und Urwaldhang.

Intakte Korallenriffs, aber so gut wie keinen Strand findet man auch an der **Hin Wong Bay.** Als einer der besten Schnorchelspots überhaupt gilt die **Tanot Bay,** wo man direkt vom Strand aus abtauchen kann. Die erforderliche Ausrüstung erhält man im Blacktip Dive Resort & Water Sport Center, das außerdem Kajaks verleiht und Wasserski organisiert.

Auch die einsame **Leuk Bay** fasziniert mit ihrer marinen Vielfalt und Farbenpracht im kristallklaren Wasser. Außerdem gefällt auch der Strand, der in eine Palmenplantage übergeht. Preiswerte Unterkünfte ziehen vor allem Budgetreisende an.

🛏 **Mango Bay Grand Resort:** Mango Bay, Tel. 08 15 97 83 95, www.mango baygrandresortkohtaothailand.com. Ganz alleine im Inselnorden gelegene Ferienanlage. Einfach herrlich, wie die 15 Bungalows zwischen und auf die Granitfelsen gesetzt sind, die den Waldhang hinter dem Strand überziehen. Wieder einmal sind Panoramen zu beschwören. Zudem ist es relativ erschwinglich. Ab 1500 Bt (Fan), 2800 Bt (AC).

Ao Leuk Bungalows: Leuk Bay, Tel. 077 45 66 93. Möchte man direkt am Strand und günstig wohnen, so bieten Mamas elf Bungalows – insbesondere die neueren – ein gutes Preis-Leistungs-Verhältnis. Ab 450 Bt.

Der Süden

An der Südspitze lädt die **Thian Ok Bay** ein, die in Privatbesitz eines Resorts steht. Landschaftlich ist es vielleicht die reizvollste Bucht der Insel. Gegen ein geringes Entgelt erhalten auch Nicht-Gäste Zutritt.

Kaum zu glauben, dass nur eine Hügelkette zwischen diesem kleinen weltentrückten Paradies und der **Chalok Ban Kao Bay** liegt. Am zweitpopulärsten Inselstrand drängt sich alles eng an eng und die Zufahrtsstraße hat sich zu einem regelrechten Strip gemausert. Selbst zum Schwimmen ist es hier und in den angrenzenden Buchten, die über einen Fußweg erschlossen sind, zumindest bei Ebbe nicht optimal.

🛏 **Ko Tao Tropicana Resort:** Chalok Ban Kao Bay, Tel. 077 45 61 67, Fax 077 45 63 05. 43 Steinbungalows teils direkt am Strand. Eine der vergleichsweise besten Adressen. 400 Bt (Fan), 1200 Bt (AC).

Blacktip Dive Resort: Tanot Bay (s. S. 121 f.). Bungalow je Komfort 400–3000.

🍴 **New Heaven:** Tgl. ab 9 Uhr. Über der westlichen Thian Ok Bay. Lokal mit der schönsten Aussicht auf Ko Tao.

🍸 **Buddha on the Beach:** Chalok Ban Kao. Mehrmals die Woche zu Live-Musik und/oder DJ-Sound.

Am Indischen Ozean

Traditionelle
Boote am Strand
von Ko Phi Phi

Reiseatlas S. 236, 238

KHAO LAK UND DIE NORDKÜSTE

Zwischen Phuket im Süden und der Grenze zu Myanmar im Norden erstrecken sich unendlich lange Strände. Insbesondere Reisende mit Kindern und ältere Urlauber finden in Khao Lak ihr Ferienparadies. Die farbenprächtigen Korallenriffe der Surin- und Similan-Inseln zählen mit zu den hochkarätigsten Tauchrevieren in Thailand, während der Khao Sok National Park mit bizarren, urwelthaften Landschaften überrascht.

Khao Lak

Reiseatlas: S. 236, B4

Am 26. Dezember 2004 erlangte das Ferienzentrum Khao Lak traurige Berühmtheit. An jenem schwarzen Tag in der Geschichte Thailands überrollten drei über 10 m hohe Tsunami-Wellen die Küste. Nirgendwo sonst im Land waren so viele Tote zu beklagen wie hier, und nirgendwo sonst hinterließen die Wellen eine derartige Verwüstung. – Khao Lak existierte de facto nicht mehr.

Doch bereits zehn Monate später verkündeten die Medien, dass Khao Lak dank aufopfernder Hilfe vieler Volontäre aus aller Welt wieder zu neuem Leben erwacht, ja auf dem Weg sei, zu einem neuen Ferienzentrum zu erblühen. Zur Saison 2005/2006 herrschte in vielen Strandabschnitten wieder reger Fremdenverkehr und 2006/2007 waren die mehr als 4000 Zimmer in über 60 Resorts und Bungalowanlagen komplett ausgebucht. Mehr als 50 Restaurants sowie ein gutes Dutzend Tauchbasen hatten den Betrieb wieder aufgenommen, von der Naturkatastrophe war so gut wie nichts mehr zu sehen. Auch der rund 12 km lange, nur von Lagunenmündungen unterbrochene Strand, für den Khao Lak seit nunmehr fast 20 Jahren berühmt ist, erstrahlte in alter Schönheit.

Strände und Tauchspots

Von den fünf Strandabschnitten weist der zentrale **Khao Lak Beach** die beste Infrastruktur auf und überzeugt durch seine tropische Schönheit. Vereinzelte Felsbänder setzen Akzente im 3 km langen goldgelben Meeressaum, von dem die mit Urwald bedeckten Hänge des Khao Lak Lamru National Park steil ansteigen. Der südliche Abschnitt, etwa 500 m lang, wird unter dem werbewirksamen Namen **Sunset Beach** vermarktet. Außer bei tiefer Ebbe bietet er gute Bademöglichkeiten. Doch der Highway-4 ist nahe und der Verkehrslärm kann als störend empfunden werden.

Der nördliche Abschnitt hingegen, auch **Nang Thong Beach** genannt, ist makellos. Zu allen Gezeiten ist er zum Baden ideal, was Reisende mit Kindern sowie insbesondere Urlauber älterer Semester zu schätzen wissen. So ist der Anteil an Überwinterern im Rentneralter aus deutschen Landen überproportional hoch. Obwohl der Tsunami alle strandnahen Anlagen zerstört hat, laden mittlerweile wieder mehr als 20 Unterkünfte der mittleren bis gehobenen Preisklasse ein.

Im Norden geht der Nang Thong Beach jenseits einer Lagunenmündung bald in den etwa ebenso langen **Bang Niang Beach** über, mit dem er auch alle Vorteile gemeinsam hat. Der Urwald des Hinterlandes allerdings ist weniger ausgeprägt und das Meer wegen Sedimenten oftmals nicht so klar. Zwischen gut zwei Dutzend Resorts können die Urlauber wählen. Aber bis 2008 etwa muss mit Beeinträchtigungen durch Baustellen gerechnet werden.

Nördlich einer Lagune schließt sich der **Khuk Khak Beach** an, der sich bis zum etwa 3,5 km entfernten Korallenkap **Laem Pakarang** hinzieht, von wo aus man in beide Richtungen einen weiten Blick über den Meeressaum genießen kann. Der Strand läuft flach ins hier sehr seichte Meer, so dass das Baden nur suboptimal ist. Zum Ausgleich genießt man teils vollkommene Einsamkeit. Nicht alle Anlagen sind wieder eröffnet, aber zur Saison 2007/2008 sollen auch die letzten Tsunami-Spuren beseitigt sein.

Jenseits des Korallenkaps zieht sich über viele Kilometer der äußerst flache **Bang Sak Beach.** Er erfreut sich insbesondere bei Luxusreisenden sehr großer Beliebtheit. Sie können sich in zwei der teuersten Unterkünfte der gesamten Region, darunter auch Thailands jüngstes Fünf-Sterne-Resort, verwöhnen lassen.

Südlich des Khao Lak Lamru National Park und etwa 6 km vom Khao Lak Beach entfernt, erstreckt sich der **Khao Lak South Beach.** Dem ruhigen, etwa 800 m langen Strandabschnitt fehlt die Weite der nördlichen Strände, so dass auch preiswertere Unterkünfte ihre Dienste anbieten. Bis 2008 wird es vermutlich dauern, bis hier alle Tsunami-Schäden behoben sind.

Selbst Freunde der Unterwasserwelt kommen in Khao Lak auf ihre Kosten. Anfang 2006 wurde vom WWF (World Wildlife Fund) in den küstennahen Gewässern ein in 6–8 m Tiefe gelegenes Korallenriff entdeckt, das bis dahin gänzlich unbekannt war. Des Weiteren ziehen zwei Wracks die Sporttaucher an. Die berühmtesten Ziele sind jedoch die Similan- und die Surin-Inseln mit dem Richelieu Rock.

Internet: www.khaolak.de und www.mykhaolak.de, deutschsprachige umfassende Informationen sowie Online-Buchung für Bungalowanlagen und Resorts. Außerdem www.khaolak.net und www.khaolakonline.com.

Green Beach Resort: Nang Thong Beach, Tel. 076 42 00 43, Fax 076 42 00 47, www.greenbeach.de. In die Natur mit altem Baumbestand und einem Minisee integrierte Anlage mit 25 neuen Bungalows aus Naturmaterialien, die alle mit AC und Bad/WC ausgestattet sind. Preiswerter kann man hier nicht am

Ein Refugium für deutsche Gäste

Nach der Zerstörung durch den Tsunami stieg das **Nang Thong Bay Resort** bereits zur Saison 2005/2006 wie Phönix aus der Asche und präsentierte sich schöner und komfortabler als zuvor. Seit seiner Gründung gilt es als die Spitzenadresse für Reisende aus Deutschland. In eine anmutige Gartenanlage fügen sich dezent 25 exklusive Strandbungalows und ein Pool. Auch die 30 Zimmer im Seaview-Haus nebst den 24 Zimmern im Apartmenthaus genügen hohen Ansprüchen. Das Restaurant besitzt Spitzenklasse. Der Küchenchef kreiert wahre Meisterwerke an thailändischen Geschmacksbomben, die in Sachen Schärfe aber dem Gaumen der Touristen angepasst sind. (Hauptgericht um 100–200 Bt). Das Management des Resorts arbeitet professionell, ein eigenes Wachsystem sorgt für Sicherheit (Tel. 076 42 00 88/9, Fax 076 42 00 90, www.nangthongbayresort.de, Preise von 1800 im DZ bis 2500 Bt im Bungalow, in der Nebensaison 900–1250 Bt).

sächlich von Pauschaltouristen frequentiertes Luxusresort, das mit seinen drei Pools sowie Restaurants, Tennisplatz, Fitnesszentrum und vor allem den edlen Villen im klassischen Thai-Stil gut und gerne vier Sterne verdient. 4000–9000 Bt (in der Saison).

Khaolak Orchid Beach Resort: Khuk Khak Beach, Tel. 076 48 62 21, Fax 076 48 64 65, www.khaolakorchid.com. Ganz alleine am weiten Strand erstreckt sich das dreigeschossige Komforthotel in Form eines Halbmondes, das einen überdimensionalen Pool sowie alle Annehmlichkeiten eines Spitzenhauses bietet. Die Zimmer sind elegant und stilvoll eingerichtet, dabei über 40 m² groß, die Familienzimmer messen sogar 80 m². DZ ab 2700 Bt (in der Saison, je nach Buchungsstelle), Familienzimmer gibt es ab 4500 Bt.

Poseidon Bungalows: Khao Lak South Beach, Tel. 076 44 32 58, www.similantour.com. Die aus der Gründerzeit von Khao Lak stammende Anlage steht unter schwedischer Leitung. Mit ihren 15 neuen sehr lichten und luftigen Bungalows, die teilweise wildromantisch am Hang über Privatbuchten stehen, die vielleicht empfehlenswerteste Anlage der Budgetklasse in Khao Lak. Einige Bungalows können von vier Personen bewohnt werden und sind daher perfekt für Familien geeignet. 2-Personen-Bungalow 800 Bt, 4-Personen-Bungalow 1200 Bt.

Ruen Mai Restaurant: Nang Thong Beach, am Highway. Authentische, scharfe Thai-Gerichte. Auch von Thailändern frequentiert, was für die Küche spricht. Hauptgerichte ab 70 Bt.

Khao Lak Seafood: Nang Thong Beach, am Highway. Nicht nur Meeresfrüchte, sondern auch sehr geschmackvolle Currys (um 80 Bt). Hauptgerichte ca. 60-200 Bt, Barracuda-Steak 100 Bt.

Strand wohnen. 1400–1800 Bt (in der Nebensaison 30 % Reduktion).

Mukdara Beach Villa and Spa: Bang Niang Beach, Tel. 076 42 99 99, Fax 076 42 00 99, www.mukdarabeach.com. Haupt-

Amanusa: Bang Niang Beach, am nördlichen Stranddrittel. Unter den zahlreichen Strandrestaurants erfreut sich insbesondere das Amansua wegen seiner Lage, der Thai-Gerichte sowie der gemütlich-romantischen Palmwedel-Atmosphäre größter Beliebtheit. Hauptgerichte ab 60 Bt.

Coconut Grove: Bang Niang Beach, am nördlichen Stranddrittel. In diesem Strandrestaurant sitzt man in kleinen Palmwedel-Pavillons oder – klassisch thailändisch – auf Holzpodesten unter Sonnenschirmen direkt an der Flutgrenze.

Takieng: Bang Niang Beach, am Highway. Das vielleicht beste Restaurant für Thai-Küche. Die Preise sind etwas überhöht, aber unbedingt gerechtfertigt. Sehr gelobt wird Hähnchen in Limettensauce. Für den süßen Kuchenzahn empfehlen sich **Jui's Bistro** sowie das **Stempfer Café,** wo es mit Abstand die besten Torten und auch Brötchen gibt.

 Schnorcheln/Tauchen: Ausfahrten Nov–April/Mai. Bootsfahrt zu den küstennahen Spots mit zwei Tauchgängen ca. 2000 Bt. Zu den Topempfehlungen zählen die Similan-Inseln und der Chiew-Lan-See im Khao Sok National Park. Anbieter u. a. Similantour, Tel. 076 44 32 58, www.similantour.com.

Touren: Ausflüge ins Umland organisieren die Resorts sowie u. a. der unter deutscher Leitung befindliche Khao Lak Guide, Tel. 076 48 51 77 und 076 42 01 77, www.khaolakguide.de. Ausflüge z. B. nach Phuket für 1300 Bt, in die Phang-Nga-Bucht für 2300 Bt, nach Khao Sok ab 2300 Bt und nach Ko Phi Phi für 2800 Bt sowie Elefantenritte für 1300 Bt, Rafting 2500 Bt, Trekking, Mangroventouren und anderes mehr.

Flug: Phuket International Airport, ca. 80 km südlich. Festpreis Taxi 1500 Bt oder zum etwa gleichen Preis Minibus-Transfer auf Vorbestellung unter www.khaolak.de. Alternativ per Motorrad-Taxi oder Tuk-Tuk vom Flughafen zur Hauptstraße (um 100 Bt), dort weiter per Bus links Richtung Takua Pa/Ranong/Surat Thani (um 60 Bt).

Bus: Vom Highway-4 Tag- und Nachtbusse in verschiedenen Komfortklassen nach Bangkok (Abfahrt ab 16 Uhr, ca. 11 Std.) sowie Verbindungen mit allen Städten in Südthailand. Außerdem private VIP-Busse nach Bangkok (ca. 750 Bt). Nach Ko Samui und Ko Pha Ngan gibt es Kombitickets für Bus und Fähre.

Minibus: Mehrmals tgl. Minibus von/nach Phuket (800 Bt), Buchung in den Reisebüros vor Ort.

Mietfahrzeuge: Motorräder ca. 200–250 Bt, Leihwagen ab ca. 1000–1200 Bt.

Geld: Bank und Geldautomaten am Highway-4, hinter dem Nang Thong Beach.

Gesundheit: Die Unterkünfte vermitteln einen Arzt. Bei ernsthafteren Problemen empfehlen sich die Krankenhäuser im nahen Phuket.

Tauchexperte

Zu den versiertesten Unterwasserspezialisten der Region darf sich der Schwabe Michael Reinhardt rechnen, der auf über 2000 Tauchgänge zurückblicken kann. Er und sein Team leiten Tauchkurse (Open Water 14 000 Bt) und organisieren Fahrten zu allen Tauchspots rund um Khao Lak. Wetzone-Tauchzentrum, Khao Lak, Tel. 076 48 58 06, www.wetzonedivers.com.

NACH DEM TSUNAMI

Noch nicht einmal ein Jahr nachdem die Tsunami-Wellen an Weihnachten 2004 die Andamanenküste überrollt hatten, war von den verheerenden Auswirkungen des Seebebens – zumindest auf der Insel Phuket – kaum noch etwas zu spüren. In der Wintersaison 2006/2007 herrschte dann auch auf Ko Phi Phi und den anderen teilweise in Mitleidenschaft gezogenen Inseln längst wieder *business as usual*. Selbst in Khao Lak, das von allen Ferienzentren in Thailand am stärksten unter den zerstörerischen Wassermassen zu leiden hatte, waren die allermeisten Arbeiten beendet.

Dabei ist es keineswegs eine Erfindung der Reiseveranstalter, dass nun Vieles besser und schöner geworden ist als zuvor. Nicht nur das Straßennetz und die Infrastruktur wurden stark ausgebaut, auch Kultur und Natur wurden und werden mehr Aufmerksamkeit gewidmet. Thailand hat nämlich die Notwendigkeit der Erneuerung als eine positive Herausforderung und als eine Chance für Qualitätssteigerung betrachtet. Es scheint sich zu rechnen, denn die Auslastung auf Phuket lag während der Saison 2006/2007 weit über dem früheren Niveau und auf Khao Lak war bereits ab Ende November 2006 in den mehr als 60 Resorts und Bungalowanlagen kaum noch ein freies Zimmer zu bekommen. Der neue Slogan der thailändischen Tourismuszentrale bringt es auf den Punkt: »Andaman Smiles Again«.

Damit sich die Katastrophe nie mehr wiederholen kann, entsteht u. a. mit deutscher Hilfe und Technik nun auch im Indischen Ozean ein international vernetztes Tsunami-Frühwarnsystem. Bereits im Sommer 2006 nahm auf Phuket eine Alarmstation den Betrieb auf. Seit Anfang Dezember 2006 versieht die erste Tsunami-Warnboje im Indischen Ozean ihren Dienst, weitere 21 Stück werden bis Ende 2008 installiert. Im Falle eines Seebebens übermittelt zukünftig ein Satellit Gefahrenmeldungen rechtzeitig u. a. an Radiostationen und Fernsehsender. Zusätzlich alarmieren Sirenensignale die Küstenbewohner und Touristen.

Darüber hinaus bieten die Mobilfunknetzbetreiber die Möglichkeit, eine Warnung per SMS zu erhalten. Der Beweis, dass dieses Angebot nicht nur in der Theorie funktioniert, erfolgte übrigens erstmals am 17. Juli 2006, als vor der indonesischen Insel Java ein Tsunami entstand: Genau zwei Minuten, nachdem das Seebeben von den seismischen Stationen geortet wurde, gingen entsprechende SMS an all diejenigen, die das Tsunami-Alarmsystem abonniert hatten. Auch in Thailand wurden die SMS-Warnungen empfangen. Nachdem sich das von zwei Tübinger Professoren entwickelte System in der Praxis bewährt hat, werden demnächst die allermeisten Hotels in Thailand ein entsprechendes Abonnement erstehen. Es kann auf der Website www.tsunami-alarm-system.com von jedermann ohne Vorkenntnisse für einen Monat (ca. 10 €) oder auch ein Jahr (ca. 30 €) aktiviert werden.

Rings um Khao Lak

Reiseatlas: S. 236, B4 und S. 238, A1
Abgesehen von Ausflügen nach Phuket und zur Phang-Nga-Bucht sowie insbesondere in die Nationalparks der Region bietet sich u. a. eine Busfahrt ins etwa 40 Minuten entfernt liegende beschauliche Städtchen **Takua Pa** an, wo allmorgendlich ein Markt einlädt. Auf dem Weg dorthin sind zwei kleinere Wasserfälle ausgeschildert. Einen Abstecher lohnt am ehesten der **Chong Fah Waterfall** mit Badepool am Waldessaum, der am besten mit Motorrad oder Fahrrad zu erreichen ist.

Weitere Wasserfälle laden im nahen **Khao Lak Lamru National Park** ein, dessen Hauptquartier sich direkt nördlich vom Sunset Beach am Highway-4 findet. Auf einem rund 3 km langen Naturpfad, der durch Regenwald zu einer einsamen Sandbucht in den Klippen führt, lässt sich der Park erkunden. Fahrten im Longtail-Boot führen durch die Mangrovenlandschaft im südlich an den Nationalpark anschließenden **Khlong Thap Liang Estuary.**

Wer ein Motorrad mietet, kann zu mancher Tagestour durch das abwechslungsreiche Umland von Khao Lak aufbrechen. Gen Süden empfiehlt sich ein Ausflug von etwa 200 km entlang der Küste bis **Khok Kloi.** Auf dem Rückweg wählt man in **Thai Muang** die Nebenstrecke nach **Thung Maphrao.** Richtung Norden führt eine rund 110 km lange Rundstrecke über **Takua Pa, Kapong** und **Thung Maphrao.** Lohnenswert ist auch ein Abstecher zur vor Takua Pa gelegenen Insel Ko Kho Khao (s. u.)

Ko Kho Khao

Reiseatlas: S. 236, B4
Wer Ruhe sucht und einmal ganz und gar abschalten will, findet auf der küstennahen und relativ unbekannten Insel, nur wenige Kilometer vom Städtchen Takua Pa entfernt, sein Urlaubsparadies. Dörfer gibt es auf dem rund 17 km langen und bis zu 5 km breiten fast durchweg flachen Grasbuckel zwar keine, aber um so mehr Strände mit einer Handvoll Resorts. Die von Kasuarinen gesäumten weißgelben Sandbänder erstrecken sich entlang der zum Meer hin offenen Westküste der Insel.

Amandara Island Resort: Tel./Fax 076 41 70 68, www.amandararesort.com. Sehr ansprechendes und komfortables Drei-Sterne-Resort. Geräumige Bungalows mit großen Glasfronten und edlen Hölzern, teils direkt auf dem Strand. Näher kann man dem Meer nicht kommen. Standard 1450–2950 Bt, Komfort 1900–3500 Bt.
Ko Kho Khao Resort: Tel. 076 41 71 74, Fax 076 41 70 06, www.kkkresort.com. Gepflegtes Drei-Sterne-Resort mit Pool und zwei Restaurants in einer hübschen Parkanlage mit noch jungen Palmen. Bungalows im klassischen Thai-Stil mit recht aufwendiger Einrichtung. sowie Doppelzimmer (alle mit AC, TV, Minibar und anderen Extras). Vergleichsweise sehr günstig. DZ 800–1700 Bt, Bungalows 1450–2380 Bt (je Saison).

Transferservice: Zu allen Insel-Resorts, ab Phuket Airport 1800 Bt, ab Khao Lak 700 Bt.
Mietfahrzeug/Boot: Auf dem Highway-4, wenige Kilometer südlich von Takua Pa,

135

nach Ban Bangmuang abbiegen und bis zum Bootspier in Ban Nam Khem (3 km) fahren. Überfahrt wenige Minuten (50 Bt).

Khao Sok National Park

Reiseatlas: S. 236, B/C 3/4
Der Nationalpark, meist besuchter des Königreichs, liegt im Schnittkreuz zwischen den Strandzentren des Südens – nur 80 km von Khao Lak, 150 km von Phuket und Krabi sowie 120 km von Surat Thani entfernt. Die Infrastruktur ist sehr gut ausgebaut, es locken zahlreiche Ausflugsmöglichkeiten und Aktivitäten sowie Unterkünfte aller Kategorien. Wer noch nie in einem Baumhaus gewohnt, in Urwaldflüssen gebadet oder das Geschrei von Affen im Morgengrauen vernommen hat, der wird staunen, was er bislang verpasst hat.

Äußerst bizarr geformte Berge sind das Markenzeichen des 750 km² großen Naturschutzgebietes. Wie im Märchenland ragen fantastisch geformte Kalksteinformationen als Pyramiden, Pilze oder spitze Nadeln bis 1000 m hoch aus den grünblauen Fluten des fjordartig verzweigten Chiew-Lan-Stausees. Andere Felsen wiederum haben die Form von Keulen, Kegeln oder Tafelbergen. Dank eines durchschnittlichen Jahresniederschlags von etwa 3500 mm sind sie allesamt mit tropischem Regenwald bewachsen. Die meisten sind durchzogen von teils noch unerforschten Höhlensystemen.

Vom Parkzentrum in Khao Sok führen rund ein Dutzend Wanderwege, darunter auch Tagestouren, in die tropische Bilderbuchlandschaft – entlang von Urwaldflüssen, zu Wasserfällen und Höhlen. Der atemberaubend schöne **Stausee Chiew Lan** liegt rund 65 km vom Parkzentrum entfernt und ist nicht mit öffentlichen Verkehrsmitteln erreichbar. Am besten schließt man sich einer der zahlreichen organisierten Touren ab Khao Sok an. Den See erkundet man idealerweise mit dem Kajak, das vor Ort ausgeliehen werden kann. Die urwelthafte Unterwasserlandschaft des Sees und sein extremer Fischreichtum (u. a. Riesenwelse und Giant Mekong Catfish) garantieren Tauchern ganz und gar ausgefallene Erlebnisse.

Im Nationalpark gibt es Zonen, die sich seit 130 Mio. Jahren ungestört entwickeln konnten. Untersuchungen ergaben, dass jeder Hektar Land gut und gerne 200 verschiedene Pflanzenarten zählt, darunter u. a. solche Raritäten wie die Rafflesia, die die größten Blüten der Welt von bis zu 80 cm Durchmesser treibt. Auch die Fauna steht dieser Vielfalt um nichts nach. Nicht weniger als 188 Vogelarten und rund 50 Säugetiere kommen vor, darunter auch Tiger und Leoparden, Bären und Elefanten – von Gibbons, Makaken und Languren ganz zu schweigen.

Khao Sok National Park: Besucherzentrum Khao Sok, Tel. 077 39 51 54, Fax 077 39 51 54, www.dnp.go.th und www.thaiforestbooking.com.
Internet: Sehr informativ sind www.khao-sok.net (Deutsch) und www.khaosok.com (Englisch).

Zwischen dem Highway-401 und dem Besucherzentrum des Natio-

Den Chiew-Lan-Stausee erkundet man idealerweise per Kajak

nalparks hat sich eine Bungalowsiedlung mit zahlreichen Anlagen der Budgetklasse gebildet. Die meisten liegen romantisch am Flussufer, darunter viele, die auch Übernachtung in Baumhäusern *(tree tops)* anbieten.

Art's Riverview Lodge: Tel./Fax 076 42 16 14, www.krabidir.com/artsriview lodge. Man wohnt in für Khao-Sok-Verhältnisse gut ausgestatteten Holzbungalows im Wald oder in Baumhäusern am Flussufer. 450–500 Bt (je Saison), Baumhäuser 850–1200 Bt, Familienzimmer bis zu 5 Pers. 1200–1800 Bt.

Our Jungle House: Tel. 08 99 09 68 14, http://krabidir.com/ourjunglehouse. Eine der gepflegtesten Adressen, teils urige Bungalows (z. B. das Mango-Haus), teils Baumhäuser in spektakulärer Flusslage. 600–1200 Bt (je Ausstattung).

Chiew Lan: Auf dem See nächtigt man unvergleichlich romantisch, wenn auch nicht unbedingt sehr komfortabel, in Floating Bungalows oder in Rafthouses, die nur mit Matratze und Moskitonetz ausgestattet sind. Üblicherweise bucht man die Unterkunft inklusive Verpflegung. Auf dem Speiseplan steht auch immer gebratener Fisch aus dem See, und die Thai-Gerichte sind stets überaus lecker zubereitet. Insgesamt unterhält die Verwaltung des Nationalparkamtes drei dieser schwimmenden Anlagen. 400 Bt/Person (Buchung über www.thaiforestboo king.com oder im Besucherzentrum in Khao Sok).

Die Verpflegung ist kein Problem, da sich im Bereich des Nationalparks Dutzende Restaurants finden.

Outdoor-Aktivitäten: Es gibt zahlreiche Anbieter im Park mit vielfältigem Programm, u. a. River Tubing (auf einem Riesen-Schwimmring sitzend einen Fluss hinuntertreiben; 300 Bt), Kajaking (800 Bt), Caving (Höhlenexkursionen), Canoeing (meist auf dem Stausee), Trekking (800 Bt/Tag), Tauchexkursionen im Stausee (6100 Bt/2 Tage inkl. Transfer, Übernachtung, 2 Tauchgänge), aber auch Elefantenreiten (900 Bt/2 Std.) sowie botanische Wanderungen auf der Spur der Rafflesia (300 Bt).

Touren: Tagesexkursion von Khao Sok zum Chiew-Lan-Stausee ab 1400 Bt (inkl., Transfer, Bootsfahrten, Lunch etc.), zwei Tage mit Übernachtung im Zelt ab 2000 Bt bzw. Floating Bungalow 2400 Bt. Tagesausflug in den Nationalpark ab Phuket und Khao Lak ca. 2500 Bt (alles inkl.), zwei Tage mit Besuch des Stausees ca. 5000–6000 Bt. Günstige Online-Angebote unter www.khaosok.com.

Wanderungen: Im Besucherzentrum des Nationalparkamtes sowie in den meisten Unterkünften erhält man eine Karte, auf der grob die Highlights des Parks und Wanderwege eingezeichnet sind.

Bus: Nach Takua Pa (ab Khao Lak 30 Min., ab Krabi 3–4 Std.), dort 9 x tgl. Richtung Surat Thani bis Khao Sok (ca. 1 Std.). AC-Bus 2 x tgl. ab Phuket (ca. 3 Std.) und Surat Thani (1 Std.).

Minibus/Taxi: Ab Phuket, Krabi und Surat Thani 150–250 Bt/Pers., Buchung in den Reisebüros der Ferienzentren (auch auf Ko Samui, Ko Pha Ngan etc.). Ab Khao Lak in der Regel nur Taxis, ca. 1500 Bt/Fahrzeug. One-Way-Transfer von den anderen Ferienzentren ca. 2000–2500 Bt/Fahrzeug.

Im Khao Sok National Park kann man in Baumhäusern im Urwald nächtigen

Ko Similan Marine National Park

Reiseatlas: S. 236, A4
Similan, abgeleitet vom malaiischen *sembilan,* bedeutet ›neun‹, denn so viele Insel bilden den unbewohnten Archipel. Zusammen mit mehreren anderen Inselsplittern umfasst er ein insgesamt 140 km² großes Areal, das seit 1982 unter Naturschutz steht. Die oft wie Skulpturen geformten Granitbuckel mit ihrem weißen Strandsaum im weiten Blau des Meeres geben ein exotisches Bild ab. Atemberaubend vielfältig aber zeigt sich vor allem die Unterwasserwelt, deren Korallenriffe zu den farbenprächtigsten und belebtesten von Thailand zählen. Laut dem amerikanischen Tauchmagazin »Skin Diving« gebührt den Similan-Inseln sogar ein Platz unter den Top-Ten-Tauchspots auf Erden. Die Korallenstöcke wachsen bereits in etwa 2–3 m Tiefe. Da zudem im glasklaren Wasser die Sicht über 30 m weit reicht, kommen nicht nur Gerätetaucher, sondern auch Schnorchler voll auf ihre Kosten. Wer landfest bleiben möchte, wird die berückend schönen Strände der einzelnen Inseln genießen. Zwischen den Inseln, die offiziell sowohl Namen wie auch Nummern tragen, verkehren Zubringerboote des Nationalparkamtes.

Von Insel zu Insel

Alle Boote legen vor **Ko 4 (Ko Miang)** an, der zweitgrößten Insel der Gruppe und Sitz des Nationalparkamtes mit Unterkunftsmöglichkeiten. Die beiden Inselstrände sind weiß und weich wie Puderzucker und werden von vorgelagerten Korallenriffen geschützt. Beide Strände verbindet ein etwa 20-minütiger Fußweg, in dessen Verlauf man mit Glück einige der insgesamt 39 Vogelarten beobachten kann, die im Archipel ihre Heimat haben.

Vorgelagert ragt das winzige Eiland **Ko 5 (Ko Ha** bzw. auch **Ko Suan Pla Lai)** aus den Fluten, das mit seinen reichen Korallenstöcken sowie einer großen Aal-Population vor allem Taucher begeistert. Auch das vollkommen strandlose **Ko 6 (Ko Payu)** weiter nördlich zieht mit seinem extrem reichen Bestand an Korallen und Korallenfischen – insbesondere an der West- und Ostseite – in erster Linie Unterwassersportler an.

Das nur rund 30 m im Durchmesser große Eiland **Ko 7 (Ko Hin Pousar)** ist wegen seiner eindrucksvollen Felsformation mit dem Namen Elefantenkopf bekannt. Taucher schätzen vor allem die zahlreichen Höhlen und bizarren Felsformationen unter Wasser sowie den enormen Fischreichtum, auch an großen Fischen.

Ko 8 (Ko Similan) ist mit gut 2,5 km Länge und bis zu 1 km Breite die größte Insel der Gruppe. Wegen ihrer gewaltigen Granitformationen wird sie am häufigsten abgelichtet und ist dadurch am bekanntesten. Die Boote legen in einer kleinen Sandbucht im Inselwesten an, der sogenannten Donald Duck Bay. Wer die Granitblöcke besteigt, wird mit herrlichen Fotomotiven belohnt. Schnorchler, vor allem aber Taucher finden ein fantastisches Revier. Von der Donald Duck Bay einmal abgesehen, die insbesondere für Nacht-

Tauchgänge zu empfehlen ist, laden drei weitere hervorragende Spots ein.

Nur ein kurzes Stück entfernt liegt die nördlichste Insel **Ko 9 (Ko Bangu)**, die ausschließlich von Tauchern aufgesucht wird. Mantas und Barracudas sind hier u. a. häufige Besucher. **Ko 3 (Ko Payan)** südlich von Ko 4 ist ebenfalls nur für Taucher von Bedeutung, denn das Shark Fin Reef trägt seinen Namen nicht ohne Grund.

Ko 2 (Ko Payang) bietet mit seinen bizarren Felsformationen schöne Fotomotive, wohingegen **Ko 1 (Ko Huyong)** mit dem längsten Sandstrand der Similan-Gruppe aufwartet sowie einer reichen Korallenwelt in relativ flachem Wasser – ideal für Schnorchler.

Mu Ko Similan National Park: Thap Lamu (etwa 500 m vor dem Bootspier), Tel. 076 59 50 45, Fax 076 59 52 10, www.dnp.go.th und www.thai forestbooking.com.

Bungalows der Nationalparkverwaltung: Ko 4, Reservierung am besten online unter www.thaiforest booking.com. Einzige Übernachtungsmöglichkeit auf Similan. Der Standard ist eher bescheiden, aber alle mit Fan/AC. Bungalow 2000 Bt, Zeltplatz 100 Bt, Zeltmiete 570 Bt.

Auf Ko 4 gibt es ein Restaurant der Nationalparkverwaltung mit sehr einfacher Küche. In der Vergangenheit nur unregelmäßig geöffnet.

Tauchen/Schnorcheln: Alle Tauchzentren von Phuket und Khao Lak haben die Similan-Inseln im Programm, u. a. Similantour, Tel. 076 44 32 58, www. similantour.com. Tagesausflüge während

Strände wie aus Puderzucker laden auf den Similan-Inseln zum Sonnenbad ein

der Saison tgl. ab Phuket ca. 3000 Bt und Khao Lak ca. 2500 Bt, inkl. Transfer, Lunch, Schnorchelausrüstung.

Boot: Nov.–April tgl. um 8 Uhr ab Thap Lamu (nahe Khao Lak South Beach), Rückfahrt gegen 14 Uhr, Fahrzeit je Weg ca. 3 Std., 2300 Bt. Bootstransfer zwischen den Inseln 150–300 Bt. Umrundung von Ko 8 und Ko 9 per Boot 300 Bt.

Ko Surin Marine National Park

Reiseatlas: S. 236, A3
An die Küste nördlich von Takua Pa dringen Touristen in der Regel wegen der unzulänglichen Infrastruktur selten vor. Auch das rund 55 km weit draußen vor der Küste im Grenzgebiet zu Burma liegende und nicht gar so einfach zu erreichende Meeresschutzgebiet, das schon 1981 eingerichtet wurde, wird vergleichsweise selten besucht.

In Taucherkreisen aber genießen die fünf Inseln einen noch wesentlich besseren Ruf als etwa die Similan-Gruppe. Selbst Schnorchler entdecken hier farbenprächtige Korallenriffe. Nur mit Maske und Schnorchel ausgerüstet erhält man nirgendwo sonst in Asien bessere Einblicke unter Wasser. Insbesondere der nur etwa 200 m breite Kanal zwischen den beiden Hauptinseln bietet reinste Augenverführung. In dem bei Flut nur etwa 2 m tiefen Wasser zu treiben und zu staunen ist ein unvergessliches Erlebnis. Eine noch weitaus größere Vielfalt an Unterwasserflora wie auch -fauna erleben Taucher in den beiden weiter im Süden gelegenen Re-

vieren in Wassertiefen zwischen etwa 8 und 25 m.

Die Korallenriffe wurden durch den Tsunami vom 26. Dezember 2004 vergleichsweise schwach in Mitleidenschaft gezogen. Ganz im Gegensatz zu der kleinen Siedlung der Chao Leh an der Westseite der Hauptinsel Ko Surin Neua. Ihre Häuser wurden nahezu vollständig zerstört. Erst Monate später kehrten die Menschen auf ihre Stamminsel zurück, wo sie fast noch nach Art ihrer Vorväter überwiegend vom Fischfang leben.

Mu Ko Surin National Park: Tel. 076 49 13 78 und 076 49 15 82, Fax 076 49 15 83, www.dnp.go.th und www.thaiforestbooking.com.

Nationalparkverwaltung: Einzige Übernachtungsmöglichkeit sind die Bungalows der Nationalparkverwaltung (alle mit Fan) auf Ko Surin Neua, die direkt am Kanal zur Nachbarinsel liegen, 2000 Bt. Zeltplatz 100 Bt, Zeltmiete 300 Bt. Eine vorzeitige Reservierung unter www.thaiforestbooking.com ist unerlässlich!

Tauchen/Schnorcheln: Ab Khao Lak Tagesausflug ca. 2800 Bt inkl. Transfer, Lunch, Schnorchelausrüstung. Drei- bis viertägige Tauchtouren ab etwa 18 000 Bt.

Bus/Boot: Von Khao Lak bis Kura Buri und weiter per Motorrad-Taxi zum Pier des Tourist Service Center des Nationalparks (80 Bt), dort tgl. um 9 Uhr Boot nach Surin (ca. 1,5–3 Std.).
Mietfahrzeug: Ab Khao Lak auf dem Highway-4 Richtung Ranong bis Kilometer 721 (6 km südlich von Kura Buri), links weiter bis zum Bootsanleger (2 km).

141

PHUKET

So wie Mallorca in Europa ist Phuket in Asien das beliebteste Ferienziel von Pauschalurlaubern. Aber auch Individualreisende können hier ihre ganz persönliche Traumzeit genießen, denn die Perle der Andamanensee beeindruckt mit einer unglaublichen Vielfalt an Badestränden, Resort-Refugien, Ausflugsmöglichkeiten und Nachtleben sowie einem riesigen Wassersportangebot.

Reiseatlas: S. 238, A1/2

Sonne, Strand und Spaß – von diesem Dreiklang träumen alle, die Phuket, größte Insel des Thailändischen Königreiches, zu ihrem Urlaubsziel erkoren haben. Das sind Jahr für Jahr nicht weniger als an die fünf Millionen kältegeschädigter Besucher aus aller Welt. Sie machen Phuket mit seinen 32 000 Hotelzimmern zur beliebtesten Badeinsel von Asien schlechthin, aber auch zum reichsten und zugleich teuersten Ort in Thailand. Wer nicht wie die allermeisten Feriengäste pauschal anreist, dem kann die sogenannte Perle des Südens beachtliche Löcher in die Reisekasse fressen. Phuket ist selbst nach europäischen Maßstäben längst kein Billigziel mehr. Mit seinen zwar fraglos schönen, aber teils auch arg zugebauten Stränden verkörpert es für viele mittlerweile nicht mehr das Tropenparadies, das die Prospekte versprechen. Andere hingegen, z. B. die rund 200 000 Leser des international renommierten amerikanischen Reisemagazins »Leisure & Travel« wählten Phu-

ket zu den schönsten und beliebtesten Inseldestinationen auf Erden.

Rund eine Stunde währt der Flug von Bangkok, elf bis zwölf Stunden ist man mit dem Charterflieger von Europa aus unterwegs. Zumindest beim Landeanflug präsentiert sich das rund 50 x 20 km messende Eiland ganz und gar exotisch. Der Blick schweift über die märchenhafte, mit Dschungelinseln gesprenkelte Phang-Nga-Bucht, umfasst Mangrovengürtel, üppig grüne Plantagen und bewaldete Bergzüge (*phuket* bedeutet ›Hügel‹) und saugt sich schließlich fest an von weißen Wogen umspülten kilometerlangen Sandstränden und dem malachitgrünen Meer.

Dort an der Westküste sind die Copacabanas von Südostasien zu finden. Wassersportlern ebenso wie Nachtschwärmern sind hier keine Grenzen gesetzt. Dazu garantiert eine perfekte Infrastruktur einen komfortablen und abwechslungsreichen Aufenthalt. Ruhe und Entspannung findet man jedoch, abgesehen von wenigen Aus-

DER SAFT DES WEINENDEN BAUMES

Ob Sie Fußball spielen oder joggen, Auto fahren, sich zum Schlafen niederlegen oder ein Kondom benutzen: Ein Stückchen Thailand ist immer dabei. Die Rede ist von Naturkautschuk, der nicht nur für die Produktion von Autoreifen unentbehrlich ist. Kautschuk wird aus Latex gewonnen, dem weißen, klebrigen Saft des ›weinenden Baumes‹, so die Übersetzung des indianischen Wortes *cahuchu* bzw. *caucho*.

Der Gummmi- oder Kautschukbaum *(Hevea brasiliensis),* ein Wolfsmilchgewächs, muss mindestens fünf bis sechs Jahre alt sein, bevor er erstmalig zum ›Weinen‹ gebracht wird. Dazu wird der Stamm der bis zu 30 m hohen Bäume mit einem Hohlmesser spiralförmig eingekerbt. Am unteren Ende des Schnitts tropft der milchige Kautschuksaft in einen Napf. Maximal 300 ml können pro Erntevorgang, der vorzugsweise nachts stattfindet, abgezapft werden. Da die Rinde schon nach ein, zwei Tagen wieder verheilt ist, kann jeder Baum etwa zweimal pro Woche zur Ader gelassen werden, und das bis zu 20 Jahre lang. Der Saft wird durch Zusatz von Ameisensäure oder Natriumsulfit zum Gerinnen gebracht. Die zähe Masse wird sodann zwischen Walzen zu dünnen Matten gepresst, die getrocknet und nach Qualität sortiert als Ballen von rund 100 kg Gewicht verkauft werden.

Dieses Verfahren war bereits vor mindestens 3500 Jahren den Urvölkern des Amazonasbeckens bekannt, wo der Kautschukbaum beheimatet ist. Doch erst dem Amerikaner Charles Nelson Goodyear gelang es 1839 Kautschuk durch Vulkanisation in ein dauerhaft elastisches Material, Gummi also, zu verwandeln. Seine Erfindung kurbelte die Nachfrage nach Kautschuk an und löste in der Region um Manaus und Belém einen wahren Wirtschaftsboom aus, denn Brasilien besaß das weltweite Pflanzmonopol. 1876 schmuggelte der britische Abenteurer Henry Wickham im Auftrag seiner Majestät Samen des Kautschukbaums außer Landes. Und schon bald entstanden Plantagen in Asien und Afrika.

Besonders gut gedeiht der Baum im sogenannten Kautschukgürtel zwischen ungefähr 30° nördlicher und 30° südlicher Breite, in dessen Bereich auch die Malaiische Halbinsel liegt. Da der Süden Thailands im ausgehenden 19. Jh. zum allergrößten Teil mit Tiefland-Regenwald bedeckt war und landwirtschaftlich nicht genutzt wurde, waren die Bedingungen für das Entstehen großer Plantagen ideal. Nachdem der Provinzgouverneur von Trang im Jahre 1901 den ersten Setzling eines Kautschukbaums gepflanzt hatte, wurde der Primärwald nach und nach gerodet. Die Plantagenwirtschaft dehnte sich ab etwa 1903 ausgehend von Phuket über ganz Südthailand aus. Deckte Thailand noch Ende der 1980er Jahre nur etwa 15 % des gesamten Weltbedarfs an Rohgummi, so sind es heute mit rund 3 Mio. t jährlich fast schon 50 %. Damit ist Thailand der größte Kautschukproduzent auf Erden, und längst ist Kautschuk das mit Abstand wichtigste Exportgut des Landes.

nahmen, nur in Highclass-Resorts, die das Erlesenste bieten, das man sich in Asien an Luxus für Geld gönnen kann.

Internet: www.phuket.com, www.phuket.net, www.phuket–island.de, www.phuketdir.com, www.phuketgazette.com (Online-Tageszeitung) u. a.

Segeln: Phuket ist ›das‹ Zentrum für Yachtcharter in Südostasien. Die Auswahl an Schiffen – mit oder ohne Skipper – ist vielfältig. Größte Charterbootadresse ist Asia Marine, Tel. 076 23 91 11, Fax 076 23 89 74, www.asia-marine.net, (Hunter 310 ab 190 €/Tag, Beneteau 50 ca. 440 €/Tag, Katamarane 350–925 €/Tag; mit Skipper mind. 360 €/Tag). Auch an organisierten Segeltörns von wenigen Stunden bis zu mehreren Tagen Dauer herrscht kein Mangel (Tagestörns inkl. Verpflegung, Transfer etc. ca. 4000–5000 Bt, Sunset Cruises inkl. Dinner ca. 2300–3000 Bt). Prospekte in allen

Unterkünften; umfassende Information über Törns, Reviere, Infrastruktur etc. unter www.phuket.com/sailing.
Tauchen: Im nahen Umfeld von Phuket finden sich neun bemerkenswerte Tauchspots, von denen der Shark Point und das Anemone Reef die bekanntesten sind. Aber auch die Inseln der nördlichen und südlichen Andamanensee sind relativ schnell erreicht. Zwischen November und April herrschen die besten Sichtverhältnisse. Auf Phuket gibt es mittlerweile rund

Umzug mit Fabelwesen beim Vegetarian Festival in Phuket Town

100 Tauchzentren und -schulen, so dass aufgrund der großen Konkurrenz die Preise teils denkbar günstig sind (4-tägiger Open-Water-Tauchkurs ca. 8400 Bt, Bootsfahrt mit zwei Tauchgängen ca. 2900–4500 Bt). Umfassende Information unter www.diving.phuket.com und www.phuket-island.de/tauchsch.htm (u. a. Vorstellung von rund 60 Tauchzentren).

Flug: Phuket International Airport im Norden der Insel, rund 31 km nördlich von Phuket Town. Airport Information Counter, Tel. 076 32 72 30. Im Winterhalbjahr Charterflüge von/nach Europa; Inland-Linienflüge u. a. von/nach Bangkok mit Thai Airways (ab ca. 2800 Bt), von/nach Ko Samui mit Bangkok Air (2050 Bt); Billigflüge von/nach Bangkok (ab ca. 500 Bt). Am Taxistand Festpreis-Coupons nach Phuket Town (400 Bt) oder Patong (600 Bt). 7–18 Uhr stdl. Minibus-

Vegetarian Festival

Zu Ehren ihrer Schutzgeister zelebriert die chinesische Bevölkerung alljährlich im September/Oktober ein neuntägiges Fest. Die Teilnehmer tragen Weiß und essen nur vegetarische Speisen. Bizarr muten manche Rituale an. So etwa, wenn sich junge Männer in Trance Speere durch die Wangen stecken oder über glühende Kohlen laufen. Die Feierlichkeiten enden mit einer lärmenden Mitternachtsprozession durch die Stadt bis ans Meer (www.phuketvegetarian.com).

se des Phuket Airport Limousine Service nach Phuket Town (100 Bt) und nach Patong (150 Bt).

Boot: Fährboote ab Rassada Pier östlich von Phuket Town. Ganzjährig 2–9 x tgl. nach Ko Phi Phi (45–90 Min., 350–750 Bt je Gesellschaft), teils mit Anschluss nach Ko Lanta (2–3 Std., 300 Bt). Ab 2007 Superschnellboot von/nach Ko Lanta (rund 1,5 Std., 1400 Bt).

Bus: Busbahnhof östlich des Zentrums von Phuket Town an der Thanon Phang Nga. Info Tel. 076 21 14 80. Tag- und Nachtbusse verschiedener Komfortklassen nach Bangkok, Abfahrt ab 15 Uhr (ca. 12 Std.) und zu allen Städten in Südthailand. Private VIP-Busse von/nach Bangkok (ca. 750 Bt).

Kombitickets (Bus und Schnellboot): Buchung in den örtlichen Reisebüros, nach Ko Samui oder Ko Phangan 300 Bt.

Minibus: U. a. von/nach Krabi (350 Bt), Khao Lak (300 Bt), Khao Sok National Park (400 Bt), Hat Yai (500 Bt). Tickets in den örtlichen Reisebüros.

Mietfahrzeuge: Zahlreiche nationale und internationale Firmen in Phuket Town, am Flughafen und in den Strandorten. Buchung über alle Reisebüros und die meisten Unterkünfte. PKW ab 1200 Bt/Tag, Motorrad ab ca. 150 Bt/Tag.

Tourist Police: Tel. 076 35 43 60, Hotline 11 55, www.phukettourist police.go.th.

Krankenhäuser: Die zwei besten Krankenhäuser von ganz Südthailand sind das Bangkok Phuket Hospital (2/1 Thanon Hongyok Utis, Tel. 076 25 44 25, www.phukethospital.com) sowie Phuket International Hospital (44 Thanon Chalermprakiat Ror, Tel. 076 24 94 00, www. phuket-inter-hospital.co.th).

Phuket Immigration Office: Thanon Phuket, Tel. 076 21 21 08, Mo–Fr 8.30–12 und 13–16.30 Uhr.

Sehenswürdigkeiten

1. On On Hotel
2. Ehemalige Standard Chartered Bank
3. Obst- und Gemüsemarkt
4. Anwesen im Kolonialstil
5. Put Jaw
6. Mae Yanang
7. Sanjao Sam San
8. Tung-Ka Café

Übernachten

9. Metropole Hotel
10. The Taste
11. Wasana Guesthouse
12. Phuket Backpacker

Essen und Trinken

13. China Inn Café
14. Natural Restaurant – Raan Thamashaad
15. Essensmarkt

Phuket Town

Die Hauptstadt der Insel und gleichnamigen Provinz bildet das wirtschaftliche Zentrum des gesamten Südwestens von Thailand. Rund 80 000 der ca. 290 000 Einwohner Phukets leben in der lebhaften Provinzstadt. Schon lange, bevor der Tourismus für Wohlstand sorgte, war Phuket Town dank der inseleigenen Zinnminen, der Kautschukplantagen und der Perlenzucht eine der reichsten Städte des gesamten Landes.

Im Stadtbild ist der Einfluss der chinesisch-stämmigen Bevölkerung deut-

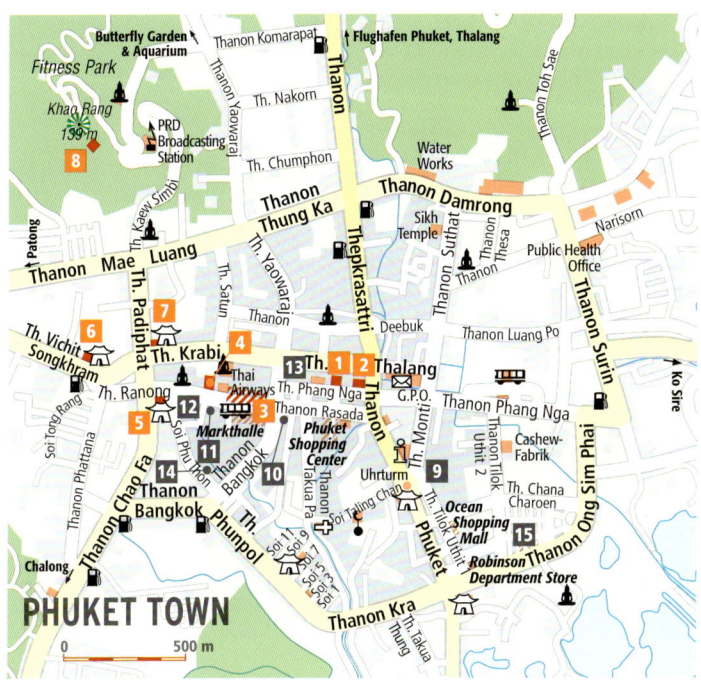

PHUKET TOWN

0   500 m

lich spürbar. An mehreren Straßen reihen sich die alten zweistöckigen **Geschäftshäuser** in sino-portugiesischem Stil aneinander und verleihen dem Zentrum einen an die Kolonialzeit erinnernden Reiz. Die schönsten Fassaden säumen die Thanon Deebuk und die Thanon Thalang. Viele wurden prachtvoll restauriert und beherbergen kleine Läden oder schön eingerichtete Restaurants. Das China Inn Café (s. u.). gilt als eines der am besten instandgesetzten Gebäude aus dieser Epoche auf der gesamten Insel. Auch das **On On Hotel** 1 aus dem Jahr 1927 an der

Thanon Phang Nga ist unübersehbar chinesisch geprägt. Das älteste Hotel der Insel empfiehlt sich heute allerdings nicht mehr zum Übernachten.

Gegen Ende des 19. Jh. ließen sich Phukets Zinnbarone stuckverbrämte Paläste im Kolonialstil erbauen. Ein Zeugnis dieser Epoche ist das Gebäude der ehemaligen **Standard Chartered Bank** 2 an der Thanon Phuket Ecke Thanon Phang Nga. Etwas weiter an der Thanon Ranong lockt der große offene **Obst- und Gemüsemarkt** 3 mit einer ungeheuren Vielfalt an tropischen Früchten und fernöstlichen Le-

147

bensmitteln. Am Markt, gleich neben dem Büro von Thai Airways, blieb ein weiteres prächtiges **Anwesen** der reichen Minenbesitzer erhalten 4.

Einen Besuch lohnen auch die chinesischen Tempel **Put Jaw** 5, **Mae Yanang** 6 und insbesondere **Sanjao Sam San** 7, die mit tanzenden Drachenfiguren auf geschwungenen Dächern und mit farbenfrohen Götterbildern einen wahrhaft exotischen Anblick bieten.

Die Thanon Padiphat führt vom Snajao Sam San Tempel hinauf zum etwa 3 km entfernten **Khao Rang**, dem 139 m hoch aufragenden Hausberg der Stadt. Stilvollendet kann man von der Gartenterrasse des **Tung-Ka Café** 8, das für gute Thai-Küche sowie göttliche Ice Cream Sundaes bekannt ist, die Aussicht genießen.

Tourist Office: Phuket Town, 73–75 Thanon Phuket, Tel. 076 21 22 13 und 076 21 10 36, Fax 076 21 35 82, tatphket@tat.or.th, www.phukettourism. org, tgl. 8.30–16.30 Uhr.

Reisende aus westlichen Ländern nächtigen zum allergrößten Teil an den Stränden, wohingegen asiatische Besucher Stadtquartiere bevorzugen. Generell bieten die Unterkünfte von Phuket Town das beste Preis-Leistungs-Verhältnis auf der ganzen Insel.
Metropole Hotel 9: 1 Soi Surin, Thanon Montri, Tel.076 21 50 50, Fax 076 21 59 90, www.metropolephuket.com. Das 18-stöckige Luxushotel gilt als eines der besten der Insel. Die 242 Zimmer messen selbst in der günstigsten Kategorie noch 35 m². Die Bars und Restaurants zählen zu den stadtbeliebten Treffs. Am Pool mit Poolbar in der 4. Etage lässt es sich herr-

lich relaxen. Der Service ist aufmerksam. Dabei sind die Preise fast geschenkt. DZ 3200 Bt, Deluxe 3800 Bt, bei Online-Buchung ab 1800 Bt.
The Taste 10: 16–18 Thanon Rassada, Tel. 076 22 28 12, Fax 076 22 28 12, www.thetastephuket.com. Wer das Besondere sucht, kommt einfach nicht an diesem Boutique-Hotel vorbei. Von einer Gruppe talentierter Thai-Designer in einem liebevoll restaurierten alten Geschäftshaus im sino-portugiesischen Baustil eingerichtet. Die zwölf Zimmer (alle mit AC, Bad/WC, TV und vielen Details) sind dem Hotelnamen ganz und gar verpflichtet. Sie sind »5 star in style but not luxurious«. In der angeschlossenen Cocktailbar gibt es Freitagnacht »live piano and trio jam sessions« – ein Erlebnis und erschwinglich obendrein! DZ 1500–2800 Bt inkl. Frühstück (je Komfortstufe und Saison).
Wasana Guesthouse 11: 159 Thanon Ranong, Tel. 076 21 17 54. Direkt beim Markt, wo auch die Busse zu den Stränden abfahren. 28 einfach eingerichtete, aber saubere Zimmer mit Fan oder AC. DZ ab 500 Bt.
Phuket Backpacker 12: 167 Thanon Ranong, Tel. 076 25 66 80, Fax 076 25 66 82, www.phuketbackpacker.com. Phukets neuestes Gästehaus, sehr sauber und gepflegt, komfortabler Aufenthaltsraum mit moderner Kunst an den Wänden. DZ 600 Bt (Fan), 700 Bt (AC), Mehrbettzimmer (gemischt oder nach Geschlechtern getrennt) 350 Bt/Pers.

China Inn Café 13: 20 Thanon Thalang, Tel. 076 35 62 39; Di–So ab 9 Uhr. Das Café-Restaurant in einem vorbildlich restaurierten Geschäftshaus im sino-portugiesischen Baustil beeindruckt mit schmuckem Ambiente und begrüntem Innenhof, mit einer erlesenen Weinkarte (Frankreich, Australien, Südafrika) sowie mit ausgezeichneten authentisch thailändischen oder auch internationalen Gerichten. Die Currys, insbesondere das *massaman,* sind eine Wucht. Wer Schärfe ertragen kann, sollte *laab pla tuna* kosten, eine Spezialität aus dem Nordosten Thailands. Hauptgericht ca. 100–250 Bt).

Natural Restaurant – Raan Thamashaad 14: Soi Phu Ton, Tel. 076 22 42 87, tgl. ab 10.30 Uhr. Eine der besten Adressen der Stadt für Thai-Küche in einem ebenso geschmackvoll wie ausgefallen mit Trödel dekorierten Holzhaus. Neben Currys, Seafood etc. werden auch internationale Gerichte serviert. Das Bier ist konkurrenzlos preiswert. Hauptgerichte 80–150 Bt.

Essensmarkt 15: Ab dem späten Nachmittag bieten die Garküchen eine große Auswahl an stets frisch zubereiteten Gerichten. Gut und günstig. Ca. 30–60 Bt.

Dutzende Geschäfte und Boutiquen mit thailändischem Kunsthandwerk und Antiquitäten sowie Textilien in Downtown Phuket, insbesondere entlang den Straßen **Yaowaraj, Deebuk, Phang Nga, Rassada** und **Thanon.**

Nightlife ist in den Strandorten, allen voran Patong, zu finden. In Phuket Town bieten u. a. die Bars und Discos der Hotels nächtliche Unterhaltung. **Jammin Club:** 78/28 Thanon Krung Thep. Außerhalb des Zentrums gelegen. Livemusik internationalen Zuschnitts allabendlich ab 22 Uhr.

Songthaew/Tuk-Tuk: Von der Thanon Ranong (beim Markt) 7–17 Uhr regelmäßig zu den Inselstränden (20–50 Bt, je Entfernung). Zu anderen Zeiten kann man die Fahrzeuge chartern (ca. 200–600 Bt).

Motorrad-Taxi: Ca. 20 Bt innerhalb der Stadt.

Nai Yang Beach

Wenn man Erholung pur sucht, ist man am **Mai Khao Beach** und dem südlich angrenzenden **Nai Yang Beach** gut aufgehoben. Sie ziehen sich von der Sarasin Brücke, die Phuket mit dem Festland verbindet, über rund 15 Kilometer nach Süden. Abgesehen von den Bungalowanlagen und Resorts im südlichen Abschnitt gibt es keine touristische Infrastruktur, denn die Strandzone nördlich des Phuket International Airport wurde als **Sirinath Marine National Park** unter Schutz gestellt. Grund dafür sind die Lederschildkröten, die dort alljährlich zwischen November und Februar zur Eiablage an Land gehen. Der teilweise bis zu 80 m breite Strand wird von Kasuarinen gesäumt. Er ist für Kinder ideal und bietet Schnorchelfreuden an einem vorgelagerten Korallenriff. Baden, Schnorcheln und kilometerlange Strandspaziergänge sowie ab und an ein Ausflug in das rund 30 km entfernte Phuket Town erfüllen die Urlaubstage.

Indigo Pearl Hotel Phuket 4: Nai Yang Beach, Tel. 076 23 65 50, Fax 076 23 65 42, www.phuket.com/indigopearl. Luxuriöses Vier-Sterne-Resort in einer weitläufigen Parkanlage hinter dem Strand. Mehr als 200 aufwendig und geschmackvoll dekorierte Zimmer und Bungalows in unterschiedlichen Komfortstufen. 4000–17 000 Bt.

Nai Yang Beach Resort 5: Nai Yang Beach,Tel. 076 32 83 00, Fax 076 32 83 33, www.phuket.com/naiyangbeach. Anlage der Mittelklasse mit Garten am Südrand des Strandes. Große Auswahl an Zimmern und Cottages. Exklusiver, aber

auch teurer sind die modernistisch eingerichteten Zimmer in dem Ende 2006 eröffneten Tropical Wing. DZ ab 600 Bt bzw.
2200–3000 Bt im Tropical Wing, Bungalow ab 1000 Bt, jeweils inkl. Frühstück.

Bang Tao Beach

Der Bang Tao Beach – ein 7 km weißer
Sandsaum vor der Kulisse von Kasuarinen und Palmen – gilt als einer der
schönsten und längsten Strände Phukets und verspricht ungetrübte Badefreuden. Aufgrund seines Tropenzau-
bers kann er die größte Ansammlung
erstklassiger Resort-Hotels in ganz
Asien vorweisen. Sie finden sich im Bereich des Touristenzentrums **Laguna
Phuket** 1, eine ca. 150 ha große Park-
fläche mit exotischer Seenlandschaft,
die mit unglaublichem Aufwand in einer
ehemaligen Zinnmine angelegt wurde.
Das Angebot an Luxus ist umwerfend,
ebenso sind es die Preise.

Andaman Bangtao Bay Resort 6:
Tel. 076 27 02 46, Fax 076 32 51
88, www.andamanbangtaobayresort.com.
Gepflegte kleine Anlage mit moderaten
Preisen direkt hinter dem Strand, der hier
gut zum Baden geeignet ist. Acht im Thai-
Stil eingerichtete Bungalows (mit AC,
Kühlschrank, TV, Minibar) sowie attrakti-
ver, aber kleiner Pool. Ab 1900 Bt.

Die Restaurants des Laguna Phuket
Resort Komplex gehören mit zu den
besten, aber auch zu den teuersten der
Insel. Topempfehlungen sind u. a. das La-
gunenrestaurant **Ruen Thai** im Dusit Laguna Hotel mit authentischer Thai-Küche,
das **Saffron** im Banyan Tree Resort, das
die Küche des mittleren Ostens pflegt, so-

Sehenswürdigkeiten

1 Laguna Phuket
2 Phuket FantaSea
3 Laem Phrom Thep

Übernachten

4 Indigo Pearl Hotel Phuket
5 Nai Yang Beach Resort
6 Andaman Bangtao Bay Resort
7 Surin Beach Resort
8 Kamala Dreams
9 Benjamin Resort
10 Impiana Phuket Cabana
   Resort & Spa
11 Patong Bay Garden Resort
12 Expat Hotel
13 Karon Beach Resort
14 Kata Beach Resort
15 Phuket Orchid Resort
16 Friend's House
17 Little Mermaid
18 Nai Harn Garden Resort

Essen und Trinken

19 Silk Restaurant
20 Rockfish
21 Baan Rim Pa
22 Lim's
23 On the Rocks
24 Mom Tri's Boathouse
25 Ratri Jazztaurant

Bang Tao Beach

Sarasin Brücke Thepkasattree Brücke Thong Lang Klong Sai *Ko Phrao*
Tha Chat Ko Raet Tha Khuan Klong *Phang Nga*
Chai Dan Yit *Laem Maphraw* Ba Kan Yan Saba Khian *Bucht*
402 *Pier*
Suan Bang Chao Khrua *Ko* **Ao Phang Ngá**
Mai Khao Beach Maphrao Chan *Klang* **Marine**
Sirinath Marine Ao Tu Khun *Laem Sam* Ab Rang Hin **National Park**
National Park Khao Ban Bang Duk *Ao Som* *Ko Lawa Yai*
Mai Khao 267 m Mak Prok *Laem Khat* **Phang Nga-Bucht**

Andamanen- Yun **4026** Tha Maphrao *Laem Khat* *Ko Thanan*
see National Park Headquarters **4** Muang *Ko Ngam* *Laem Khat*
Nai Yang Beach Nai Yang **4027** Mai Phara Ao Kung Chang Taeng
5 Sakhu Thum Phlo Ao Po
Ban Trong Muang *Khao Phara* *Ko Naka Yai*
Nai Thon **4031** *450 m* Bang Rong *Ko Naka Yai*
Nai Thon Beach Khao Muang **Gibbon**
307 m *Khao Phra Thaeo* **Rehabilitation Project** **Naka**
Ko Waeo Layan **Wildlife Park** Bang Pae **Perlenfarm**
Pak Lok *Ko Naka Noi*
Thalang *Ko Yao Noi*
Layan Beach Ban Don Liphon **Wat Sophon Wanaram**
1 Ya **4030** Phak Chit **4027**
Bang Tao Beach Phasak Yamu *Laem Yamu*
6 Choeng Thale **402**
Pansea Beach Bang Tao **4025** Ma Nik *Phuket Sea*
Surin Beach Tha Rua *Ko Rang Yai*
Laem Sing Beach **19** **M**
Kamala Beach **2** **7** **Thalang** Bang Khu I
8 **9** Kamala **National Museum** Sapam *Ko Maphrao*
Kok Yang Laem Hin *Ko Maphrao*
Laem Thai Phao **20** Khuan Wa **402** Pier
527 m Laem *Laem Nga*
Laem Yom Ding **21** Kathu Hin Kuku
Nacha Beach **22** Bang Thong Sam *Ko Sire*
Ao Patong **4029** Kong
Patong Beach Tung Toong **Phuket** Ko Sire **Wat Ko Sire**
Emerald Bay **12** Ra-Ngeng **4020** **Town** *Ao Sire*
136 m **Patong** **4022** Tha *Laem Phap Pha*
Freedom Beach *247 m* Tin Khao *Bang* Khlaeng
10 **11** Wat *Wad Dam* Bo Raea *Ao Tukkae*
15 **16** Chalong **4021**
Karon Wat Mai Suan **4023** *Makham Bay*
13 *Karon Beach* Hua Non **Ao Makham** *Ko Taphao Yai*
23 Ko Pu **14** **Kata** Khok Sai Laem Phan Wa
Kata Yai Beach **25** Bang **Chalong** **Aquarium & Marine**
Kata Noi Beach Khothi *Chalong Bay* **Biological Research Center**
24 **17** **4024**
Laem Mum Nai Sai Yuan *Ko Lone* *Laem Phan Wa*
127 m Ban Nai Harn *Ko Lone*
Laem Mum Nok **18** Rawai **PHUKET**
Nai Harn Beach *Rawai Beach* *Ko Aeo*
Yanui Beach **3** *Ko* 10 km
Ko Bon *Racha Yai* *Ko Hae*

Ko Similan
Ko Mai Thon,
Ko Phi Phi

wie das **Chao Lay** im Sheraton Grande Laguna Phuket, wo zu regionalen Gerichten klassische Thai-Musik gespielt wird und die Gäste nach Sitte des Landes an niedrigen Tischen auf dem Boden sitzen. Menü ab ca. 500–700 Bt.

Surin Beach

Südlich der Landspitze, die den Bang Tao Beach begrenzt, wird eine Ansammlung kleiner Badebuchten unter dem Namen Surin Beach zusammengefasst. Der nördliche Küstenabschnitt, wo u. a. schon Mick Jagger residierte und die Übernachtungspreise in Euro bis in vierstellige Sphären klettern, ist den erklärten Promis vorbehalten. Der weitläufigere Sandsaum im Süden wird hingegen in erster Linie von Tagesausflüglern besucht und am Wochenende finden sich thailändische Familien zum Picknick ein. Da der Strand nur zum Sonnenbaden ideal ist, geht es ans Wasser und auf der Strandpromenade im Schatten von Kasuarinen geruhsam und ruhig zu.

Surin Beach Resort 7: Tel. 076 32 50 00, Fax. 076 32 58 86, www.surinbeachresort.com. Obwohl etwa 10 Gehminuten vom Strand entfernt, erfreut sich dieses rings um einen enorm großen Pool errichtete Hotel mit gehobenem Mittelklasse-Komfort seit seiner Eröffnung 2003/2004 allergrößter Beliebtheit. Nicht nur Familien finden hier alles ganz nach ihrem Geschmack, u. a. die inselweit größte Wasserrutschbahn für Kinder. Die rund 250, ansprechend im Thai-Stil dekorierten Zimmer sind elegant, hell, luftig und alle mit Balkon ausgestattet. DZ 2200–3900 Bt (je Saison).

An Phukets Stränden stehen Liegestühle und Sonnenschirme für die Urlauber bereit

Die südliche Hälfte des **Surin Beach** ist von einfachen Strandrestaurants gesäumt. Dort sitzt man nicht nur gemütlich, sondern isst auch durchweg gut und günstig.

Silk Restaurant [19]: The Plaza Surin, 5/50 Moo 3, Tel. 076 27 17 02, www.silkphuket.com, tgl. ab 12 Uhr. Das ›Seiden‹-Restaurant gilt nicht nur als eines der besten Feinschmecker-Restaurants mit thailändischer Küche der Insel sondern von Südthailand schlechthin. Serviert werden klassische Gerichte und unglaublich köstliche Drinks (!) in einem Ambiente, das Ultramodernes und Traditionelles zu einem elegant-gemütlichen Ganzen vereint. Die Speisekarte ist ein Gedicht, die aufmerksame Bedienung steht beratend zur Seite. Vorspeisen ca. 200–240 Bt, Hauptgerichte 350–600 Bt.

Kamala Beach

Die etwa 3 km lange halbmondförmige Bucht erscheint am gefälligsten in ihrem nördlichen Abschnitt, wo Kasuarinen Schatten werfen. Von dort ist es nur ein kurzes Wegstück hinüber zum zwar kleinen, aber unbebauten und malerischen **Laem Sing Beach**, den viele für den schönsten der Insel halten. Kamala selbst bietet Badefreuden auch für Kinder. Familien machen sich dennoch immer rarer, seit hier stark in Hotelbauten investiert wurde, die nach und nach die kleinen Bungalowanlagen ersetzen. Zur Saison herrscht teils schon drangvolle Enge.

Kamala Dreams [8]: Tel. 076 27 91 31, Fax 076 27 91 32, www.kamaladreams.net. Nach der Zerstörung durch den Tsunami wurde die zweigeschossige

Phuket FantaSea

[2] Rund 3,5 Mrd. Baht hat es gekostet, den 35 ha großen Themenpark im Tempelstil zu errichten. In seinen Restaurants finden sich allabendlich bis zu 4000 Gäste zur Schlacht am Gigabuffet mit Delikatessen aus Europa und Asien ein. Anschließend wird im Palace of the Elephants ein faszinierendes Asia-Spektakel geboten. Wer die Mischung aus Las Vegas und Disneyland mag, wird begeistert sein und das Eintrittsgeld sicherlich nicht reuen (Kamala, Tel. 076 38 50 00, www.phuket-fantasea.com, tgl. 17.30–23.30 Uhr, Eintritt für Dinner und Show 1600 Bt).

Hotelanlage direkt am Strand schöner als zuvor wieder errichtet. 18 mit Teakmobiliar komfortabel eingerichtete Studios von 35–40 m^2 Größe, die alle Seeblick genießen und mit Kitchenette, Kühlschrank, TV, Telefon, Internetanschluss und AC ausgestattet sind, umschließen U-förmig einen kleinen Pool. 1500–3250 Bt (je Saison).

Benjamin Resort [9]: Tel. 076 38 51 45, Fax 076 38 57 39, www.phuketdir.com/benjaminresort. Manche der 34 Zimmer des dreigeschossigen Strandhotels hätten zwar langsam eine Renovierung verdient, aber die meisten bieten einen weiten Seeblick und sind durchaus korrekt möbliert (u. a. AC, TV, Kühlschrank, Minibar). Das Frühstück wird auf der Dachterrasse serviert. DZ ohne Balkon, mit Gemeinschaftsbad 350–500 Bt, DZ Komfort 1200–1200 Bt bzw. mit Seeblick 700–1500 Bt.

An der parallel zum Strand verlaufenden Straße laden zahlreiche Restaurants zu Gaumenfreuden ein.

Rockfish 20: 33/6 Kamala Beach Rd., Tel. 076 27 97 32, www.rockfishrestaurant.com, tgl. ab 11 Uhr. Die mit Abstand beste Adresse am Strand, die für ihre innovative Küche in »Thailand's Best Restaurant Guide 2005« einen Platz unter den sieben besten Restaurants des Landes erhielt! Hauptgerichte ab 180 Bt, im Durchschnitt um 300–500 Bt.

Patong Beach

Der knapp 3 km lange Strand bildet das Epizentrum eines ganz und gar auf Entertainment eingestellten Pauschaltourismus – mit allem, was nun einmal dazugehört, von den Bierkneipen à la Ballermann bis zu den Go-go-Bars. Auch die Prostitution treibt Blüten. Die Urlauber brauchen auf nichts zu verzichten, was sie von zu Hause gewohnt ist, sei es die heimische Tageszeitung oder europäische Kost. Obendrein sorgt das überaus vielfältige Wassersportangebot dafür, dass auch tagsüber keine Langeweile aufkommt.

Internet: Aktuelle Informationen unter www.beachpatong.com.

Impiana Phuket Cabana Resort & Spa 10: 41 Thanon Thaweewong, Tel. 076 34 01 38, Fax 076 34 01 78, www.impiana.com. Zu dem Ende 2005 am schönsten Küstenabschnitt unmittelbar am Strand wieder neu eröffneten Boutique-Hotel der Spitzenklasse gibt es keine Alternative am Patong Beach! In der ebenso weitläufigen wie exotischen Gartenanlage stehen locker verteilt Bunga-

lows und ein toller Pool direkt hinter dem Strand. Die Zimmer mit allerfeinstem thailändischen Dekor haben Spitzenklasse. DZ 7200–8400 Bt bzw. Seeblick 7800–9400 Bt.

Patong Bay Garden Resort 11: 33/1 Thanon Thaweewong, Tel. 076 34 02 97, Fax 076 34 05 60, www.patongbaygarden.com. Anlage der Mittelklasse direkt am Strand. Rund 70 Zimmer in sechs Komfortstufen gruppieren sich auf drei Seiten rings um einen Pool. DZ Standard 2000–3600 Bt, Luxus 2600–4600 Bt.

Expat Hotel 12: 163/17 Thanon Rathutit, Tel. 076 34 21 43, Fax 076 34 03 00, www.phuket.com/expat. Hotel mit Pool am Rande des Amüsierviertels, jedoch so ruhig gelegen, dass man ungestört schlafen kann. 48 schlicht möblierte, allerdings sauber und korrekte Zimmer. Zum Strand sind es etwa 300 m. DZ 690–1200 Bt (Fan), 890–1390 Bt (AC);

Baan Rim Pa 21: 223–223/1 Phrabaramee Road, Tel. 076 34 07 89, www.baanrimpa.com, tgl. ab 12 Uhr. Das bereits mehrfach preisgekrönte, zweigeschossige Openair-Restaurant fasziniert nicht nur mit seiner romantischen Panoramalage über dem Meer, sondern auch mit klassischen Thai-Gerichten nach Art der königlichen Palast-Küche, die man in ähnlich authentischer Zubereitung heute kaum noch erhält. Auch das Auge isst mit. Die Preise sind vergleichsweise günstig. Um gepflegte Kleidung wird gebeten, Tisch-Reservierung (insbesondere für die Panorama-Tische) ist ein Muss. Hauptgericht ca. 300–550 Bt.

Lim's 22: 28 Soi 7, Phrabaramee Road, Tel. 076 34 48 34, www.lim-thailand.com, tgl. ab 18.30 Uhr. Das laut Phuket Gazette »most charming restaurant on Phuket« gilt derzeit als eine der trendigsten Inseladressen. 2005 wurde es mit dem *Thailand's Best Restaurants Award* ausge-

DAS GESCHÄFT MIT DER LIEBE

Der Tourismus hat Thailand nicht nur die erhofften Devisen beschert, sondern auch Heerscharen allein reisender Männer aus relativ wohlhabenden Teilen der Erde, die mit dem vorrangigen Ziel ins Land kommen, sexuelle Kontakte zu vergleichsweise billig käuflichen ›exotischen‹ Frauen aufzunehmen. Die erste Welle der Sextouristen schwappte in den 1960er Jahren im Rahmen der *Rest and Recreation*-Programme für US-amerikanische Soldaten über das Land. In ständigem Pendelverkehr wurden vom Kampf in Vietnam erschöpfte GIs zur Erholung nach Bangkok geflogen, wo plötzlich eine schier unersättliche Nachfrage nach Frauen entstand. Gleichzeitige Dürreperioden im Nordosten des Königreiches, dem ärmsten Teil des Landes, ließen insgesamt mehr als 3 Mio. Menschen nach Bangkok migrieren. Da es kaum Arbeit für sie gab, stellte die Prostitution vielfach die einzige Erwerbsquelle dar.

Als nach Beendigung des Vietnamkrieges die GIs ausblieben, gab es eine kurze Flaute im Sexgeschäft. Doch die Lücke in der Männerschar wurde bald schon durch japanische, amerikanische und westeuropäische Touristen mehr als gefüllt. Dabei suchte und sucht ein Großteil der Freier nicht nur Kontakt für eine Nacht, sondern für die Dauer des gesamten Aufenthaltes. Überall im Land begegnet man Touristen überwiegend älterer Jahrgänge in Begleitung von vorzugsweise jungen Thai-Frauen oder gar Mädchen. Ernst zu nehmenden Schätzungen zufolge gibt es wahrscheinlich gut 1 Mio. Prostituierte in Thailand, und das obwohl Prostitution gesetzlich verboten ist. Seit Jahren versucht die thailändische Regierung die Prostitution einzudämmen. Doch was nützen die rigidesten Gesetze, wenn es um insgesamt etwa 27 Mrd. US-Dollar geht, die die Branche laut Schätzung der International Labour Organisation der UNO jährlich erwirtschaftet, und zugleich die meisten Beamten und Polizisten in Relation zu potenziellen Bestechungsgeldern hoffnungslos wenig verdienen?

Anfänge sind dennoch gemacht. Landesweit ist u. a. die Touristenpolizei angehalten, den Gesetzen gegen die Prostitution Geltung zu verschaffen. Weltweit sollen die thailändischen Fremdenverkehrsämter die Aktivitäten der Reiseveranstalter kritisch beobachten und Unternehmen anzeigen, die für Sex in Thailand werben oder Sexreisen anbieten. Vor allem gegen Kinderprostitution wird rigoros vorgegangen: UNICEF und ECPAT (End Prostitution in Asian Tourism) arbeiten eng mit den zuständigen Regierungsstellen zusammen. Auch das deutsche Bundeskriminalamt mischt zunehmend vor Ort mit, um deutsche Staatsbürger, die sich des sexuellen Missbrauchs von Kindern und Jugendlichen in Thailand schuldig machen, der Justiz zuzuführen. Nach thailändischem wie nach deutschem Recht droht ihnen eine bis zu zehnjährige Haftstrafe. In Thailand wird sogar mit bis zu drei Jahren Gefängnis bestraft, wenn es sich um Jugendliche im Alter von 15–18 Jahren handelt. Zuhälter und Kuppler riskieren bis zu 20 Jahre Freiheitsentzug.

zeichnet. Das Ambiente gibt sich tropisch-urban, die gepflegte Küche ist der Nouvelle Thai Cuisine verpflichtet, die Klassisches mit Mediterranem verbindet. Hauptgerichte um 180–450 Bt.

Neben Bangkok und Pattaya gilt Patong als das größte Nightlife-Zentrum von Südostasien. Insbesondere auf dem Strip, der von der Strandpromenade abzweigenden Soi Bangla, pulsiert ab etwa 22 Uhr das Leben, wenn sich die unzähligen Bars mit Animierdamen und Transvestiten füllen. Wenn das Tanzbein juckt, bieten zahlreiche Discos Abhilfe.

Banana Disco: Thanon Thaweewong. Schmelztiegel der Technolust ist die an der als Beach Road bekannten Promenade gelegene Disco, wo nach ca. 23 Uhr auf zwei Etagen die Post abgeht. 200 Bt Eintritt inkl. 1 Getränk.

Crocodile Disco: Soi Crocodile (off Soi Bangla). Bunt-bizarres Vergnügungslokal für Freunde von Funk, Hip Hop und Techno sowie auch Cabaret.

Safari Disco: Südlich von Patong an der Straße nach Karon. Konkurrenzlos populäre Adresse mit Dschungel-Atmosphäre. Ab Mitternacht, wenn bereits reichlich Alkohol geflossen ist, erreicht die Stimmung ihren Höhepunkt. Innen wird bei Livemusik, im Freien bei laut dröhnender Musik von der Konserve abgetanzt. Eine Kletterwand verlockt die Machos zum Show-Off. Eintritt frei.

In Patong gehen die Lichter nie aus

Tiger Disco & Bar: In einer Nebengasse der Soi Bangla. Das Erdgeschoss, wo sich in heißen Bars das Partyvolk sammelt, ist als Steinzeithöhle eingerichtet, während die eigentliche Disco im Obergeschoss zu finden ist. 100 Bt Eintritt.

Patong Carnival: 1. Novemberwoche, 3 Tage lang wird der Beginn der neuen Saison am Patong Beach ausgelassen gefeiert.
Phuket Gay Festival: Ende März/Anfang April, das Schwulen- und Lesbenfest gilt als das größte und schrillste seiner Art in ganz Asien (www.gaypatong.com).

Mietfahrzeuge: In Patong werden vorzugsweise Harleys *(big bikes)* verliehen. Dank der großen Konkurrenz sind die Preise teilweise extrem günstig. Eine der führenden Firmen ist VIA Rent-A-Car, 120/18 Thanon Rat-U-Thit, Tel. 076 34 16 60, www.via-phuket.com (Mira ab 600 Bt/Tag, Jeep ab 700 Bt/Tag).

Karon und Kata Beach

Auch der **Karon Beach** ist auf seiner gesamten Länge von gut drei Kilometern touristisch voll erschlossen. Neben dem nördlich gelegenen Patong Beach ist er der am dichtesten bebaute Küstenabschnitt des gesamten Landes. Jenseits der Uferstraße hat sich in den letzten Jahren eine regelrechte Stadt entwickelt mit großen Hotels, Apartmentgebäuden und Einkaufszentren.

Anders als am Nachbarstrand werden in Karon mehr Stil und internationale Atmosphäre gepflegt, so dass abgesehen vom Wassersport- und Shoppingangebot nicht gar so viel

Rummel herrscht. Der schnurgerade und fast schattenlose Strand beeindruckt durch seine Breite. Zum Schwimmen ist es im Winterhalbjahr ideal, während im Sommer wegen gefährlicher Strömungen mitunter das Baden verboten ist.

Im Süden schließt sich nahtlos der Ort **Kata** an, das sich hinter einem etwa 2 km langen und durch eine Felszunge zweigeteilten Strand erstreckt. Gewaltige Hotelanlagen säumen die Doppelbucht. Der Club Med beherrscht den nördlichen **Kata Yai Beach,** das Kata Thani Beach Resort den südlichen **Kata Noi Beach.** Beide Strandabschnitte sind fest in pauschaler Hand. Wo noch Platz ist, wird weiter gebaut. Während der Nordstrand recht gut zum Baden geeignet ist, kommen am Südstrand Surfer und Bodysurfer auf ihre Kosten. Schnorchler finden rings um das vorgelagerte Inselchen Ko Jum ein gutes Revier.

Karon Beach Resort 13: 51 Karon Road, Karon, Tel. 076 33 00 06, Fax 076 33 05 29, www.katagroup.com/karon beach. Am Südende von Karon, wo der Strand mit Abstand am schönsten ist, erstreckt sich das zweigeschossige, außerordentlich gepflegte Spitzenhotel. Es ist das einzige, das direkt am Strand steht. Der Blick aus den 81 Zimmern, alle mit Balkon zum Meer, und aus dem Strandrestaurant ist perfekt. Zur Anlage gehören u. a. zwei Pools. DZ 4700–8800 Bt (viele spezielle Online-Sonderangebote).
Kata Beach Resort 14: 1 Pakbang Road, Kata Yai, Tel. 076 33 05 30, Fax 076 33 01 28, www.katagroup.com/katabeach. Wie das Karon Beach Hotel, so bietet auch das zur gleichen Kette gehörige Kata Beach Resort allerhöchsten Standard di-

Mom Tri's Boathouse

Das Bootshaus gilt als Phukets feinstes Gourmet-Restaurant. Als einziges Restaurant in ganz Thailand erhielt es den begehrten *Award of Excellence* des »Wine Spectator-Magazine«. Und dies jedes Jahr aufs Neue schon seit 1995! Das spricht für Weltklasse. Auch der Service, die Einrichtung und das Panorama erfüllen die hohen Erwartungen. Wer sich das Besondere gönnen will, wählt das viergängige Menü der französischen oder thailändischen Küche (1300 Bt, mit Wein 3300 Bt). *À la carte* empfehlen sich u. a. die Platte mit thailändischen Tapas (480 Bt für 2 Pers.) oder die Hummer-Trilogie mit grünem Curry, Armagnac und Thermidor-Sauce (650 Bt). **The Boathouse Phuket** 24, 2/2 Patak Road, Kata Yai, Tel. 076 33 00 15; www.boathouse.net, tgl. ab 18 Uhr.

rekt am Strand. Mehrere Restaurants und Bars sowie ein Pool vervollständigen das Angebot. DZ 4700–8800 Bt (viele spezielle Online–Sonderangebote).

Phuket Orchid Resort 15: 34 Luangporchuan Road, Karon, Tel. 076 39 65 19, Fax 076 39 65 26, www.katagroup.com/phuketorchid. Zwar mit drei Pools ausgestattet, aber nicht direkt am Strand gelegen und daher bei gleicher Komfortklasse wie das Karon Beach Hotel wesentlich günstiger. Sehr beliebt, nicht nur bei Reisenden mit Kindern. DZ ab 2800 Bt, Familienzimmer ab 4100 Bt.

Friend's House 16: 210/2 Karon Road, Karon, Tel.076 39 63 44, Fax 076 39 63 45, www.myfriendhouse.com. Die Lage direkt hinter der Strandstraße ist Gold wert. Dennoch sind die Preise für die sauberen, leider etwas steril wirkenden Zimmer (alle mit AC, Bad/WC, Balkon, TV, Kühlschrank) günstig. Entsprechend gut ausgebucht ist das Gästehaus, DZ 900–1500 Bt. Weiter inseleinwärts unterhält das Friend's House eine Dependance mit Pool und gemütlicheren Zimmern, DZ 1300–1800 Bt.

Little Mermaid 17: 94/23–25 Taina Road, Kata Yai, Tel. 076 33 07 30, Fax 076 33 07 33, www.littlemermaidphuket.net. Die Kleine Meerjungfrau verfügt über insgesamt 75 Zimmer in Bungalows, einem Haupt- und einem Gästehaus. Obwohl etwa 1 km vom Strand entfernt, erfreut sich die Anlage insbesondere bei Familien aus Skandinavien großer Beliebtheit. Preislich ist sie unschlagbar. DZ im Gästehaus 315–465 (Fan) bzw. 415–565 Bt (AC), DZ im Haupthaus 690–1100 Bt, Bungalows 690–1100 Bt.

On the Rocks 23: Marina Phuket Resort, 47 Karon Road, Karon, Tel. 076 33 06 25, tgl. ab 10 Uhr, abends ist Reservierung ein Muss. Kaum eine andere Adresse auf Phuket kann es hinsichtlich der Aussicht auf Strand, Meer und Sonnenuntergänge mit diesem in die Klippen integrierten Seafood- und Barbecue-Restaurant aufnehmen. Thailändische und internationale Küche, köstlich z. B. der mit Käse überbackene Rock Lobster oder die Seafood Satays. Hauptgerichte um 150–400 Bt.

Ratri Jazztaurant 25: Kata Hill, Kata Yai, Tel. 076 33 35 38, www.ratrijazztaurant.com, tgl. ab 17 Uhr. *Ratri* bedeutet ›Nacht‹, Jazztaurant steht für allerfeinsten *Hot & Spicy Jazz* und eine Küche, die europäische und internationale Elemente mit thailändischen vereint. Dazu gibt es einen schönen Blick. Vorspeisen um 120 Bt, Hauptgerichte ca. 150–350 Bt.

Nai Harn Beach

Am Südzipfel von Phuket schmiegt sich der Nai Harn Beach in eine etwa 1 km lange, sanft geschwungene Bucht, die beidseitig von Klippen begrenzt wird. Hinter dem Strand greift eine Lagune weit ins Land, davor schauen einige Inselchen aus dem Meer. Der etwa 20–50 m breite Strand ist makellos weiß und zählt sicherlich zu den schönsten der Insel. Doch kein Paradies ohne Schatten: Seit Mitte der 1980er Jahre wird die gesamte Bucht vom Royal Meridien Phuket Yacht Club beherrscht. Wer nicht dort absteigt kann den Meeressaum nur im Rahmen eines Tagesausflugs bzw. mit einem Strand-Shuttlebus von einem der weiter landeinwärts gelegenen Hotels besuchen. Die malerische Bucht und die fantastischen Sonnenuntergänge am Meer bleiben daher weitgehend einer zahlungskräftigen Klientel vorbehalten

In Sachen Sonnenuntergang können sich allerdings nur wenige Plätze auf der Insel mit dem frei zugänglichen **Laem Phrom Thep** 3 messen. Am Leuchtturm auf dem felsigen Südkap von Phuket finden sich daher allabendlich oft Hunderte Sonnenanbeter ein.

 Nai Harn Garden Resort 18: Viset Road, Saiyuan, Tel. 076 28 83 19,

Bei Sonnenuntergang geht es zum Laem Phrom Thep

Fax 076 28 83 20, www.naiharngarden resort.com, Buchung und Information in der Schweiz über Daniel Lechleiter/Phianjai Bischof, Müsegg 179, CH-5453 Remetschwil, Tel. 00 41/565 34 49 30, Fax 00 41/565 34 49 34. Gepflegte mehr als 3 ha große Gartenanlage ein Stück weit vom Strand entfernt in naturnaher Umgebung an der malerischen Lagune. 23 verstreut liegende Bungalows (alle u. a. mit AC, Kühlschrank, TV, Safe) sowie großer Pool. In der Hochsaison ab 2000 Bt inkl. Frühstück, Monatsmiete ab 48 000 Bt.

King's Cup Regatta: Anfang Dez., die unter der Schirmherrschaft des Königs stehende berühmteste Segel-Regatta Asiens lockt seit 1987 die besten Segler der Welt nach Nai Harn (www. kingscup.com).

Inseln rund um Phuket

Reiseatlas: S. 238, A1/2

Abgesehen von der Phang-Nga-Bucht mit ihren bizarren Eilanden liegen rings um Phuket in der Andamanensee knapp 40 *islands in the sun*. Mit einem Longtail- oder Schnellboot kann man alle ab dem Chalong Pier im Südosten der Insel erreichen, wo auch die meisten organisierten Touren beginnen.

In der Chalong Bucht, nur etwa 2 km von der Küste entfernt, liegt **Ko Lone.** Die etwa 3 km lange und 800 m breite Insel erinnert an das Phuket der 1970er-Jahre. Sie erhebt sich 250 m hoch aus dem Meer, ist mit Dschungel und vorwiegend Kautschukbäumen

Die Wassersportzentren auf Phuket organisieren Paddeltouren in der Andamanensee

bewachsen und von Fußwegen durchzogen. Ein kleines Fischerdorf und mehrere Strände bilden ein ideales Ziel für einen Tagesausflug weitab vom Touristentrubel. Wer länger verweilen will, findet Unterkunft in mehreren teuren Resorts. Die Überfahrt im Longtail-Boot kostet ca. 500 Bt, organisierte Touren werden nicht angeboten.

Die Bootsfahrt zum 9 km entfernten **Ko Hae,** auch als Coral Island bezeichnet, beträgt rund 20 Minuten. Die etwa 2,5 km lange und nur wenige hundert Meter breite Insel steigt auf nahezu 200 m an und ist dicht bewaldet. Der makellos weiße Strand lädt zum Sonnen, Schwimmen und Relaxen ein. Unterkunft bietet nur das Coral Island Resort.

Rund 20 km südlich von Phuket erstreckt sich das wenig mehr als 1 km^2 große **Ko Racha Yai,** das voll und ganz dem gängigen Klischeebild einer tropischen Paradiesinsel entspricht. Es eignet sich perfekt zum Tauchen, Schnorcheln, Schwimmen und Entspannen. Etwa ein halbes Dutzend Bungalowanlagen ermöglichen einen längeren Aufenthalt. In der Saison verkehrt mindestens einmal täglich ein Schnellboot (1200 Bt).

Internet: www.phuket-travel.com/ destinations (Untermenü ›Phukets Islands‹).

Coral Island Resort: Coral Island, Tel. 076 28 10 60, Fax 076 38 19 57, www.coralislandresort.com. 64 gepflegte AC-Bungalows, Pool und Restaurant. Ab 1800 Bt.
Ban Raya Resort: Ko Racha Yai, Tel. 08 18 28 69 56 und 076 22 44 39, Fax

Paddeltouren in der Andamanensee

Mit seinen zahlreichen Kajakzentren bietet sich Phuket als Ausgangspunkt für kurze wie lange Individualtrips sowie organisierte Touren an. Das Angebot umfasst dutzende Routen, von nur wenigen Stunden Dauer bis hin zu mehrwöchigen Paddel-Expeditionen. Zu den wichtigsten Kajakzentren zählen Siam Kayak (Tel. 076/28 02 75, www.siamkayak.com), John Gray Sea (Tel. 076/25 45 05, www.johngray-seacanoe.com), Sea Cave Canoe (Tel. 076/21 04 34, www.phuket.com/seacave) und Sea Canoe Thailand (Tel. 076/21 21 72, www.seacanoe.net).

076 35 46 82, www.phuket.com/banraya. 38 romantische Holzbungalows in einem großen Palmenhain, der sich zwischen zwei Sandbuchten erstreckt. 1900 Bt (Fan), 2500 Bt (AC).

Touren: Eines der größten und versiertesten Unternehmen ist Phuket-Thailand-Tours, Tel. 076 52 85 09, Fax 076 52 85 08, www.phuket-thailand-tours.com. Tagestour nach Coral Island 800–1000 Bt., nach Ko Racha Yai pro 1200 Bt. (jeweils alles inkl.). Außerdem Tagestouren mit dem Schnellboot nach Ko Phi Phi 2300 Bt, nach Krabi 2900 Bt und zu den Similan-Inseln 3000 Bt.

Bootscharter: Longtailboot ca. 3000 Bt/Tag, Schnellboot ca. 7000 Bt/Tag.

PROVINZ KRABI – DAS FESTLAND

Wahrlich märchenhaft mutet die Landschaft in der Provinz Krabi an. Nicht ohne Grund wurden hier zahlreiche Spielfilme und einige Folgen der Fernsehserie »Traumschiff« gedreht. Ob an der Küste, auf den vorgelagerten Inseln oder im urwaldreichen Hinterland, stets wird nur der Superlativ der Realität gerecht. Vom Budgetreisenden bis hin zum Jetsetter findet jeder sein persönliches Paradies.

Reiseatlas: S. 238, A/B 1/2

Die rund 4600 km² große Provinz Krabi umfasst ein Reich, in dem die Natur ihre spektakulärsten Seiten zeigt und oftmals wie ein surreales Traumbild erscheint. Vor der mehr als 160 km langen Küstenlinie ragen wie in einem Märchenland die bizarren Kalksteinformationen der einzigartigen Phang-Nga-Bucht aus türkisgrünen Fluten. Aber auch Mangrovensümpfe und bis über 1300 m hohe Berge, tosende Wasserfälle, weltentrückte Seen und heiße Quellen sowie unauslotbare Höhlenlabyrinthe sind in der Region zu finden, die einen der größten Regenwaldbestände von Südthailand aufweist. Diese überwältigende Symphonie der Natur macht Krabi zum Tummelplatz von kältegeschädigten Sonnensuchern und Aktivurlaubern. Neuere archäologische Funde weisen übrigens darauf hin, dass in der Region um Krabi das älteste Siedlungsgebiet in ganz Thailand liegt, in dem bereits vor etwa 36 000 Jahren Menschen als Sammler und Jäger lebten.

Krabi Town

Reiseatlas: S. 238, B1

Die am Westufer des Krabi River gelegene Provinzhauptstadt *kra-bie* (wie die Thailänder sagen) präsentiert sich als Neubau-Metropolchen mit regulierten Straßennetzen im rechtwinkligen Rastersystem. Vom quirligen **Maharaj Market** [1] einmal abgesehen (Thanon Maharat, Soi 7, tgl. 5–10 Uhr), gibt es keine nennenswerten Sehenswürdigkeiten. Doch dank der traumhaften Lage, der ausgezeichneten Gastronomie und zahlreichen Ausflugsmöglichkeiten bietet sich ein Aufenthalt durchaus an. Die meisten Besucher kommen allerdings nur zum Einkaufen nach Krabi oder um von hier zu den Stränden und Inseln der Provinz aufzubrechen.

Krabi Tourist Association: 289/22 Thanon Uttarakit, Krabi 81000, Tel. 075 62 39 44 und 075 62 39 55, www.krabi-tourism.com, tgl. 8.30–16.30 Uhr. Monatlich Infos per Flyer.
Internet: www.krabidir.com, www.krabi-islandhopper.com, www.yourkrabi.com.

Maritime Park & Spa Resort 2: 1 Thanon Tungfah, Tel. 075 62 00 28, Fax 075 61 29 92, www.krabi-hotels.com/maritime. In traumhafter Lage an Fluss und Lagune, rund 2 km außerhalb des Zentrums. Klassisch-elegante Einrichtung, noble geräumige Zimmer (ab 40 m^2), Spitzenrestaurant, herrlicher Pool und umfassendes Spa-Angebot. Das Nonplusultra in Krabi! DZ ab 2000 Bt.

Krabi City Seaview Hotel 3: 77/1 Thanon Kongkha, Tel. 075 62 28 85-8, Fax 075 62 28 84, www.krabicityseaviewhotel.com. Modern, top gepflegt und ruhig mit ansprechend eingerichteten großen Komfortzimmern (alle mit AC, Bad/WC, TV, Minibar,), tolles Flusspanorama und Dachterrassen-Restaurant. ›Der‹ Tipp im Zentrum. DZ ab 600 Bt.

The Greenery Hotel 4: 167/2 Thanon Maharat, Tel. 075 62 36 48, Fax 075 62 36 50, www.krabidir.com/thegreeneryhotel. Dreigeschossiger Neubau mit coolem Interieur, Internetcafé, Restaurant. Zimmer mit Fan oder ACl, Bad/WC, Kühlschrank, TV. DZ ab 600 Bt (Fan), 700 Bt (AC).

K. R. Mansion Hotel 5: 52/1 Thanon Chao Fa, Tel. 075 61 27 61, Fax 075 61 25 45, krmansion@yahoo.com. Ruhiger kann man im Zentrum nicht wohnen. Auch wenn der fünfgeschossige Bau einen neuen Anstrich nötig hätte, sind die Zimmer (mit/ohne Bad) gepflegt. Nettes Restaurant mit Frühstücksbuffet. Vom Dachgarten mit Bar sieht man die schönsten Sonnenuntergänge. DZ ab 150 Bt (Fan ohne Bad), 250 Bt (Fan mit Bad), ab 400 Bt.(AC mit Bad).

Guesthouses: Dutzende gibt es in der Stadt, jährlich kommen mehr hinzu. Die Preise beginnen bei etwa 150 Bt für ein DZ ohne eigenes Bad.

Viva 11: Korbsessel und -stühle verleihen dem luftigen italienischen Restaurant eine gemütliche Note. Die Küche ist mit Pizza, Pasta & Co. authentisch, auch Kaffeetrinker sind zufrieden. Hauptgericht um 150 Bt.

May & Mark 13: Thanon Ruen Rudee, tgl. ab 7.30 Uhr. Kleines Restaurant mit Gerichten aus verschiedenen Ländern (u. a. Thai, Italienisch, Mexikanisch) für wenig Geld und daher extrem beliebt. Hier ist einfach alles köstlich, insbesondere auch die Salate. Fürs europäische Frühstück, u. a. mit diversen Brotsorten, gibt es keine bessere Adresse. Hauptgerichte ab etwa 60 Bt.

Nightmarket 14: Thanon Khong Ka, bei der Flusspromenade, tgl. ab etwa 18 Uhr. Authentische Thai-Gerichte, vor allem Currys und Seafood in vielen Variationen, an Dutzenden Essensständen. Viel Atmosphäre und qualitativ gutes Essen zu denkbar günstigen Preisen. Tee wird kostenlos zum Essen serviert. Hauptgerichte ab ca. 20–30 Bt.

Original Thai-Küche

Das rund 2 km außerhalb des Zentrums gelegene **Reuan Mai** 12 ist mit Abstand die beste Empfehlung für authentische Thai-Küche in der gesamten Provinz Krabi. Man sitzt stilvoll und romantisch zugleich im Schatten eines Bambushains oder in kleinen Pavillons, umsorgt von einem professionellen Service, und genießt traditionelle Gerichte des thailändischen Südens. Die ausgeklügelten Gewürzmischungen sind ein kulinarischer Höhepunkt (Krabi Town, Thanon Maharat, tgl. ab 12 Uhr, Hauptgericht ab ca. 60 Bt, Anfahrt mit Motorrad-Taxi 20 Bt).

Das gesamte Stadtzentrum bildet eine große Shoppingmeile. Schwerpunkt sind die **Thanon Phattana, Thanon Prachacheun** und **Thanon Maharat,** an der auch ein Kaufhaus liegt.

Nature Shop: Thanon Maharat/Ecke Soi 7 (am ausgeschilderten Weg zum Maharaj Market), Mo–Sa ab 10 Uhr. ›Die‹ Adresse für thailändische Naturmedizin und -kosmetik.

Nahezu alle Unterkünfte und Reisebüros bieten Ausflüge zu Wasser und zu Lande sowie ein vielseitiges Outdoor-Programm an.

Kajak: Zahlreiche Veranstalter bieten organisierte Touren, u. a. Sea Kayak Krabi, 075 63 02 70, Fax 075 63 01 16, www.krabidir.com/seakayakrabi. Tagesexkursion nach Ko Hong 1500 Bt und Ban Bor Thor 1400 Bt, Halbtagestrip nach Ao Thalane 800 Bt, Mangroventour.

Tauchen: Mehr als 32 Divespots und zahreiche Tauchschulen gibt es in der Provinz Krabi. Beste Referenzen hat u. a.

Ao Nang Divers, c/o Krabi Seaview Resort, 143 Moo, Tel. 075 63 72 42, Fax 075 63 72 46, www.aonang-divers.com. Alle gängigen Kurse bis zum Master, viertägiger PADI Open Water 14 500 Bt, Tauchfahrten ab 2500 Bt alles inkl.

Flugzeug: Krabi International Airport, ca. 17 km außerhalb der Stadt am Highway gen Süden. Information Tel. 076 63 65 41. U. a. von/nach Bangkok mit Thai Air 4 x tgl. (ca. 3800 Bt), Asia Air 2 x tgl. (ab 1000 Bt) Nok Air 2 x tgl. (ab 1000 Bt); von/nach Singapur mit Tiger Air (ab 500 Bt). Taxifahrt in die Stadt ca. 350 Bt.

Boot: Krabi Passenger Port, Thanon Tharua. Sept.–Mai 2 x tgl. Schnellboot nach Ko Lanta via Ko Jum (2 Std., 350 Bt), ganzjährig 2–3 x tgl. nach Ko Phi Phi (1,5 Std., 350 Bt). Songthaew ins Stadtzentrum 30 Bt. Weitere Verbindungen vom Ao Thalane Pier in Ao Nang (s. u.).

Bus: Busbahnhof ca. 4 km außerhalb der Stadt am Highway-4 in Talad Kao. Information Tel. 075 61 18 04. Verbindungen

In Krabi spielt der Fischfang noch eine wichtige Rolle

in verschiedenen Komfortklassen mit Bangkok (Nachtbusse Abfahrt ab 17 Uhr, ca. 12 Std.) und allen Städten in Südthailand. Private VIP-Busse von/nach Bangkok (vorzugsweise mit Lignite Tours, Tel. 075 61 28 47, 580–920 Bt). Außerdem nach Kuala Lumpur/Malaysia (ab 850 Bt) und Singapur (um 1000 Bt). Songthaew ins Stadtzentrum 10 Bt.

Tickets: Buchung in den örtlichen Reisebüros, auch Kombitickets für Ko Samui und Ko Phangan (ca. 450 Bt).

Minibus: U. a. Phuket International Airport (280 Bt), Phuket Town (350 Bt), Khao Sok Nationalpark (250 Bt), Ko Lanta (180 Bt), Hat Yai (250 Bt), Satun (350 Bt) und Penang/Malaysia (550 Bt). Tickets in den örtlichen Reisebüros.

Taxi: Nach Ko Lanta, Khao Lak, Khao Sok, Surat Thani oder zum Phuket Airport jeweils ca. 2000 Bt.

Mietfahrzeug: Buchung in allen Reisebüros und den meisten Unterkünften. Suzuki-Jeeps ab etwa 1200–1500 Bt/Tag, Motorräder ab ca. 150 Bt/Tag.

Innerstädtisch

Longtail-Boote: Ab dem Chao Fa Pier am Fluss per Taxiboot zur Rai Leh Beach (ca. 50 Min., 80 Bt, mind. 5 Pers.).

Songthaew/Tuk-Tuk: Regelmäßige Verbindung u. a. zum Ao Nang Beach (60 Bt/Pers.). Individualbeförderung 300 Bt.

Taxi: Zum Ao Nang Beach 400 Bt.

Tourist Police: Ecke Moo 2/Thanon Klong Haeng, Ao Nang, Tel. 075 63 72 08, Hotline 11 55. Zuständig für die gesamte Provinz.

Krabi Hospital: 325 Thanon Uttrakit, Tel. 075 63 17 69 und 075 61 12 20. Nur bedingt im Notfall zu empfehlen, vorzugsweise die beiden Krankenhäuser in Phuket aufsuchen.

Krabi Immigration Office: Thanon Uttrakit, Tel. 076 61 10 97, Mo–Fr 8.30–16 Uhr; u. a. Visa-Verlängerungen.

Bootsausflüge

Reiseatlas: S. 238, A/B 1/2

Auch wenn die Zeit noch so knapp bemessen ist, einen Bootsausflug in die märchenhafte Inselwelt vor Krabi darf man sich einfach nicht entgehen lassen! Dazu mietet man entweder in Krabi Town oder an den Stränden zu festen Preisen ein Longtail-Boot bzw. im Reisebüro ein schnittiges Motorboot oder man schließt sich einer der zahlreichen All-inclusive-Touren an. Letztere führen auch in die Phang Nga Bucht, nach Phuket, Ko Lanta und Ko Phi Phi.

Renner ist in jeder Saison die Four-Island-Tours. Vom **Ao Nang Beach** aus geht es üblicherweise zuerst zur rund 10 km weit vorgelagerten Insel **Ko Poda,** wo in erster Linie ein Strand einlädt. Nächster Stopp ist **Chicken Island** mit tipptopp Schnorchelmöglichkeiten, bevor die Fahrt via **Ko Tup** und **Ko Taloo** zum **Phra Nang Beach** und retour nach Ao Nang führt. Alle Inseln stehen unter Naturschutz (organisierte Tour ca. 300–400 Bt/Pers., Longtail-Bootsmiete ca. 1800–2000 Bt für max. 8 Pers.).

Ebenso beliebt ist die Five-Island-Tour, bei der auch der weiter nördlich gelegene **Ko-Hong-Archipel** angesteuert wird. Die von Kalksteinklippen gesäumten Inselstrände sind von paradiesischem Gepräge. Ein Highlight stellt die Fahrt durch einen schmalen Kanal in eine Kraterlagune dar, die auf Thailändisch *hong* (Zimmer) genannt wird (organisiert ca. 500 Bt/Pers, Bootsmiete ca. 2000–2500 Bt).

Eine weitere Tagetour hat das recht weit draußen vor der Küste gelegene

Bamboo Island zum Ziel, das auf organisierten Fahrten zusammen mit Ko Phi Phi besucht wird. Die zum Ko Phi Phi Marine National Park gehörende Insel blickt über schneeweiße Strände auf Ko Phi Phi. Die vorgelagerten Korallenriffs mit idealen Schnorchelbedingungen zählen zu den intaktesten und somit besten weit und breit. Mit ein wenig Glück sieht man den ungefährlichen Leopardenhai, der hier tagsüber vorzugsweise auf dem Meeresboden liegt und schlummert (Bootsmiete 3000 Bt).

Die **Mangrovensümpfe** sollte man besser per Kajak als im Longtail-Boot erkunden. Dann stört kein Motorenge-räusch die Stille und schreckt Affen, Otter und Vögel auf. Vom Kajak bieten sich fantastische Ausblicke in schroffe Canyons und malerische Lagunen (ca. 1500 Bt/Pers. inkl. Transport, Lunch, Drinks etc.).

Krabis Strände

Ao Nang

Reiseatlas: S. 238, A/B1
Als das touristische Zentrum von Festland-Krabi gilt der **Ao Nang Beach,** wo der Tsunami im Dezember 2004 vergleichsweise wenig Schaden anrichte-

te. Der 17 km von Krabi Town entfernte Küstenabschnitt hat sich mit einer Strandpromenade samt schicker Restaurant- und Boutiquen-Zeile für den Pauschaltourismus – insbesondere aus Skandinavien, England und Deutschland – fein herausgeputzt. Der Strand aus recht grobkörnigem Sand, knapp 1,5 km lang und steil abfallend, ist weniger attraktiv. Reizvoll hingegen sind das Hinterland mit dschungelbewachsenen Kalksteinbergen und das bis zum Horizont reichende Panorama mit unzähligen Felseninseln.

Unmittelbar nördlich steigt aus hellblau leuchtendem Meer der sanft geschwungene Bogen des schneeweißen

Nopparat Thara Beach auf. Als Teil des **Nopparat Thara Ko Phi Phi Marine National Park** blieb er bislang von großflächiger Bebauung verschont. Die Straße liegt hinter Kasuarinen verborgen. Erklärte Strandläufer finden hier alles zum Besten, Schwimmer hingegen kommen nur bei Flut auf ihre Kosten, da das Wasser flach ist.

Im Norden, unweit des **Hauptquartiers des Nationalparks,** endet der etwa 2,5 km lange Küstenabschnitt an einem schmalen Kanal. Dank zahlreicher Essensstände ist die Stelle bei Thais als Picknickspot beliebt. Longtail-Boote setzen zum anderen Ufer des Klong Son über (10 Bt/Pers.), wo

Sehenswürdigkeiten
1 Maharaj Market

Übernachten
2 Maritime Park & Spa Resort
3 Krabi City Seaview Hotel
4 Greenery Hotel
5 K. R. Mansion Hotel
6 Peace Laguna Resort
7 Sand Sea Resort
8 Andaman Sunset Resort
9 Tonsai Bay Resort
10 J. Mansion

Essen und Trinken
11 Viva
12 Reuan Mai
13 May & Mark
14 Nightmarket
15 Gift's Café
16 Wanna's Place
17 Salathai

167

Kaffee und Gebäck

Der Tourismuspionier Gift Rugmak und seine Frau Khun Jam, deren Kochkünste in zahlreichen Zeitschriften und Fernseh-Reportagen gewürdigt wurden, haben etwas außerhalb von Ao Nang ein kleines Café eröffnet. Zum Frühstück oder für den Nachmittagskuchen ist es ein beliebter Treff, denn hier gibt es die mit Abstand besten Backwaren der gesamten Provinz, u. a. auch Sauerteig- und Schwarzbrot. In Gift's Kochkursen, die in einem Garten veranstaltet werden, lernen die Schüler wesentlich mehr als nur die besten Tricks der Thai-Küche kennen. **Gift's Café** 15, Bakery & Cooking School, 76 Moo 6, Tel. 075 64 43 44.

mehrere Komfort-Resorts Urlauber empfangen. Je weiter man in Richtung Norden geht, desto weniger taugen die Strände wegen vorgelagerter Muschelbänke und Riffreste zum Baden, so auch der **Klong Muang Beach** und **Tup Kaek Beach**.

Südlich des Ao Nang Beach türmt sich die Küste zu einem urtümlich anmutenden Felskap von mehreren Hundert Metern Höhe auf. Jenseits des Kaps erstreckt sich der von Steilklippen eingefasste feinsandige **Pai Plong Beach**, der seit kurzem allerdings im Besitz des Central Krabi Bay Resort ist und daher nicht mehr frei zugänglich. Diese Exklusivität lassen sich die Gäste ab 200 US$ pro Nacht kosten.

Rai Leh und Phra Nang Beach

Reiseatlas: S. 238, A/B1
Zwar ist die Landzunge und Bucht ca. 5 km südlich von Ao Nang nur mit dem Longtail-Boot zu erreichen, dennoch ist die Infrastruktur gut ausgebaut. Die Fahrt von Krabi Town oder Ao Nang stellt ein einmaliges Erlebnis dar. Aus blaugrünem Meer ragen mit sattem Grün bewachsene Felsen in vielfältigen Formen, die von Höhlenlabyrinthen durchbohrt und von Vögeln und Fledermäusen belebt werden (s. Titelbild).

Überwältigend ist die Ankunft in der seichten Bucht am etwa 700 m langen **Rai Leh West Beach.** Jenseits der makellosen Sandfläche reichen lichte Palmenhaine bis an den Fuß eines wild zerklüfteten Gebirgsrückens heran. Im Schatten der Bäume liegen mehrere geschmackvolle Mittelklasse-Resorts. Baden und Schnorcheln sind top und die Sonnenuntergänge legendär. Die Felswände stehen im Ruf, bestes Kletterrevier von Südostasien zu sein. Ruhe sucht man allerdings vergeblich, denn die Idylle ist Ziel zahlreicher Beachlover und Partypeople und der Motorenlärm, der permanent pendelnden Boote, stört empfindlich.

Eine Alternative für Erholungssuchende ist der nördlich angrenzende, mehrere Hundert Meter lange **Ton Sai Beach.** Er wird nur durch ein Felskap vom Hauptstrand getrennt. Bei Ebbe kann man es umwaten, bei Flut muss man ein Boot nehmen oder mit Hilfe eines dort befestigten Seils herumklettern. Felskletterer finden hier weitere Herausforderungen.

Krabis Strände

Südlich vom Hauptstrand, minutenschnell zu Fuß oder ebenfalls per Boot ab Ao Nang und Krabi erreichbar, finden Adel und Geldadel dieser Welt allen erdenklichen Luxus. Denn direkt hinter dem zwar kleinen, aber, wie der Prospekt sagt, legendär schönen **Phra Nang Beach,** versteckt sich im Palmengrün eines der edelsten Resorts von Südostasien. Am Strand befindet sich in einer Felshöhle ein mit Opfergaben und vor allem Phallussymbolen geschmücktes Heiligtum einer Fruchtbarkeitsgöttin, der sowohl Buddhisten als auch Muslime huldigen.

Einige Hundert Meter weiter östlich grenzt der **Rai Leh East Beach** an, der gen Sonnenaufgang schaut, eine dramatisch schöne Felskulisse sowie gute Unterkünfte bietet, aber nicht zum Baden tauglich ist. Ein lohnenswerter Abstecher führt vom Strand in die beleuchtete und durch Wege erschlossene Diamond Cave (Tham Phra Nang Nai) mit beeindruckenden Tropfsteinformationen. Über einen Dschungelpfad geht es hoch hinauf zu einem Aussichtspunkt auf dem Bergrücken über dem Phra Nang Strand, in dessen Zentrum ein mit dem Meer verbundener Felskessel klafft, zu dem man hinabsteigen kann.

Internet: www.aonang.de, www.railay.com.

Hunderte von Guesthouses, Hotels, Bungalowanlagen und Resorts in allen Preisstufen finden sich insbesondere in Ao Nang, und jährlich werden es mehr. Die Preise sind entsprechend der Nachfrage während der Saison (Dez./Jan.) relativ hoch; im Nov. sowie Febr.–April ist es gut 30 % billiger, in der Nebensaison meist nicht einmal halb so teuer. Während Unterkünfte der Spitzen- und Mittelklasse reichlich vertreten sind, schrumpfen die Angebote in der Budgetklasse.

Peace Laguna Resort 6 : Ao Nang Beach, 193 Moo 2, Tel. 075 63 73 44, Fax 075 63 73 47, www.peacelagunaresort. com. Unlängst komplett restauriertes Resort auf über 3 ha Fläche mit 83 Zimmern und Cottages rings um einen kleinen See. In der exquisiten Gartenanlage laden drei Pools ein, zum Strand sind es nur ein paar Meter. Die Unterkünfte sind farbenfroh und stilvoll zugleich möbliert und bieten gehobenen Standard. DZ 3100–3900 Bt, Cottages 4900–7900 Bt.

Kletterspaß

Ao Nang und insbesondere Rai Leh gelten bei Klettersportlern als die besten Spots von ganz Südostasien. Nicht weniger als 600 präparierte Felsrouten vom Grad F4 (leicht) bis F8c gilt es zu begehen. Die Angebote der zahlreichen Kletterschulen ähneln sich: Ein halbtägiger Schnupperkurs kostet ca. 800 Bt, der Tageskurs 1500 Bt und der 3-Tageskurs 5000 Bt. Für einen Privatlehrer oder privaten Kletterführer zahlt man alles inklusive 3000 Bt pro Tag bzw. 8000 Bt für drei Tage. Eine der bekanntesten und versiertesten Kletterschulen der Region ist King Climbers, Tel. 075 62 58 81, www.railay.com. Weitere Informationen gibt die Website www.simonfoley.com/climbing.

Stelzensiedlung am Klong Son
nördlich von Ao Nang

Sand Sea Resort 7: Rai Lee Beach, Tel.
075 62 25 74, Fax 075 62 26 08, www.
krabisandsea.com. Beidseits eines üppigen Gartens mit schönem Pool reihen
sich gepflegte, mit viel Geschmack ausgestattete Bungalows. Guter Mittelklas-
sekomfort für wenig Geld direkt hinter
dem Strand. Bungalows 1350–1950 Bt
(Fan), 2100–3550 Bt (AC), inkl. Frühstück.
Andaman Sunset Resort 8: Ao Nang
Beach, 31 Moo 2, Tel. 075 63 74 84, Fax
075 63 73 22, www.wannasplace.com.
Hotel/Resort unter Schweizer Leitung hinter der Strandpromenade, mit kleiner Gartenanlage und Pool. Alles tipptopp gepflegt, Mit AC, Bad/WC, Kühlschrank, TV,
Telefon und Safe. DZ 1050–1875 Bt, Bungalow 1250–1975 Bt.
Tonsai Bay Resort 9: Tonsai Beach,
Tel./Fax 075 63 72 34 und 075 62 25 84,
www.tonsaibayresort.com. Im Schatten
eines gewaltigen Kalksteinmassivs direkt
hinter dem Strand gelegenes Mittelklas-
se-Resort in einer Gartenanlage, das
2005 komplett renoviert wurde. Schade,
dass es keinen Pool gibt, denn das Meer
ist hier nur bei Flut zum Baden tauglich.
Bungalows 1040–1840 Bt bzw. 1340–
2140 Bt (freistehend), inkl. Frühstück.
J. Mansion 10: Ao Nang Beach, Moo 2,
Tel. 075 69 51 28, Fax 075 695 130,
www.yourkrabi.com/j-mansion. Dreigeschossiger Neubau, nur ca. 100 m vom
Strand entfernt, mit auffallend sauberen
Zimmern (alle mit AC, Bad/WC, TV, Kühlschrank). ›Der‹ Treff der (meist jungen)
Budgetreisenden aus aller Welt. DZ
650–1700 Bt (je Saison).

🍴 Zu jeder Bungalowanlage/Hotel gehört ein Restaurant. Die der o. g.
Unterkünfte können durchweg empfohlen
werden. Auf der Speisekarte stehen Thai-
Gerichte sowie Spezialitäten aus aller
Welt. In den Budget-Unterkünften kostet
das preiswerteste Menü ca 60 Bt, in den
Resorts etwa 100–120 Bt.
Wanna's Place 16: Im Andaman Sunset
Resort (s. o.). Eines der beliebtesten Restaurants. Unbedingt zu empfehlen! Man
sitzt gemütlich mit Blick aufs Meer und
kostet thailändische Spezialitäten oder
bodenständige Schweizer Küche. Fisch
und Meeresfrüchte sind stets frisch. Thai-
Gerichte ab 45 Bt, Schweizer Küche um
200–250 Bt, Seafood ab 110 Bt.
Salathai 17: 132 Moo 2, Ao Nang, tgl. ab 9
Uhr. Direkt über dem Strand bietet das

Restaurant das mit Abstand schönste Panorama. Gerade zum Sonnenuntergang kann es ziemlich schwierig sein, draußen einen Platz zu ergattern. Die umfangreiche Speisekarte offeriert Gerichte diverser Küchen. Spezialität sind auch hier natürlich Meerestiere. Hauptgerichte ab etwa 70 Bt.

🍴 Der **Tonsai** sowie **Rai Leh Beach** werden vorzugsweise von eher jüngeren Reisenden besucht und entsprechend viel los ist dort allabendlich während der Saison. Beliebte Adressen sind die Bars Viewpoint, Coco's und Ya Ya's

am Rei Leh East Beach. Berühmt sind die All-Night Beach Parties zu jedem Voll- und Neumond am Tonsai-Strand. Am **Ao Nang Beach** spielt sich das Nachtleben in Pubs und Bars ab, die die Strandpromenade und Hauptstraße säumen. Angesagte Treffs sind u. a. die Luna Bar, der Irish Rover sowie die Full Moon Bar, wo die Preise durchschnittlich bei 70–80 Bt für ein kleines Bier und 120 Bt für einen Cocktail/Long Drink liegen.

👥 **Greenspirit:** Silvester. Zum Jahreswechsel 2005/2006 war Ao Nang erstmalig Austragungsort der größten

DER REGENWALD – EIN TROPISCHES URBILD IN BEDRÄNGNIS

Während die Eiszeiten auf der nördlichen Erdhalbkugel weitreichende Veränderungen der Vegetation hervorriefen, blieb die äquatornahe Malaiische Halbinsel, auf der Südthailand liegt, über einen Zeitraum von rund 130 Millionen Jahren von Klimawechseln unberührt. So konnte sich die Natur seit dem frühen Tertiär ungestört entwickeln. Diese Stabilität hat in Verbindung mit einer über das ganze Jahr verteilten Regenmenge von mindestens 1500–2000 mm, einer relativen Luftfeuchtigkeit von 75–80 % und nur geringfügig schwankenden Temperaturen von über 24 °C die Formation des tropischen Regenwaldes hervorgebracht. Außer in Südostasien findet er sich auch in Süd- und Mittelamerika, in Afrika sowie im Norden von Australien. Der Regenwald weist mit Abstand die höchste Artendichte – sowohl hinsichtlich der Fauna als auch der Flora – aller Vegetationsformen der Erde auf. Rund 5 Mio. der insgesamt etwa 10 Mio. bekannten Gattungen des Pflanzenreiches wachsen hier, darunter über 3500 verschiedene Baumarten, von denen manche wiederum bis zu 1700 Insekten als Lebensraum dienen.

Charakteristisches Kennzeichen des Regenwaldes ist sein stockwerkartiger Aufbau aus sechs Etagen. Vom Boden geht es über die Kraut- und Strauchschicht zu den Kronen der niedrigen Bäume und weiter hinauf zum dichten Hauptkronendach in 40 m Höhe, das von vereinzelten, bis 60 m hohen Baumgiganten überragt wird. Zwischen den Etagen siedeln parasitäre Schmarotzerpflanzen und Epiphyten, die zwar ebenfalls auf anderen Pflanzen wachsen, aber ihre eigene Nahrung produzieren. Insbesondere letztere, zu denen über 20 000 Orchideenarten zählen sowie Lianen, Farne und Rhododendren, tragen enorm zum vielfältigen Erscheinungsbild des Regenwaldes bei. Ins Auge fallen natürlich auch die Riesenbäume, die zu über 50 % als Hartholzgewächse zur Familie der Flügelfruchtgewächse (Dipterocarpaceae) gehören, nicht selten Stämme von mehr als 3 m Durchmesser haben und sich erst ab etwa 30 m über dem Boden verzweigen. Ihr auffälligstes Merkmal sind ihre am Boden tellerförmig extrem weit auslaufenden Wurzeln. Die Bäume schlagen keine tiefen Wurzeln, da die Erde aufgrund der Witterungsverhältnisse ausgelaugt ist und keine Nährstoffe liefert. Der Regenwald, der ein in sich geschlossenes Ökosystem bildet, nutzt nahezu ausschließlich seine eigene verwesende organische Substanz als Nahrungsquelle.

Die üppigste und älteste Vegetationsform der Erde und gleichzeitig ihr größtes genetisches Reservoir schrumpft täglich um etwa 340 km^2. Das entspricht einem jährlichen Verlust von etwa einem Drittel der Fläche Deutschlands. Alles in allem wurden in den letzten Jahrzehnten rund vier Fünftel des Regenwalds zerstört, in Plantagen umgewandelt, durch Straßen, Siedlungen, Industrie zersplittert. Und die Zerstörung schreitet weiter fort. Auch Thailand, wo allein zwischen 1961 und 1985 rund 45 % der Regenwälder abgeholzt wurden, macht da keinen Unterschied. Laut Prognose der Europäischen Weltraumagentur Esa, die u. a. die globale Veränderung des Waldes und der Erdoberfläche untersucht, wird in etwa 20 Jahren der Regenwald von unserem Planeten verschwunden bzw. nur noch als Relikt in Nationalparks vorhanden sein.

Eine Ursache für die Dezimierung der Regenwälder liegt sicherlich in der Bevölkerungsexplosion, die die Erschließung neuer landwirtschaftlicher Anbauflächen erfordert. Lebten im Bereich des heutigen Staates Thailand noch vor 40 Jahren etwa 20 Mio. Menschen, sind es heute mehr als dreimal so viele. Aber vor allem sind die holzverarbeitenden Industrienationen für diesen gigantischen Ökozid verantwortlich. Für uns stellt der Organismus Regenwald lediglich ein Rohstoff unter vielen dar, den es kostengünstig und gewinnbringend auszubeuten gilt. Doch sind erst die Regenwälder verschwunden, beschleunigt sich die Erwärmung der Erdatmosphäre in noch viel schnellerem Maße als bisher. Die Folge, von der wir schon jetzt einen Vorgeschmack zu spüren bekommen, wird eine Klimakatastrophe von nicht abzuschätzendem Ausmaß sein. »Nur eine atomare Katastrophe könnte die globalen Auswirkungen des Abholzens der tropischen Wälder übertreffen«, urteilte die UNO-Entwicklungshilfe-Organisation UNDP schon vor fast zwei Jahrzehnten. Weitere Informationen zum Regenwald finden sich u. a. auf den Websites www.greenpeace.org, www.umsu.de, www.regenwald.org und www.pro-regenwald.de.

In der Krautschicht des Regenwaldes gedeihen Farne besonders üppig

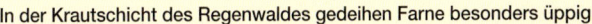

Psychedelic Trance Party in Südostasien. Ein Riesenerfolg mit tausenden Besuchern und einer Lasershow, die noch 30 km entfernt den Nachthimmel verzauberte. Auch 2006/2007 präsentierten 23 Top-DJs aus aller Welt 52 Stunden nonstop Musik. So soll es auch zukünftig bleiben. Tickets 32 € bzw. 26 € im Vorverkauf (Tel. 075 63 74 84, www.greenspiritkrabi.com).

Aktivitätsangebote in vielen Unterkünften (s. auch unter Krabi-Town). **Elefantenritte:** Sehr beliebt sind die Ausritte im Nosey Parker's Elephant Camp einige Kilometer außerhalb von Ao Nang, Tel. 075 62 11 57, www.noseyparkerselephantcamp.com, 750 Bt/Std. bzw. 1650 Bt/2 Std. inkl. Transfer.

Boot: Ab Ao Thalane Pier in Ao Nang u. a. 1–2 x tgl. nach Ko Yao Noi/Thakao Pier (1 Std., 100 Bt); Sept./Okt–Mai 1 x tgl. nach Ko Lanta (2 Std., 420 Bt), Ko Phi Phi (2,5 Std., 380 Bt), Phuket (3 Std., 550 Bt). **Innerorts:** Regelmäßige Verbindung mit Songthaew/Tuk-Tuk zwischen Ao Nang und Krabi Town. Longtail-Boote von Ao Nang und Krabi Town nach Rai Leh/Phra Nang (s. auch unter Krabi-Town).

Krabis Hinterland

Die zahlreichen Sehenswürdigkeiten auf dem Festland erkundet man individuell im Mietwagen bzw. auf dem Motorrad oder heuert in Ao Nang ein Taxi oder Tuk-Tuk an. Organisierte Touren sind in den Reisebüros und in vielen Unterkünften zu buchen. Wer viel Zeit hat, kann auch teilweise auf die öffentlichen Verkehrsmittel (vor allem Songthaew) ausweichen.

Wat Tham Sua

Reiseatlas: S. 238, B1
Unbedingt lohnenswert ist ein Besuch des 8 km nördlich von Krabi Town gelegenen Höhlen- und Waldklosters, das auch als Tiger Cave Temple bekannt ist. Es zählt zu den berühmtesten Klöstern für Meditationslehre in Thailand. Die Meditation wird nach der analytisch-nüchternen Vipassana-Methode vermittelt. Die sehenswerte Haupthalle des Klosters prunkt in der namengebenden **Tigerhöhle** (s. Abb. S. 34 f.). Auch zahlreiche Mönchszellen sind in Felsnischen eingerichtet, die in einer imponierend hohen Kalksteinwand klaffen.

Von der Tigerhöhle führt ein Pfad durch dichten Urwald, vorbei an teils monumentalen Bäumen, zum Fuß eines ca. 300 m hohen Kalksteinfelsen mit einem Fußabdruck Buddhas. Höhepunkt des Besuches ist im Sinne des Wortes der Aufstieg über die in Fels gehauene Treppe mit 1272 Stufen zum Gipfel, wo ein atemberaubendes Rundumpanorama die Anstrengung belohnt (Songthaew ab Krabi 15 Bt, Tuk-Tuk 150 Bt).

Khao Phanom Bencha National Park

Reiseatlas: S. 238, B1
Direkt östlich des Klostergebietes verläuft die Grenze zum Khao Phanom Bencha National Park, der sich als ein Regenwald-Refugium mit überaus reicher Tierwelt und dutzenden Wasserfällen präsentiert. U. a. sollen hier noch Panther, Leoparden, Tiger und Bären

leben. Vom Parkzentrum, rund 25 km von Krabi entfernt und nicht mit öffentlichen Verkehrsmitteln zu erreichen, führen verschiedene Wege durchs dichte Urwaldgrün.

Beliebtes Ziel ist der Wasserfall **Nam Tok Huay To,** der sich über insgesamt elf Fallstufen aus über 80 m Höhe in Felsbassins ergießt. Ein Pfad erschließt alle Kaskaden, doch vor allem die unteren Pools eignen sich zum Baden. Im Rahmen einer zweitägigen Trekkingtour kann der namensgebende 1397 m hohe Berg **Khao Phanom Bencha** bestiegen werden (s. Tipp S. 175; Tuk-Tuk ab Krabi zum Parkzentrum ca. 300–500 Bt.

Than Boke Khorani National Park

Reiseatlas: S. 238, B1
Knapp 50 km nördlich von Krabi Town befindet sich bei der Kleinstadt Ao Luk das Hauptquartier des ca. 100 km^2 großen Schutzgebietes, das u. a. auch 23 Inseln umfasst. Es ist vor allem wegen seiner ausgedehnten Höhlensysteme bekannt. Der namengebende See **Than Boke Khorani** wirkt mit Grotten, kleinen Wasserfällen, Teichen und wild verwitterten Kalksteinmassiven wie ein Fantasieland.

Spazierwege führen vom Parkzentrum durch das schattenreiche Terrain. Badezeug nicht vergessen, denn u. a. kann man von einem idyllischen Pool aus in eine Tropfsteinhöhle hinein schwimmen. Vor dem Park laden Essensstände zu einem kulinarischen Abstecher ein (Songthaew ab Krabi zum Parkzentrum ca. 30 Bt).

Traumhaft wohnen

In einem von märchenhaft geformten Kalksteinmassiven und sattgrünen Hängen umgebenen Tal, am Fuße des 1397 m hohen Khao Phanom Bencha, lädt ein ausgefallenes Resort zum Aufenthalt im Dschungel ein. Es liegt in einer liebevoll gepflegten und mit über 1500 Obstbäumen und exotischen Pflanzen paradiesisch anmutenden Gartenanlage. Ein Urwaldfluss speist anmutige Lotosteiche, eine künstliche Wasserkaskade ergießt sich über das Dach des luftigen Restaurants. Vom Naturpool aus genießt man Fernblicke über Palmenwipfel bis hin zum Meer. Auch die schicken Holzbungalows, alle mit Bad/WC, Fan und großer Veranda, fügen sich perfekt ins malerische Bild. Für Naturliebhaber stehen komfortable Zelte in Panoramalage bereit. Aktivurlauber können an einstündigen ökologischen Wanderungen (150 Bt) und mehrstündigen Dschungeltrecks (350–700 Bt) durch den Nationalpark teilnehmen, die teils von Rangern geführt werden. Durchtrainierten wird sogar die Besteigung des Khao Phanom Bencha ermöglicht (3000 Bt). **Phanom Bencha Mountain Resort,** Tel. 075 66 05 01 und 08 19 58 07 42, Fax 075 66 05 02, www.phanombenchamountainresort.com, Bungalow 500–700 Bt (2 Pers.), 1000–1200 Bt (4 Pers.), Zelt 250 Bt.

DIE INSELWELT VOR KRABI

Die Inselwelt vor Krabi gilt mit palmengesäumten Sandstränden, verführerisch schimmerndem Meer und bunt belebten Korallenriffen als Inbegriff eines exotischen Tropenparadieses. Ob man nostalgische Palmwedel-Refugien sucht oder ruhige Urlaubsinseln mit Komfort, berühmte Filmstrände oder Robinson-Eilande ohne Fußspuren – im Archipel des Glücks wird jeder Traum erfüllt.

Phang Nga Marine National Park

Reiseatlas: S. 238, A1

Die weltberühmte Bucht von Phang Nga, in zahllosen Zeitungs- und Fernsehportagen gewürdigt und seit 1981 als Nationalpark ausgewiesen, gilt als Inbegriff einer tropischen Meereslandschaft. Sie spannt sich als ein über 400 km² großer Kessel zwischen Phuket und der Festlandküste. Blaue und regengrüne Berge mit Wolken umhangene Gipfel, die bis über 600 m emporragen, bilden ihren Saum. Aus dem flachen, grünblau schimmernden Meer ragen Dutzende Kalksteinfelsen auf, die sich als von der Erosion zerfressene und mit Stalaktiten behangene bizarre Skulpturen zeigen. Mal bilden sie mächtige Inseln, mal der Schwerkraft spottende Monolithen, mal kleine Hügel, mal Türme von 300 m Höhe und mehr, die sich in allen Grün- und Grauschattierungen gegen den Vorhang des Himmels abheben. Jede Insel hat ihren

eigenen Charakter, aber ihn mit Worten wirklich zu zeichnen ist unmöglich, denn als Bild und Ereignis zugleich entzieht er sich jedem verbalen Fassen. Man kann sie nur erleben, diese steinernen Denkmäler früherer Erdzeitalter, und muss sich darum mit dem Boot durch die Landschaft bewegen. Mit Abstand am eindrucksvollsten ist eine Tour im Seekajak, für die mindestens zwei Tage, besser jedoch drei bis sechs Tage einzuplanen sind.

In Phuket, Khao Lak oder Krabi kann man sich einer organisierten Bootsfahrt durch den Nationalpark anschließen oder individuell mit einem gecharterten Boot aufbrechen. Die Ausflugsprogramme ähneln einander: Von **Ban Tha Dan** aus, rund 9 km nördlich von Phang Nga Town, verläuft die Fahrt zunächst durch ausgedehnte Mangrovensümpfe, aus deren Dickicht das Kreischen und Fiepen von Vögeln und Insekten dringt. Nach dem Verlassen dieser grünen Hölle passiert man zahlreiche bizarr geformte Inseln, deren

Gestalt jeweils namensgebend ist: Da gibt es die Insel des kleinen Hundes, die Eierinsel, die Kröteninsel und so fort. Durch einen natürlichen Tunnel von gewaltigen Dimensionen geht es mitten durch eine der Inseln hindurch, hinter der sich die eigentliche Bucht öffnet. Der Reisende schaut auf ein märchenhaftes Panorama.

Erstes Etappenziel ist **Ko Panyi,** ein rund 200 Familien zählendes Stelzendorf am Saum der 300 m hohen gleichnamigen Insel. Die Bewohner, allesamt Muslime, partizipieren am Tourismus: Souvenirshops prägen den Ort und an der Uferfront drängeln sich Seafood-Restaurants. Dort kehrt man üblicherweise ein, bevor es zum berühmten **James Bond Island** (Ko Phingan) weitergeht, das einst Kulisse für den Actionfilm »The Man with the Golden Gun« war. Abschließend werden der Bilderberg **Ko Khian** mit 4000 Jahre alten Felsmalereien und eine Tropfsteinhöhle besucht.

Ao Phang Nga National Park: 80 Mu 1, Ban Tha Dan, Phang Nga, Tel. 076 41 11 36, Fax 076 41 37 91, www.dnp.go.th. Im Nationalparkzentrum ist der Eintritt von 400 Bt/Pers. zu entrichten.

Kajak: Anbieter u. a. in Phuket und Krabi, z. B. Sea Canoe Thailand, Tel. 076 21 21 72, Fax 076/21 22 52, www.seacanoe.net. ca. 3500 Bt/Tag, ca.13 000 Bt/2 Tage, ca. 25 000–45 000 Bt/3 Tage, jeweils inkl. Transfer, Verpflegung und Übernachtung.
Touren: Pauschalarrangements über alle Reisebüros und viele Unterkünfte in Phuket, Krabi und Khao Lak, inkl. Transfer, Mittagessen etc. ab 1500 Bt ab Phuket

bzw. 2300–2500 Bt ab Khao Lak und Krabi. U. a. Phuket-Thailand-Tours, Tel. 076 52 85 09, Fax 076/52 85 08, www.phuket-thailand-tours.com. Außerdem ab Phuket Tagestouren mit einer Dschunke, um 3500 Bt/Pers. (Phuket Great Tours, Tel./Fax 076 28 63 40, www.phuket-excursions.com). Individualfahrt im Longtail-Boot, Standardroute ca. 500–700 Bt/Pers. (je nach Verhandlungsgeschick), zahlreiche Anbieter am Bootspier in Ban Tha Dan beim Nationalparkzentrum.

Anreise: Aus Richtung Phuket, Khao Lak oder Krabi mit dem Bus bis Phang Nga Town, dort per Songthaew zum Nationalparkzentrum und Bootspier in Ban Tha Dan (20 Bt).

Ko Yao Noi

Reiseatlas: S. 238, A1
Im Zentrum der Phang-Nga-Bucht, vis-a-vis der atemberaubenden Kulisse des Ko-Hong-Archipels (s. S. 165), präsentiert sich die ›kleine, lange Insel‹ (so die wörtliche Übersetzung) als ein einzigartiger Logenplatz der Natur. Zusammen mit ihrer Schwesterinsel Ko Yao Yai stellt das rund 50 km^2 umfassende Eiland das größte Wildnis-Refugium der gesamten Region dar.

Trotz der Nähe zu Thailands beliebtesten Urlaubszielen blieb ein ursprüngliches Gepräge bewahrt. Zu einem Großteil ist Ko Yao Noi von dichtem Regenwald bedeckt. Das Hauptdorf **Ta Khai,** eine durchaus malerische Holz-

Ziel vieler Reisender – James Bond Island in der Phang-Nga-Bucht ▷

Zu Gast bei Thais

Auf Koh Yao Noi machen große geschnitzte Holzschilder auf Privatunterkünfte bei der Inselbevölkerung aufmerksam. Insbesondere rings um Ban Ta Khai gehören zahlreiche Familien dem Koh Yao Noi Eco Tourism Club an und nehmen ausländische Besucher bei sich zu Hause auf. Die Gäste wohnen in einem adretten Zimmer oder Bungalow, nehmen zusammen mit ihrer Gastfamilie die Mahlzeiten ein, begleiten sie zur Plantagenarbeit aufs Feld oder zum Fischen aufs Meer. Auf diese Weise genießen die Gäste Einblicke in das Alltagsleben der Inselbewohner, die Touristen normalerweise verborgen bleiben. Dieses Homestay-Projekt von Ko Yao Noi, das in der traditionellen Gastfreundschaft der Bevölkerung fußt, wurde im Jahre 2002 von National Geographic Traveller and Conservation International mit dem begehrten World Legacy Award für nachhaltigen Tourismus ausgezeichnet.

Weitere Informationen und Anmeldung beim Koh Yao Noi Eco Tourism Club, Tel. 076 59 74 09 und 08 10 89 54 13, www.koh-yao-noi-eco-tourism-club.com. Die Kosten pro Tag und Person belaufen sich auf lediglich 300 Bt für Unterkunft und Essen, zuzüglich 100 Bt Beitrag für den Koh Yao Noi Environment Fund.

haus-Siedlung, hat sich seit Anfang der 1990er-Jahre, als die erste Bungalowanlage der Insel eröffnet wurde, kaum verändert. Selbst die **Strände**, die vorzugsweise die sandige Ostküste säumen, scheinen noch in tiefem Dornröschenschlaf zu liegen, obwohl über 20 Ferienanlagen um Kundschaft werben. Das Homestay-Projekt des Yao Noi Eco Tourism Club ermöglicht interessante Begegnungen mit der Inselbevölkerung (ca. 4000 Einwohner), die in der Mehrheit dem Islam angehört und größtenteils von der Fischerei lebt (s. Tipp).

Entdeckernaturen können auf der Insel spannende Exkursionen unternehmen, ob zu Fuß, mit dem Fahrrad oder Moped. Einen Besuch verdient insbesondere der **Hornbill-Viewpoint**, der etwa 3 km nördlich vom Tha Khao Pier liegt. In den Bäumen am Mangrovenrand sitzen nicht selten Dutzende der sonst so raren schwarzgelben Nashornvögel. Auf einem Tagesausflug mit dem Fahrrad folgt man dem Weg vom Aussichtspunkt weiter nordwärts. Bald wird es stark gebirgig und Dschungel breitet sich aus. Durch eine urwüchsige Landschaft geht es bis zum Paradise Ko Yao Resort im hohen Norden.

Rudimentäre Informationen bieten die **Hotel-Websites** www.koyao.com und www.koyao.net. In allen Unterkünften liegen Kopien von **Inselkarten** aus mit allen wichtigen Stränden und Highlights.

Knapp zwei Dutzend Ferienanlagen an der Ostküste. Im Sommer 2007 eröffnet das erste Fünf-Sterne-Resort (Preise ab 25 000 Bt/Nacht), wodurch wahrscheinlich eine ganz neue (Preis-)

Entwicklung eingeleitet wird. Bei Ankunft stehen am Inselpier üblicherweise Songthaews bereit, in denen man zur Unterkunft nach Wahl fahren kann, sofern man nicht reserviert hat und abgeholt wird.

Ko Yao Island Resort: Tel. 076 59 74 74, Fax 076 59 74 77,www.koyao.com. In der Mitte der Ostküste direkt am Strand gelegenes Resort mit 15 Villen aus edlen Naturmaterialien im thailändisch-balinesischen Stil. Ansprechende Einrichtung gepaart mit moderner Ausstattung (TV, Telefon, Kühlschrank, Minibar). Auf Ko Yao Noi gibt es keine bessere Adresse für einen Komfort suchen Reisenden. 4000–12 000 Bt (je Ausstattung und Saison).

Lom' Lae Beach Resort: Tel. 08 19 58 05 66 und 08 98 68 86 42, www.lomlae.com. Ganz im Südosten der Insel an einer privaten Sandbucht (gute Bademöglichkeiten), die von einem Mangrovengürtel umschlossen ist. Auf einer großen Wiese direkt am Strand stehen unter Palmen ein rundes Dutzend romantischer Bungalows aus Naturmaterialien (alle mit Fan). Gemütliches Restaurant, großes Aktivitätsangebot. 700–3500 Bt bis zu 1200–5000 Bt (je Komfortstufe und Saison).

Sabai Corner: Tel. 08 18 92 18 27 und 076 59 74 97. Die älteste Anlage der Insel, Anfang der 1990er Jahre im südlichen Drittel der Ostküste von einem Italiener gegründet, ist noch immer beste Wahl in der gehobeneren Budgetklasse. Die elf gepflegten, luftigen Bungalows in zwei Komfortstufen (alle mit Bad/WC) gruppieren sich rings um einen kleinen Felsvorsprung, der ins Meer ragt. Das schön dekorierte Restaurant verströmt gemütliche Wohnzimmeratmosphäre, das Essen und die Shakes (!) sind Spitze. 400–500 Bt bis zu 800–1000 Bt (je nach Ausstattung).

 Von den Restaurants der Bungalowanlagen abgesehen finden sich nur im Hauptdorf **Ban Ta Khai** ein paar schlichte Lokale, die auch auf Touristen eingestellt sind. In den zwei Shops/Kiosken am **Tha Khao Pier** wird von ca. 6–7.30 Uhr ein leckeres Thai-Frühstück (Sticky Rice, Pfannkuchen, Khao Yam) serviert, 20 Bt inkl. Kaffee oder Tee.

Koh Yao Noi Eco Tourism Club: Tel. 076 59 74 09 u. 08 10 89 54 13, www.koh-yao-noi-eco-tourism-club.com. Mit Abstand größtes Outdoor-Angebot der Insel, u. a. günstige Boots-, Kajak-, Angel-, Trekking-, Fahrrad- oder Birdwatchexkursionen sowie Kulturtouren.

Lom' Lae Beach Resort: Vermietung von Fahrrädern, Seekajaks und Surfbrettern, organisierte Trekking-, Boots- und Kajaktouren, Tauchschule.

Boot: Bis zu 5 x tgl. zwischen Phuket (Bang Rong Pier) und Ko Yao Noi (Surha Pier und Tha Khao Pier), AC-Boot 2 x tgl. ab Phuket (Ao Sor Pier), 1 x tgl. ab Krabi (Ao Thalane Pier) sowie Phang Nga (Custom Pier, Ban Tha Dan); jeweils ca. 1–1,5 Std., 100 Bt/Pers., 120 Bt/Motorrad. Zwischen dem Manohe Pier auf Ko Yao Noi und dem Chonglad Pier auf Ko Yao Yai verkehren Longtail-Boot-Fähren (15 Min.,20 Bt/Pers.).

Inselverkehr

Songthaew: Auf der Ringstraße, die die verschiedenen Piers, das Hauptdorf und die Strände an der Ostküste miteinander verbindet.

Mietfahrzeug: Ideale Transportmittel sind Fahrrad und Motorrad, die die Bungalowanlagen vermieten. Günstiger ist es, sie von Krabi oder Phuket mitzubringen.

Geld: Geldautomat für alle gängigen Karten im Hauptdorf Ban Ta Khai. Kein Geldwechsel.

Internet-Café: In Ban Ta Khai links neben dem 7-Eleven-Shop.

Ko Siboya

Reiseatlas: S. 238, B1

Rund 20 km südwestlich von Krabi Town, wo ein regelrechter Archipel aus Dutzenden kleinen und größeren Inseln die Krabi Bay zur offenen Andamanensee hin abgrenzt, erstreckt sich die etwa 20 km² große ›Alligatoreninsel‹, die rund 1000 Einwohner und viele Affen zählt. Straßen gibt es keine, nur Fuß- und Mopedwege ziehen sich durchs Grün der Kautschukplantagen von Dorf zu Dorf. Der rund 10 km lange, von Palmen, Kasuarinen und Urwaldbäumen gesäumte und oft mit kleinen Mangrovenhainen bestandene Weststrand eignet sich vorzüglich für stundenlange Wanderungen in vollkommener Einsamkeit. Nur zum Baden ist er – zumindest auf den ersten Blick – nicht gar so optimal, da Korallenriffe und Muschelbänke an vielen Stellen bis ans Ufer reichen, das extrem seicht ist. Wer sucht, kann aber zahlreiche reine Sandabschnitte ohne Korallen etc. finden.

Schönere Sonnenuntergänge als hier wird man selten erleben, die Atmosphäre ist nahezu weltentrückt. Will man einfach mal die Seele baumeln lassen, sucht absolute Ruhe und Entspannung fernab vom touristischer Trubel, gibt es kein Pendant zu dieser Insel.

Traveller's Friend

In den **Siboya Bungalows** wohnt man sehr urig und romantisch zugleich in luftigen Palmwedel-Hütten oder höchst komfortabel in Häusern mit ungestörter Privatsphäre, die einzeln am Strand, am Hang und im Wald stehen. Das Angebot reicht bis hin zu kleinen luxuriösen Villen. Allabendlich vor dem Essen trifft sich die internationale Community auf dem Badminton-, Volleyball- oder Takrwa-Feld zum Spiel in den Sonnenuntergang. Die Seele der liebevoll gestalteten und in ihrer Art in Thailand durchaus einzigartigen Anlage ist seit über 20 Jahren Mr. Chung, während seine Frau Keow die Gäste mit einer exzellenten Küche verwöhnt (Tel. 075 61 80 26, www.siboyabungalows.com, 200–1200 Bt je Komfort).

Einmalige Möglichkeiten zum **Joggen** und **Strandwandern** sowie Spielfelder für **Volleyball, Takraw** und **Badminton**. Während der Saison werden mehrmals wöchentlich außerordentlich günstige **Touren** im Longtail-Boot durch die Mangrovensümpfe, nach Bamboo Island, Ko Phi Phi und Ko Jum sowie bis hinauf nach Ko Hong durchgeführt.

Anreise: Vom Siboya Office an der Thanon Uttarakit in Krabi (unterhalb der Post) um 11 und 15 Uhr per Songthaew zum Fähranleger in Laem Hin (ca. 2 Std., 50 Bt), weiter mit dem Boot nach Ko Siboya (10 Min., 20 Bt). Alternativ von Krabi per Tuk-Tuk nach Laem Hin (ca. 800–1000 Bt, je Verhandlungsgeschick) oder direkt per Longtail-Boot zur Insel (ab Krabi mind. 2000 Bt). Am Inselpier auf Bestellung Abholung von den Siboya Bungalows (30 Bt) oder rund 5 km Fußweg zur Unterkunft, alternativ einen Mopedfahrer um Hilfe bitten.

In den Siboya Bungalows findet man absolute Ruhe und Entspannung fernab des touristischen Trubels

Ko Jum (Ko Pu)

Reiseatlas: S. 238, B2

Noch ein echtes Stück authentisches Thailand genießen, ein bisschen wie Robinson leben und dabei nicht auf Komfort verzichten: Diese drei Vorzüge vereint das etwa 30 km² große, auch als Ko Pu bekannte Eiland, auf der Moped- sowie Fußwege noch heute die Straßen ersetzen. Es trägt nur rund drei Dörfer mit zusammen etwa 1500 Ein-wohnern, die im Fischfang und der Kautschuk-Produktion ein Auskommen finden. Mehr und mehr aber spielt der Tourismus eine Rolle, denn die Strände entlang der ca. 12 km langen Westküste sind von berückender Schönheit, wenn auch teils zum Baden nicht gar so optimal. Je weiter im Norden sie liegen, desto mehr Muschel-bänke finden sich im seichten Ufer-wasser, aber desto urwüchsiger auch präsentiert sich das bis zu 400 m hoch ansteigende und noch mit Regenwald bewachsene Hinterland.

Nur im flachen Inselsüden kann man sich zu allen Gezeiten in die klaren Fluten stürzen. Am lang gestreckten **Andaman Beach** findet sich die größte Dichte an Bungalowanlagen. Er zieht sich als goldgelbes und gut 3 km langes, von Palmen und Kasuarinen gesäumtes Sandband bis zum Südkap, das gen Ko Lanta blickt. Am Kap bestehen leidlich gute Schnorchelmöglichkeiten.

Gen Norden geht der Andaman Beach in den teils stark mit Korallenstückchen durchsetzten **Golden Pearl Beach** über, der von allen Inselstränden vom Tsunami am stärksten getroffen wurde. Die Wellen zerstörten die meisten Bungalows, Tote gab es allerdings hier, wie auf ganz Ko Jum, glücklicherweise nicht zu beklagen. Heute

sind alle Schäden längst wieder behoben.

Am nördlich angrenzenden **Ao Si Beach** wird das Hinterland hügeliger, und einige Bungalows liegen panoramareich am Waldhang. Es folgen der kleine, noch ganz naturbelassene **Magic Beach** sowie der **Ting Rai Bay Beach,** hinter dem das Land steil ansteigt. Das Landschaftsbild ist beeindruckend.

Wer absolute Ruhe sucht, ist hier bestens aufgehoben ebenso wie am **North Beach,** hinter dem die mit Urwald bedeckte Flanke des Mount Pu ansteigt. Die Atmosphäre und auch die Preise lassen Erinnerungen an vergangene Globetrotter-Zeiten wach werden.

Internet: www.kohjumonline.com, mit viel Liebe gestaltete Website, jährliche Aktualisierung, zahlreiche Bilder.

Die Bewohner von Ko Jum leben von Fischfang und -verarbeitung

Seit Mitte der 1990er Jahre ist die Zahl der Bungalowanlagen auf 20 gestiegen. Die Preise variieren je Saison, sind über den Jahreswechsel bis mehr als doppelt so hoch. Nachfolgend werden die Saisonpreise (Ende Okt.–April/Mai) genannt.

Joy Bungalow: Andaman Beach, Tel. 075 61 81 99, www.kohjum.com/joy. 1990 gegründet, ist es die mit Abstand älteste Anlage der Insel. Auch wenn sie mit inzwischen ca. 50 Bungalows in allen Preisklassen ein wenig arg groß geworden ist, erfreut sie sich nach wie vor größter Beliebtheit. Die billigen Rattanhäuschen (teils ohne Bad) liegen ganz hinten im Palmenhain, die ebenso luxuriösen wie edlen Bungalows im klassischen Thai-Stil direkt hinter dem Strand, wo auch das Restaurant unter einem Palmwedeldach einlädt. Bungalows 300–2000 Bt.

Ting Rai Bay Resort: Ting Rai Bay Beach, Tel. 072 77 73 79, 072 63 38 81, www.tingraibay.com. Mit viel Liebe zum Detail am Wiesenhang errichtete romantische Holzbungalows. Das Restaurant bietet supergute Küche, und der Besitzer sorgt dafür, dass man sich wirklich wohl fühlt. Gutes Preis-Leistungs-Verhältnis. Ab 400 Bt.

Luboa Hut: North Beach, Tel. 08 13 88 92 41 und 08 19 59 45 76, www.toensberg.com/luboahut. Nostalgiker auf den Spuren der Palmwedelhütten-Zeit mögen in der kleinen Anlage mit viel Atmosphäre ihren Traum finden, nur sechs Bungalows. 250–350 Bt.

Die Aktivitäten erschöpfen sich in **Strand-** und **Inselwanderungen** sowie vereinzelten **Beach-Volleyball-Turnieren** zum Sonnenuntergang. Zunehmend werden **Kajaks** aus Kunststoffschalen verliehen. Sporadisch finden **Bootstouren** nach Ko Siboya, Bamboo Island sowie Ko Phi Phi statt.

Aneise: Während der Saison (Ende Okt.–April/Mai) liegt Ko Jum auf der Route des zwischen Krabi und Ko Lanta verkehrenden Schnellbootes, so dass man dann 2 x tgl. Verbindungen in jede Richtung hat (200 Bt). Das Boot stoppt einerseits vor dem North Beach, andererseits vor dem Andaman Beach, und die meisten Bungalowanlagen unterhalten einen Longtailboot-Zubringer.

Geld: Keine Geldautomaten oder Möglichkeiten zum Geldwechseln.

Ko Phi Phi

Reiseatlas: S. 238, A/B2

Dass die Wirklichkeit mitunter schöner sein kann als Postkarten, davon kann man sich mit eigenen Augen auf Ko Phi Phi (auch Ko Phee Phee) überzeugen – auch wenn der Tourismus Einzug in das Paradies gehalten hat.

Die rund 35 km^2 Fläche umfassende Doppelinsel, bestehend aus Ko Phi Phi Don (28 km^2) und Ko Phi Phi Leh (7 km^2), wurde einst zu einer der schönsten Inseln auf Erden erklärt und stand im Jahr 2000 als Drehort für den Thriller »The Beach – Der Strand«, mit Leonardo DiCaprio in der Hauptrolle, im Rampenlicht. Ein Südseetraum aus bizarren Kalksteinklippen, Dschungel und Puderzuckerstränden, als solcher touristisch vermarktet und in der Folge verschandelt.

Im Dezember 2004 verwüstete dann der gewaltige Tsunami große Teile der Insel und riss offiziellen Angaben zufolge 753 Menschen in den Tod. An den zwei berühmtesten Stränden Thailands stand kein einziges Bauwerk

Reiseatlas: S. 238

»The Beach« verhalf der Maya Bay zu Weltruhm

mehr. Nur der aufopfernden Arbeit von teilweise bis zu 1000 Helfern aus aller Welt ist es zu verdanken, dass bis Sommer 2006 die mehr als 7000 t Schutt entfernt und die meisten Schäden behoben waren. In der darauf folgenden Saison lief schon wieder *business as usual.* Schade nur, dass man beim Wiederaufbau nicht die Rücksicht auf die Umwelt genommen hat, die man hätte nehmen sollen und auch können. Wer erstmals nach Ko Phi Phi kommt, wird dennoch schlichtweg begeistert sein. Überwältigend ist der Blick aus der Vogelperspektive, der sich vom Aussichtspunkt auf Ko Phi Phi Don hoch über der Tonsai Bay und der Lo Dalam Bay eröffnet.

Ko Phi Phi Don

Phi Phi Don besteht aus zwei mit Dschungel überwucherten Kalksteinmassiven, die durch einen schmalen Isthmus aus Sand verbunden werden. Am Südufer der Landbrücke erstreckt sich die halbmondförmige **Tonsai Bay** mit dem etwa 1 km langen weitläufigen Vorzeigestrand der Insel. Nicht versäumen sollte man den am Strand ausgeschilderten 20-minütigen Aufstieg zum Aussichtspunkt auf dem westlichen Inselteil. Das nördliche Ufer in der **Lo Dalam Bay** begeistert nur bei Flut, denn bei Ebbe zeigt sich der schlickige Grund. In der Mitte zwischen den Buchten liegt Tonsai Village, das dem Tsunami nahezu vollständig zum Opfer fiel. Zur Saison 2006/2007 herrschte hier rege Bautätigkeit. Wenn auch mehr Wert auf Qualität denn Quantität gelegt wurde, war doch schon alles wieder beim Alten, also nahtlos bebaut jedes Fleckchen Erde mit Resorts und Shopping Malls.

Der Küstenabschnitt südöstlich des Inseldorfes, der **Hin Khom Beach,** wird aus Felsen und vereinzelten winzigen Sandbuchten gebildet. Vorzug des etwa 1 km langen und sehr

engen Strandes ist die Aussicht auf die Tonsai-Bucht. Weiter gen Süden schließt sich jenseits einer Felsnase der **Yao Beach**, der lange Strand, an. Er ist recht schmal, teilweise mit Steinen und scharfen Korallen durchsetzt und fällt verhältnismäßig steil ins Meer ab. Dank eines vorgelagerten Korallenriffs – insbesondere im Bereich des Südkaps – weist er sehr gute Schnorchelmöglichkeiten auf.

Die Strände an der lang gestreckten Ostseite der Insel führten bislang mehr oder weniger ein Schattendasein und zogen nur wenige Bungalowanlagen an. Im Norden erstreckt sich der **Poh Beach,** gefolgt vom langen, sandigen **Laem Thong Beach**. Im Zentrum lädt der schöne **Pak Nam Beach** ein, der benachbarte **Rantee Beach** im Süden wurde lange Zeit als Geheimtipp gehandelt.

Ko Phi Phi Leh

Die Schönheit von Phi Phi Don wird von der rund 5 km südlich gelegenen und gänzlich unbebauten Schwesterinsel, die unter Naturschutz steht, noch übertroffen. Spektakuläre Felsformationen, Puderzuckerstrände und Lagunen bildeten die perfekte Kulisse für ›The Beach‹. Die grenzenlose Kreativität der Natur versetzt jeden Besucher in Staunen. Auch die Unterwasserwelt der Insel erfüllt alle Superlative. Einen Schatten auf das Paradies wirft nur der Touristenandrang. Täglich werden im Rahmen organisierter Touren weit über 1000 Besucher nach Phi Phi Don gebracht.

Üblicherweise fahren die Ausflugsschiffe zu der durch den Film berühmt gewordenen **Maya Bay,** fraglos eine der schönsten Lagunen Thailands. Sie sowie die gegenüber liegende **Pilay Bay** sind ideal zum Schnorcheln.

Angesteuert wird ebenfalls die **Viking Cave,** deren berühmte Felszeichnungen jedoch chinesische Dschunken und portugiesische Galeeren zeigen und keine Wikinger-Schiffe, wie man früher glaubte. Die Höhle hat gigantische Ausmaße und ist ungemein reich an Tropfsteinformationen und großen Kalksteinplateaus. Außerdem nisten in ihr Hunderttausende Salanganen, deren Nester von chinesischen Feinschmeckern äußerst begehrt sind.

Krabi Tourist Association: 289/22 Thanon Uttrakit, Krabi 81000, Tel. 075 62 39 44 und 075 62 39 55, www.krabi-tourism.com, tgl. 8.30–16.30 Uhr. **Internet**: www.hiphiphi.com. www.phi-phi.com, www.koh-phi-phi.com.

Zur Saison 2006/2007 waren bereits wieder mehrere Dutzend Resorts und Bungalowanlagen geöffnet, und viele weitere werden in naher Zukunft hinzukommen. Über den Jahreswechsel kam es zu den gleichen Engpässen wie vor dem Tsunami, als es ohne rechtzeitige Reservierung nahezu schier unmöglich war, ein vakantes Zimmer zu bekommen. **Phi Phi Natural Resort:** Laem Thong Beach, Tel. 075 61 30 10, Fax 075 61 30 00, www.phiphinatural.com. Über 70 Bungalows und Zimmer der gehobenen Mittelklasse (alle mit AC) und überaus gemütlich eingerichtet am Nordrand des Strandes in einer gepflegten Gartenanlage. Ruhiger wohnt man in keiner anderen Inselherberge. Auch ein herrlicher Pool ist vorhanden. Von Phuket verkehrt 2 x tgl. ein Dirketboot zum Resort. Von Krabi kommend, steigt man am Inselpier ins Longtail-Boot um. DZ 250–2650 Bt, Bungalows 2700–7150 Bt.

Phi Phi View Point Resort: Lo Dalam Beach, Tel. 075 62 23 51, www.phiphiviewpoint.com. Dank der Hanglage am Ende der Lo Dalam Bay blieb das große Drei-Sterne-Resort durch den Tsunami nahezu unzerstört. Bungalows direkt am Strand (AC) und in panoramareicher Hügellage (Fan), mit Swimmingpool. 1600–2000 Bt (Fan, Hügellage), 3000–5100 Bt (AC, Beachfront).

Relax Beach Resort: Pak Nam Beach, Tel. 08 10 83 01 94. Die ebenso gemütlichen wie romantischen Bambus-Bungalows (mit Bad/WC, Veranda, Moskitonetz) sind Überbleibsel aus vergangenen Tagen. Vergleichsweise teure Häuschen direkt am Strand, aber in unvergleichlicher Lage; preiswertere Hütten in zweiter Reihe. Anreise per Longtail-Boot ab dem Inselpier oder zu Fuß ab Tonsai via Aussichtspunkt (rund 1 Std., gut 250 m Aufstieg). Hütten 1200 Bt, Strandhäuser 1500 Bt.

EINE UNGEWÖHNLICHE DELIKATESSE – VOGELNESTER

In Kreisen chinesischer Feinschmecker war die Viking Cave auf Phi Phi Leh schon vor etwa 1000 Jahren bekannt, denn hier nisten Hunderttausende von Salanganen. Die Nester dieser zur Familie der Segler gehörenden Vögel gelten den Chinesen seit alters her als potenzfördernde und lebensverlängernde Delikatesse. Da in China jedoch nahezu keine Salanganen-Kolonien vorkommen, muss der Luxusartikel aus Thailand, Indonesien und Indien importiert werden.

Zur Brutzeit sondern die Vögel große Mengen eines eiweißreichen, zähen Speichels ab, der an der Luft erhärtet und den sie zusammen mit Pflanzenresten und gelegentlich einigen Federn zu Nestern verbauen. Jährlich werden etwa 200 kg der äußerst seltenen und daher extrem teuren Spezialität in der Viking Cave geerntet. Während der dreimonatigen Sammelzeit, der jeweils eine Ruhephase von ebenfalls drei Monaten folgt, arbeiten die Sammler unter Lebensgefahr auf wackeligen Bambusstangen und -leitern in schwindelerregender Höhe.

Vor dem Verzehr werden die gelatinösen Nester, in Deutsch fälschlich als Schwalbennester bezeichnet, eingeweicht und gründlich gereinigt. Dann lässt man sie in Brühe garen, wobei sie sich auflösen und die Suppe leicht binden. Besonders begehrt sind die weißen Nester, die nur aus Speichel bestehen und weniger Reinigung erfordern.

Andaman Beach Resort: Hin Khom Beach, Tel. 075 60 10 77 Fax 075 60 10 78, www.andamanbeachresort.com. Die über 60 Bungalows stehen zwar zum Teil recht eng beisammen, doch das Preis-Leistungs-Verhältnis stimmt. Schöner Swimmingpool und Restaurant mit Meerblick vorhanden. 850–1450 Bt (Fan), 1650–5150 Bt (AC).

Ein rundes Dutzend Lokale hatte zur Saison 2006/2007 geöffnet. Angesagt sind u. a. am Ostrand der Tonsai Bay die **Apache Bar** und **Carlito's**. Die **Reggae Bar** vereint fünf Openair-Bars unter einem ›Dach‹. Zum Tanzen geht man ab etwa 22 Uhr in die **Tiger Bar** oder auch in die **Hippie Bar.**

Zahlreiche Shops im Hauptdorf der Insel mit allem, was das Touristenherz begehrt. Wer sein Geld für einen guten Zweck ausgeben will, kann das Buch »The Children of Phi Phi Island« kaufen mit von Kindern verfassten Geschichten über den Tsunami.

Kajak: Verleih an den Stränden der Insel, ca. 150 Bt/Std. bzw. ca. 800 Bt/Tag. Geführte Touren rings um die Insel sowie mehrtägige Exkursionen.
Klettern: Die rund 25 Kletterrouten von Ko Phi Phi genießen Weltruhm. Buchung von Kletterkursen und geführten Touren in vielen Unterkünften. Eine der besten Infoquellen und Kletterschulen der Insel ist Phi Phi Climbers, www.phiphiclimbers.com.

189

Schnorcheln: An Schnorchelspots rings um die Insel herrscht wahrhaftig kein Mangel, beliebt ist u. a. das Südkap beim Yao Beach. Die meisten Unterkünfte verleihen Tauchermaske und Flossen (ab 150 Bt/Tag).

Tauchen: Die Reviere der Insel sind vor allem wegen ihrer bis zu 30 m senkrecht abfallenden Steilwände berühmt. Ein halbes Dutzend Tauchschulen bieten Tauchkurse (um 12 000 Bt), Tagesausflüge inkl. 2 Dives (ab 2500 Bt), Wracktauchen (3200 Bt). Als beste Adresse gilt das Moskito Diving Center, Tel./Fax 075 61 20 92, www.moskitodiving.com.

Boot: Ganzjährig mind. 2 x tgl. von Phuket (350–750 Bt, je Gesellschaft), von Krabi (350 Bt). Sept./Okt.–Mai außerdem tgl. ab Ao Nang bei Krabi (380 Bt) und ab Ko Lanta (380–700 Bt, je Gesellschaft).

Ko Lanta

Reiseatlas: S. 238, B2
Ko Lanta Noi im Osten und Ko Lanta Yai im Westen, nur durch einen schmalen Meereskanal voneinander getrennt, fügen sich zu einer Doppelinsel, die nur einen Katzensprung vom Festland entfernt ist. 1989 eröffnete auf Ko Lanta Yai die erste Bungalowanlage. Dass man heute schon über 100 zählt, Tendenz steigend, ist in erster Linie den Sandstränden zu verdanken, die die Westküste dieser 24 km langen Insel säumen. Sie variieren in allen Abstufungen von kilometerlang mit feinkörnig-weißem Sand bis zu winzigklein mit grobkörnig-gelbem Sand. Doch trotz Vielfalt und Schönheit können sie in Sachen Exotik nicht mit denen anderer Touristenzentren der Andamanensee konkurrieren. Zum einen fehlen die spektakulären Kalksteinformationen, und zum anderen sind Kokospalmen eine Rarität.

Die meisten Küstenabschnitte laufen flach ins Meer aus, was insbesondere Kindern und älteren Menschen perfekten Badespaß garantiert. Entsprechend hoch ist der Anteil an zumeist pauschal reisenden Familien (insbesondere aus Schweden und Deutschland) sowie Senioren auf Langzeiturlaub. Aber auch für Aktivurlauber, insbesondere Taucher, ist Ko Lanta attraktiv, zählen doch einige der vorgelagerten Tauchspots, die oft von imposanten Walhaien besucht werden, mit ihren einzigartig strukturierten Korallenriffen zur Weltklasse.

Zwar hat der Tourismus das Leben der rund 20 000 Inselbewohner und das Bild der Küste nachhaltig verändert, doch das Inselinnere präsentiert sich noch immer ländlich und oft vollkommen unberührt. Es wird von einem bis 500 m hoch aufragenden Gebirgsrücken gebildet, über den sich primärer Regenwald zieht. An der Ostküste wurden Kautschukpflanzungen angelegt, die in ausgedehnte Mangrovenwälder übergehen. Fast 70 % von Ko Lanta sind mit geschütztem Wald bedeckt.

Die Strände

Alle Touristen betreten Ko Lanta Yai in **Ban Saladan,** das ganz im Norden gegenüber der Schwesterinsel Ko Lanta Noi liegt. Im Hauptdorf der Insel, teils noch malerisch auf Pfählen errichtet, finden sich außer den Fähranlegern auch Einkaufsmöglichkeiten sowie der einzige Geldautomat. Von hier aus verläuft eine Straße entlang der Westküste von Strand zu Strand bis hinunter zum Südkap, wobei es auf dem südlichen Abschnitt ständig Auf und Ab geht und sich schöne Ausblicke öffnen. Von Ban Saladan erstreckt sich der rund 3 km lange **Klong Dao Beach,** der weitaus die meisten Besucher zählt, mit sanftem Schwung nach Süden. Am Rande des hellen Sandbandes liegen im Schatten von Kasuarinen rund drei Dutzend Bungalowanlagen, die zunehmend der höheren Preiskategorien angehören. Da das Meer eher seicht ist, dominieren hier Familien und meist ältere Langzeitgäste.

Der angrenzende **Long Beach** (Ban Phra Ae), ein gut 6 km langes weißes Sandband, ist in erster Linie Ziel eher jüngerer Reisender aus aller Welt. Das Preisniveau in den mehr als drei Dutzend Bungalowanlagen tendiert zur Budgetkategorie, obwohl auch an teuren Resorts kein Mangel herrscht.

Am nachfolgenden **Klong Khong Beach** erschweren Steine und Muschelbänke das Baden in vielen Abschnitten. Entsprechend niedrig sind die Preise in den rund 20, meist von Backpackern frequentierten Anlagen.

Mehr oder weniger feinsandig zeigt sich der **Klong Nin Beach,** der im südlichen Abschnitt immer schöner wird. Viele Auswanderer aus westlichen Ländern haben sich hier niedergelassen und ein kleines Geschäft im Tourismus aufgebaut. Es gibt etliche günstige, aber ebenso auch sündhaft teure Unterkünfte.

Der erste Preis für den romantischsten Inselstrand würde fraglos an den **Kan Tiang Beach** vergeben werden, der sich sichelförmig auf etwa 1 km zwischen zwei Felskaps spannt und mit puderzuckerfeinem, weißem Sand erfreut. Zwischen den sechs Bungalowanlagen ist noch reichlich Platz vorhanden. Doch seit hier ein Fünf-Sterne-Resort eröffnet hat, ist abzusehen, dass sich das ändern und auch die Preise anziehen werden.

Höchst idyllisch ist auch der als **Last Beach** bekannte Mai Phai Strand, eine weit geschwungene halbmondförmige Bucht von gut 2,5 km Länge, die von Klippen und Urwald umkränzt wird. Es gibt nur drei Ferienanlagen, die sich auf die Bedürfnisse des jungen und budgetbewussten Publikums eingestellt haben.

Inselexkursion

Ideale Transportmittel für eine Inselrundfahrt (ca. 60 km) sind ein Suzuki-Jeep oder ein Moped. Die derzeit teils noch recht desolaten Straßen sollten ab 2008 einen durchweg guten Standard aufweisen, da die Regierung den insularen Straßenausbau mit 70 Mio. Baht fördet.

Die gesamte Südspitze der Insel umfasst den **Ko Lanta Islands National Park,** durch den einige Naturpfade führen. Es empfiehlt sich ein Besuch des **Leuchtturms** am Südkap, von wo der Blick hinüber nach Ko Ngai wandert. An der **Klong Jak Bay,** rund 3 km vor dem südlichen Inselende, lädt der ausgeschilderte Waterfall Walk zu einem erfrischenden Abstecher ein. Es

FILIGRANE UNTERWASSERWELTEN

»Wir sind erstaunt, wenn Reisende uns von den ungeheuren Ausmaßen der Pyramiden und ähnlicher Bauwerke berichten, doch die größten unter ihnen sind ohne Bedeutung, vergleicht man sie mit diesen Gebirgen aus Stein«, notierte Charles Darwin zu Beginn des 19. Jh. in sein Tagebuch, als er zum ersten Mal in seinem Forscherleben ein Korallenriff erblickte. Den meisten Menschen ergeht es ähnlich, wenn sie, der Schwerkraft entronnen, Vögeln gleich in die geheimnisvolle blaue Tiefe hinabgleiten. Erweckt schon das Schnorcheln oder Tauchen an sich einen fast euphorischen Zustand, so wird es über einem Korallenriff zu einer ästhetischen Erfahrung ohnegleichen: Über bizarren Strukturen in Hirn- und Pilz-, Geweih- und Fächerform, über purpurroten Kalkalgen und gelben Schwämmen, glitzernden Röhrengeflechten und blau leuchtenden Ästen, über Grünalgen und Blumentieren, Tentakelspiralen oder den filigran schwebenden Fangarmen der See-Anemonen schießen Heerscharen schillernder Meeresgeschöpfe umher, während Kaiserfische und Blaupunktrochen, Ammenhaie und Schildkröten, mächtige Mantas und drollige Kugelfische als elegante Schwimmer vorüberziehen.

Das Korallenriff stellt nach dem tropischen Regenwald das komplexeste Ökosystem auf Erden dar. Es wird belebt von mehr als 100 000 Spezies! Dabei fängt alles ganz und gar winzig und unscheinbar mit den mikroskopisch kleinen Larven

der Korallenpolypen an, die auf geschlechtlichem Weg gezeugt werden. Sie treiben so lange im Meer dahin, bis sie sich an einen passenden Ort in maximal bis zu 50 m Tiefe und 20–30 °C warmem Wasser anheften können. Langsam entwickeln sie Tentakeln und wachsen zu 2,5–10 mm großen Korallenpolypen heran, während sich gleichzeitig ihr Kalksteingehäuse, ihr Skelett, bildet. Die Fortpflanzung kann aber auch durch Teilung erfolgen, indem die Korallen Äste oder Knospen hervorbringen, die zu Tochterpolypen werden und selbst Knospen treiben. Der Vorgang wiederholt sich in ständig wachsendem Tempo, so dass schnell eine Kolonie von Tausenden, eng miteinander verbundenen Korallenpolypen entsteht. Alte Polypen sterben ab und hinterlassen die abgesonderten Kalkskelette, auf denen neue Polypen weiterbauen. Auf diese Weise wächst ein Korallenriff jährlich um durchschnittlich 1 cm in die Höhe.

Und dann kommen Heerscharen ignoranter Touristen, latschen mit ihren Flossen wie der sprichwörtliche Elefant im Porzellanladen auf den feinen Korallenstrukturen herum, brechen hier ein Prachtexemplar ab, stochern dort mit ihrem Messer in einer Höhlung herum und zerstören in Sekunden, was Jahrzehnte des Wachstums bedarf. Die achtlos aufs Riff geworfenen Anker so mancher Ausflugsboote tun ein Übriges. Jahr für Jahr schreitet die Zerstörung dieses einzigartigen Ökosystems in Thailand und auch überall sonst in den Tropen fort. So gilt leider auch unter Wasser der Ausspruch des Tourismusexperten Professor Torsten Kirstges, dass »der Tourist zerstört, was er sucht, indem er es findet!«

Ko Lanta
Diving Center

Die 1992 eröffnete erste Tauchschule im Süden Thailands, ist als
CMAS und TDA 5 Star Examiner
Academy sowie offizielle Ge-
schäftsstelle des VIST in Thailand
auch heute noch die erste Adresse am Platz. Sie steht unter Leitung von Christian Mietz, einem
der versiertesten deutschen Taucher in Südostasien, der durch Pu-
blikationen in der Fachpresse und
durch das Fernsehen bekannt
wurde. Das Trainingsprogramm
umfasst ebenso Ein-Sterne-Kurse
oder Open Water Diver (300 €) wie
Divemaster, Zwei-Sterne-CMAS-
Tauchlehrer und Rebreather-
Tauchlehrer. Außerdem ermöglichen die extrem schnellen und
speziell für Taucher konzipierten
Boote des Zentrums vielseitige
und exklusive Exkursionen. Jeweils ein qualifizierter Führer begleitet max. vier Taucher, so dass
sowohl Tauchsicherheit als auch
Tauchfreiheit garantiert sind. Tagestouren mit Frühstück, Mittagessen, freien Getränken und zwei
Tauchgängen kosten 60 €, Tauch-
pakete mit zwölf Dives 290 €, eine
komplette Ausrüstung gibt es für
12 €/Tag (Ban Saladan, Tel. 00 66
75 68 40 65, www.kolantadiving
center.com, Niederlassungen am
Klong Dao Beach im Lanta Island
Resort und am Klong Khong
Beach im Blue Marlin Resort).

ist auch möglich, auf Elefanten zu rei-
ten (ca. 800 Bt).

Von der Klong Nin Beach führt eine
Straße quer über die Insel zur Ostküste. Beim Dorf Klong Nin folgt man den
deutlichen Hinweisschildern zur **Tham
Khao Mai Kaeo**. Am Wegende werden
Elefantenritte (um 1000 Bt) sowie geführte Touren ins Innere der Tropfsteinhöhle angeboten, die als ein Highlight
der Insel gilt.

Rund 3 km weiter auf dem Weg zur
Ostküste passiert man einen **Aussichtspunkt** mit zwei Panoramares-
taurants. Von der Passhöhe ergibt sich
eine atemberaubende Aussicht auf die
Ostküste von Ko Lanta, vor der etliche
kleine von Sandstränden umkränzte
Urwaldinseln im Wasser liegen.

Von einem Besuch des Dorfes **San-
Gha-U** im Süden der Ostküste ist ab-
zuraten, da die dort lebenden Chao
Lee (s. S. 205) es längst leid sind, wie
Sehenswürdigkeiten begafft und abge-
lichtet zu werden. Statt dessen geht es
Richtung Norden, nah vorbei an dich-
ten Mangrovensümpfen, zurück nach
Ban Saladan.

Krabi Tourist Association: 289/22
Thanon Uttrakit, Krabi 81000, Tel.
075 62 39 44 und 075 62 39 55, www.
krabi-tourism.com, tgl. 8.30–16.30 Uhr.
Internet: www.lanta.de, www.kolanta.net,
www.kohlanta-hotels.com, www.lanta
info.com, www.lantaresort.com (kommerzielle Websites). Informativ ist auch
das jährlich aktualisierte »Ko Lanta Guide-
book«.

Luxus-Resorts verdrängen zunehmend die Bungalowanlagen der
Budgetklasse. Mitte Dez.–Mitte Jan. kann

es mehr als doppelt so teuer wie zu anderen Zeiten sein. Die unten genannten Preise umfassen das gesamte Spektrum. Mitte Mai–Mitte Okt. haben viele Anlagen geschlossen.

Sri Lanta Resort: Klong Nin Beach, Tel. 075 66 26 88, Fax 075 66 26 89, www.srilanta.com. Die 48 Villen im Thai-Stil aus Naturmaterialien sind mit Liebe und Geschmack ausgestattet. Sie zählen zu den ansprechendsten Unterkünften auf Ko Lanta. Der Pool fügt sich ins harmonische Bild, auch Spa wird geboten. 2600–4500 Bt bis zu 3600–5500 Bt (je Komfort).

Andaman Lanta Resort: Klong Dao Beach, Tel. 075 68 42 00, Fax 075 68 42 03, www.andamanlanta.com. Am südlichen Strandende gelegene Komfortanlage mit Swimmingpool und freundlich eingerichteten Zimmern. DZ 900–1700 Bt, Bungalow 1900–3300 Bt.

Lanta Marine Park View: Kan Tiang Beach, Tel. 075 66 50 63, Fax 075 66 50 64, www.krabidir.com/lantampv. Die 18 AC-Bungalows liegen in traumhafter Panoramalage über der Bucht. Auch das Restaurant (s. u.) ist ein Tipp. 1100–2900 Bt.

Relax Bay Resort: Long Beach, Tel. 075 68 41 94, Fax 075 68 41 96, www.krabidir.com/relaxbayresort. Durch einen Felsabschnitt vom eigentlichen Long Beach getrennt, bietet diese Anlage nicht nur größtmögliche Privatsphäre, sondern auch viel Gemütlichkeit in 26 Rattan- und Steinbungalows. Französisches Management und französische Küche. 700–1200 Bt (Fan), 1400–1800 Bt (AC), Komfortbungalows 3100–4100 Bt.

Klong Dao Beach Resort: Klong Dao Beach, Tel./Fax 075 68 41 50. Mit Fan oder AC ausgestattete gepflegte Steinbungalows auf großem Wiesenterrain am Strand, insbesondere bei deutschen Senioren sehr beliebt. Extreme saisonale Preisschwankungen. Bungalow ab 700 Bt (Fan), ab 800 Bt (AC).

Lanta Island Resort: Klong Dao Beach, Tel. 075 68 41 24, www.lantaislandresort.com. Tropisch begrünte Anlage unter deutschem Management in der Mitte des Klong Dao Beach. Rund 50 Steinbungalows in fünf verschiedenen Kategorien sowie Swimmingpool. Da hier das Ko Lanta Diving Center seinen Strandsitz hat, beziehen viele Taucher Quartier. 500–900 Bt bis zu 700–2200 Bt.

Lanta Bee Garden: Klong Dao Beach, Tel. 075 68 42 27, Fax 07 57 68 44 68; www.lantabeegarden.com. Kleine Anlage mit 22 Bungalows in zwei sich gegenüberstehenden Reihen. Enfache, aber saubere Zimmer, ansprechendes Restaurant direkt über dem Strand. 300–800 Bt (Fan), 600–2200 Bt (AC).

Lanta River Sand: Klong Khong Beach, Tel. 075 66 26 60 und 08 14 76 01 65, www.lantariversand.com. Eines der ursprünglichsten und romantischsten Resorts am Ort mit 25 originellen Bambusbungalows auf Stelzen, einem kreisrunden Restaurant und einer Strandbar am Meer. 350–900 Bt.

Last Beach Resort: Last Beach, Tel. 08 10 77 43 31 und 08 62 67 34 65. Die südlichste Anlage am letzten Strand ist ganz in Backpackerhand, hat ein billiges Strandrestaurant sowie eine urige Strandgut-Strandbar und ein nette Atmosphäre. Die rund 20 Bungalows im Kautschukwald hinter dem Strand sind sehr *basic* (aber mit Bad/WC) und zum Teil stickig. Am preiswertesten sind die weiter hinten stehenden Bungalows. 300–600 Bt.

Will man rischen Fisch und Meeresfrüchte im luftigen, authentischen thailändischen Ambiente eines Pfahlbau-Restaurants genießen, führt kein Weg um Ban Saladan herum. Am Klong Dao Beach sitzt man in nahezu allen Restaurants romantisch, wobei die Preise von gut und günstig bis sündhaft teuer variieren.

Lanta Seafood: Ban Saladan, an der Uferstraße, tgl. bis gegen 21 Uhr. Frischester Fisch und Meeresfrüchte in einem typischen thailändischen Pfahlbau-Restaurant.

Saladan Seafood: Ban Saladan, an der Uferstraße, tgl. bis gegen 21 Uhr. Herausragendes Fischrestaurant mit thailändischem Ambiente.

Seaview Restaurant: Klong Dao Beach, im Klong Dao Beach Resort an der Strandmitte. Großes, kahles und eher ungemütliches Restaurant, in dem viele deutsche Überwinterer verkehren. Speisen der thailändischen und internationalen Küche sowie Bier sind konkurrenzlos billig. Gerichte ab etwa 50 Bt.

Red Snapper: Long Beach, Tel. 08 78 85 69 65, Spitzenempfehlung für einen Schlemmerabend. Die beste internationale Küche weit und breit, von einem innovativen holländischen Koch zubereitet und in einem tropischen Garten serviert. Hier zelebriert man ein Menü aus verschiedenen Gängen und genießt dazu Wein aus erlesenen Lagen (um 900 Bt die Flasche) sowie exotische Cocktails. Hauptgerichte ca. 200–400 Bt.

Orchid Restaurant: Klong Nin Beach, im Lanta Palace Resort. Allabendlich wird zum Candlelight Dinner direkt am Strand geladen.

Bay View Restaurant: Kan Tiang Beach, im Lanta Marine Park View Resort. Das Resort-Restaurant im Inselsüden hat nicht nur wegen der schlicht umwerfend schönen Aussicht einen herausragenden Namen.

Same same but different: Kan Tiang Beach. Rustikal und unvergleichlich gemütlich direkt am Strand. Stilvoll mit Strandgut dekoriert.

Von einigen Beachbars einmal abgesehen, ist nicht viel los. Die Taucher treffen sich vorzugsweise in der **Mook Bar** am Klong Dao, während der Long Beach junge Nachtschwärmer an-

zieht. Insbesondere im freakig aufge-
machten **Reggae House** am südlichen
Strandende finden sie Musik nach ihrem
Geschmack.

 Lanta Beach Festival: 7.–9. Dez.
Das größte Happening der Insel mit
Folklore und Kulturshows, Wettkämpfen
etc. am Long Beach.

 **Elefantenritte:** Agebote an den
meisten Stränden (mit Transfer ab
etwa 1000 Bt).

Kajak: Geführte Touren sowie Verleih, u.
a. über Lanta Sea Kayak, Tel. 075 68 43
97, www.krabidir.com/lantaseakayak.

Segeln: Lanta Sailing, Tel. 08 48 41 82 70
und 08 19 56 09 07, www.lantasailing.
com; Sunset-Törns, Ganztages- und
Mehrtagestouren.

Tauchen: Zahlreiche Tauchzentren sowie
u. a. acht ausgewiesene Tauchreviere vor
Ko Lanta und sieben weitere vor Ko Phi
Phi gewährleisten tägliche Abwechslung.

Auch mehrtägige Touren sowie Kurse (s.
Tipp S. 194).

Touren: Mit Ausflugs- oder Schnellbooten zu den vorgelagerten Inseln Ko Rok,
Ko Muk, Ko Kradan, Ko Ngai, Ko Phi Phi
und anderen mehr. Verschiedene Kombi-
nationen sind wählbar. Am meisten nachgefragt ist die Drei-Inseltour nach Ko
Ngai, Ko Muk und Ko Kradan (ab 700
Bt/Pers.).

Flug: Krabi International Airport,
ca. 70 km nördlich. Taxi ca.
2500–3000 Bt.

Boot: Sept.–Mai 2 x tgl. Schnellboot
von/nach Krabi via Ko Jum (2 Std., 350
Bt); von/nach Ko Phi Phi (2 Std., 300 Bt),
teils mit Anschluss nach Phuket (2–3 Std.,
300 Bt). Ab 2007 Superschnellboot
von/nach Phuket (ca. 1,5 Std., 1400 Bt).
In Planung ist eine Schnellboot-Verbin-
dung von/nach Pulau Langkawi in Malaysia.

Minibus: Regelmäßige Verbindungen mit
Krabi (180 Bt) und Trang (250–300 Bt). Tickets in den Reisebüros in Ban Saladan
bzw. in den Unterkünften.

Inselverkehr

Pickup/Minibus: Bei Ankunft der Fähren
in der Regel kostenlose Abholung durch
die Bungalowanlagen. Rückfahrt meist
nicht kostenlos (20–200 Bt, je Entfernung).

Motorrad-Taxi: Vor allem im nördlichen
Inselteil bequem (30–300 Bt, je Entfernung).

Mietfahrzeug: Verleih in allen Reisebüros. Mietwagen (meist Suzuki-Jeep) ab
etwa 1200 Bt/Tag, Mopeds um 200–250
Bt/Tag.

 Geld: Geldautomaten sowie Wechselstuben nur in Ban Saladan.

Ein Pool gehört bei zahlreichen
Resorts zur Ausstattung

SÜDLICHE ANDAMANENSEE

Die unbewohnten Urwaldinseln des Tarutao-Archipels mit imposanten Bergen und eindrucksvollen Wasserfällen sind ebenso ein Markenzeichen der südlichen Andamanensee wie die marinen Märchenwelten mit zauberhaften Felsformationen und unwirklich schönen Stränden. Während Ko Ngai im Ruf eines exklusiven Urlaubsparadieses steht, ist Ko Lipe neueste Hochburg des Individualtourismus.

Ko Ngai (Ko Hai)

Reiseatlas: S. 238, B2

Wer sich das Paradies vorstellt als eine Idylle aus weißen Sandstränden an einer smaragdfarbenen Meeresbucht, umkränzt von einer Kulisse aus vielgestaltigen Felsinselchen, wird es auf dieser gerade mal 4 km langen und maximal 2 km breiten Insel finden. Ihr Inneres ist mit Urwald bedeckt. Vor dem von Palmen gesäumten Strand an der Ostküste erstreckt sich ein buntes, von Anemonenfischen umschwärmtes Korallenriff. Bereits beim Schnorcheln offenbart sich der Reichtum des Meeres. Vor allem Wasser- und Leseratten auf Entspannungstrip fühlen sich auf dem auch als Ko Hai bekannten Eiland, das zum Had Chao Mai National Park gehört, wohl.

Fünf Bungalowanlagen am Oststrand der Insel. Da der Anteil der Pauschalreisenden recht hoch ist, ist das Preisniveau oft völlig überzogen (DZ ab 2500 Bt, Bungalow bis über 6000 Bt).

Thapwarin Resort: Tel./Fax 075 22 01 39, www.thapwarin.com. Ein gutes Preis-Leistungs-Verhältnis in der Komfortklasse bieten die gleichermaßen romantischen wie komfortablen Strandvillen und Cottages im Palmwedel-Look. Strandhaus 1500–3900 Bt, Bungalow 3000–4500 Bt.

Koh Ngai Villa: Tel. 075 21 04 96, Fax 075 22 26 31, www.krabidir.com/kohngaivilla. Relativ günstig, kleine und recht stickige Bungalows auf einer großen Wiese mit Palmschatten, außerdem Zimmer in einem Langbau. DZ 600 Bt, Bungalow ab 600 Bt, 1000 Bt (mit Seeblick).

Die Bungalowanlagen organisieren **Schnorchel-** und **Tauchtrips** sowie **Bootsfahrten** zu den vorgelagerten Inseln. Die besten **Schnorchelgründe** finden sich am Südrand der Insel, etwa ab dem Strand vor dem Ko Ngai Resort.

Anreise: Mit Bus/Bahn nach Trang (gute Verbindungen), weiter per Songthaew zum Pak Meng Pier (70 Bt), von dort Nov.–April 1 x tgl. (morgens) Fähre zur Insel (1 Std.). Ausflugsboot von Ko Lanta/Ban Saladan tgl. gegen 8.30 Uhr (1

Std.), Mitnahme von Indivualreisenden. Longtail-Boot von Ko Lanta (Last Beach) ca. 1500 Bt/Boot, von Ko Kradan ca. 800 Bt, von Ko Muk ca. 600 Bt/Boot. Außerdem Transfer durch alle Inselresorts (600 Bt ab Trang Busbahnhof, 2700 Bt ab Krabi Airport).

Ko Muk

Reiseatlas: S. 238, B2
Die etwa 18 km² große, stark gebirgige und noch größtenteils mit Urwald bewachsene ›Perleninsel‹ wird von Touristen im Rahmen von Rundfahrten ab Ko Lanta und Ko Ngai aus vor allem wegen der **Tham Morakot** besucht. Die Smaragd-Höhle, die an der klippenreichen Westküste auf Höhe des Meeresspiegels klafft, verdankt ihren Namen den fantastischen Farbschattierungen des Wassers. Longtail-Boote fahren zur Höhle, die man bei Ebbe – vorzugsweise in Begleitung eines ortskundigen Führers – durchschwimmen kann. Nach rund 80 m öffnet sich eine fels- und waldumkränzte Lagune mit traumhaft schönem Sandstrand.

Die Schnorchelgründe beidseits Tham Morakat sowie entlang der gesamten Westküste sind reizvoll. Bei der Umrundung der zum Had Chao Mai National Park gehörenden Insel ergeben sich wildromantische Klippenbilder. Im Nordosten fällt der Blick auf ausgedehnte Wälder aus Fächerkorallen, die im dort sehr seichten Wasser wogen. Bei Streifzügen über die Insel, auf der rund 300 muslimische Familien wohnen, kann man zu Fuß oder mit dem Moped ein Stück authentisches Landleben entdecken. Unterkünfte findet man am goldfarbenen **Farang Beach** im Südwesten.

 Koh Mook Charlie Beach Resort: Farang Beach, Tel. 075 20 32 81, Fax 075 20 32 83, www.kohmook.com. Mehrere Dutzend Bungalows in vier verschiedenen Komfortstufen im lichten Palmenhain direkt hinter dem Strand. Mit Restaurant, Bar, Internetcafé und Geldwechselmöglichkeit sowie Swimmingpool, Tauch- und Wassersportzentrum. Die mit Abstand beliebteste Anlage auf der Insel. 850–1150 Bt (Fan, Bad/WC), Komfortbungalow 1200–2900 Bt, Deluxe–Bungalow 1700–3200 Bt (AC).

 Der Trip in die **Smaragd-Höhle** ist ein Muss, er wird vom Charlie Beach Resort ebenso angeboten wie **Angel-, Schnorchel-, Kajak-** und **Tauchexkursionen** sowie **Bootsfahrten** zu allen Inseln der Region.

Anreise: Mit Bus/Bahn nach Trang (gute Verbindungen), von dort per Songthaew zum Kuan Tungku Pier (70 Bt) und weiter per Fähre (50 Bt). Per Longtail-Boot ab Ko Ngai (ca. 600 Bt). Minibus-Zubringer des Charlie Beach Resort von Phuket und Krabi nach Ko Lanta, dort tgl. per Ausflugsboot via Ko Ngai, Mitnahme von Individualreisenden.

Ko Kradan (Ko Ha)

Reiseatlas: S. 238, B2
Kaum 1 km² Fläche umfasst das Inselchen bei 2 km Länge. Zusammen mit Ko Ngai und Ko Muk gehört es zum Had Chao Mai National Park. Mit der schneeweißen, von Palmen und Wald

Ko Ngai: Abendstimmung am Bootspier

gefassten Ostküste entspricht Ko Kadran, auch Ko Ha genannt, stark dem Klischeebild vom Tropentraum. Auch die marine Märchenwelt, die sich direkt vor dem Korallenstrand des Südkaps öffnet, steht ganz unter exotischen Vorzeichen. Doch das Paradies ist bedroht. Denn zur Saison fallen Hundertschaften von Touristen auf der Insel ein, die ungeschickt und unachtsam wie Trampeltiere über das Korallenriff stampfen. Zusätzlich reißen die Anker der Ausflugsboote tiefe Wunden in die filigrane Unterwasserwelt.

Ko Kradan Paradise Beach Resort: Tel. 08 17 12 77 27, www.kra danisland.com. Über 100 Zimmer und Bungalows, recht niedriger Standard. Nur die vom Resort angebotenen Pauschalangebote mit Transfer, einer Übernachtung, Vollpension und Bootsausflügen bieten ein vernünftiges Preis-Leistungs-Verhältnis. 800–1800 Bt, Pauschale 2200 Bt./Pers.

Camping: Direkt hinter dem Strand, wo auch ein kleines Nationalparkbüro untergebracht ist, lädt eine Wiese zum Zelten im Schatten ein. Mietzelte, wie oft zu lesen, gibt es allerdings keine.

Anreise: Kein regulärer Bootsverkehr. Charterboote ab Ko Ngai oder Ko Muk. Ausflugsboot u. a. tgl. von Ko Lanta. Transferservice des Insel-Resorts.

Ko Libong

Reiseatlas: S. 238, B2

Die nur etwa 3 km vom Festland entfernte Insel ist mit einer Fläche von rund 40 km^2 die größte der Provinz Trang, liegt aber abseits der Standardroute der Touristen und wird eher selten besucht. Für Naturliebhaber ist das vorwiegend von Muslimen bewohnte Eiland daher ein wahres Refugium. Am **Kap Laem Juhoi** im äußersten Inselosten, das unter Naturschutz steht, findet sich einer der bedeutendsten thailändischen Transitplätze für Zugvögel auf ihrem Weg von Sibirien gen Süden. Zudem ist die Küste Heimat der letzten Seekühe, die es in thailändischen Gewässern noch gibt. Die einsamen Strände sind wild und ursprünglich, aber nicht von solch berückender Exotik wie diejenigen der berühmten Nachbarinseln.

Das abgesehen von zwei 150 m hohen Hügeln ziemlich flache Inselinnere ist von schmalen Zementwegen durchzogen, die für Wanderungen wie geschaffen sind. Es gibt u. a. vier Dörfer, zwei Schulen, einen Krabbenmarkt, einen Aussichtspunkt – nichts Besonderes, aber alles in allem wunderschön.

Libong Nature Beach Resort: Tel. 08 18 94 69 36, www.trangsea.com. Ein rundes Dutzend einfache Steinbungalows (alle mit Bad und Fan) auf großem Wiesenareal am Rand von Plantagen direkt hinter dem Strand. Besitzer und Personal sind sehr naturorientiert. Leicht überhöhte Preise. 1100–1300 Bt.
Le Dugong Libong Resort: Tel. 08 79 72 72 28, www.libongresort.com. Urgemütliche Bungalows in Kralform aus Palmholz und Bambus an einem schönen Strandabschnitt. Sehr romantisch und billig obendrein. Angeschlossen ist ein Tauchzentrum. 250–350 Bt (ohne Bad), 500–800 Bt (mit Bad).

Tauchen: Tauchzentrum des Le Dugong Libong Resort, Open-Water-Kurs 10 000 Bt, Bootstouren mit zwei Tauchgängen 2500 Bt.

Anreise: Mit Bus/Bahn nach Trang (gute Verbindungen), von dort per Songthaew zum Hat Yao Pier, mehrmals tgl. Boote zum Hauptdorf der Insel Ban Maphrao. Ab Pier außerdem Charterboote zur Unterkunft nach Wahl um 400–700 Bt. Longtail-Boot ab Ko Muk 1500 Bt, ab Ko Ngai und Ko Sukon ca. 2000 Bt.
Inselverkehr: Motorrad-Taxi 70–100 Bt.

Ko Sukon

Reiseatlas: S. 238, C3

Einziger Makel der 4 x 8 km messenden Insel ist die grau-braune Farbe des Sandes. Wer ein Faible für Ruhe und beschauliches Ferienglück hat, wird sich dennoch wohlfühlen. Etwa 2800 Menschen leben auf Ko Sukon von Fischfang, Landwirtschaft und vor allem vom Kautschukanbau. Und die Zeit verstreicht hier noch wesentlich langsamer als ohnehin schon in diesem Teil der Welt.

Sukorn Beach Bungalows: Tel. 08 97 24 23 26, www.sukorncabana. com. Gepflegte Anlage unter wogenden Palmen und umgeben von üppigem Grün am Rand eines 700 m langer Strandes, von dem dschungelüberwucherte Hügel aufsteigen. Von den 20 Bungalows aus

Tierbeobachtung

Beste Beobachtungszeit für die mehr als 10 000 **Zugvögel,** die am mangrovenreichen Ostkap von Ko Libong einen Zwischenstopp einlegen, sind die Monate November und Dezember. Ganzjährig sind die selten gewordenen **Dugongs** (Seekühe) zu sehen. Beide Insel-Resorts bieten Beobachtungstouren per Kajak an.

Holz und Bambus (alle mit Fan und Bad/WC, manche auch mit AC) Blick aufs Meer, aus dem am Horizont Felsenberge emporwachsen. Kajaks stehen kostenlos zur Nutzun bereit, Fahrräder und Motorräder werden verliehen (100 bzw. 190 Bt/Tag). Die holländisch-thailändischen Besitzer Dick & Dee sind liebenswert und reich an Inselinfos. 850–1950 Bt (je Lage und Komfort, inkl. tgl. Reinigung). Außerhalb der Hochsaison bis zu 60 % Rabatt.

Bootstouren: Südlich bis in den Tarutao-Archipel und nördlich bis Ko Ngai. Besonders empfehlenswert ist eine Fahrt in den Ko Petra Marine National Park mit knapp 400 m hohen Felsklippen (s. u.).

Anreise: Ab Trang Minibus nach Palian/Makham Pier bzw. ab Yan Ta Khao Songthaew zum Tasae Pier, jeweils mehrmals tgl. reguläre Boote zum Hauptdorf der Insel Ban Siam Mai. Longtail-Boot ab Ko Bulon Lae und Ko Libong ca. 2000 Bt, ab Ko Muk und Ko Ngai ca. 3000–3500 Bt.
Inselverkehr: Motorrad-Taxi, vom Dorf zu den Unterkünften ca. 40 Bt.

Ko Bulon Lae

Reiseatlas: S. 238, C3
Strände ohne Fußspuren wird man zwar keine mehr finden, auch Klarheit und Farbe des Meeres sind nicht makellos, aber das nur etwa 1 km^2 große Eiland ist noch weit davon entfernt, überlaufen zu sein. Insbesondere an der Ost- und Südküste locken schöne Strände zwischen hellem Weiß und sanftem Gold, die teils mit Steinen durchsetzt sind. Dort liegen die Bungalowanlagen, die auffallend viele Stammgäste, vor allem Reisende mit Kindern, haben.

Ko Bulon Lae ist Teil des knapp 500 km^2 großen **Ko Petra Marine National Park,** der 21 Inselsplitter umfasst. Ein Inselchen ist schöner als das andere. Einige werden von zauberhaften Felsformationen geschmückt, alle sind geschaffen für Schnorcheltouren oder für ein Leben à la Robinson.

Pansand Resort: Tel. 075 21 80 35, Fax 075 21 10 10, www.pansand-resort.com. Gepflegte Holzbungalows in drei verschiedenen Komfortstufen auf grünem Grund im Baumschatten hinter dem hier teils etwas steinigen Strand. Angenehme Atmosphäre, schönes Strandrestaurant, leider etwas überzogene Preise. 800–1200 Bt (Standard, zweite Reihe), 1200–1700 Bt (Komfort, am Strand, je Saison, aber inkl. Frühstück).
Bulone Resort: Tel. 08 18 97 90 84 und 08 69 60 04 68, www.bulone-resort.net. Der von Palmen und Kasuarinen gesäumte Strand ist weiß und fein. Die stets guten Badebedingungen locken insbesondere Familien an. Die komfortableren Bungalows sind aus Holz, die einfacheren aus Bambus (Gemeinschaftsbad), in zwei

Reihen am Strand errichtet. Bambushütte 300–550 Bt (je Lage), Bungalow 800–900 Bt (Fan).

Von den Unterkünften werden **Boots-** und **Schnorcheltrips** zu den umliegenden Inseln angeboten (900–1500 Bt), des Weiteren **Angelfahrten** (300 Bt) sowie Kajakverleih (ca. 150 Bt/Std.).

Anreise: Per Bus/Minibus nach Ban Pakbara, dort 1–2 x tgl. Fähre zur Insel (250–300 Bt), wo es keinen Pier gibt, weiter per Longtail-Boot zur Ferienanlage nach Wahl (20 Bt). Außerdem Mitte Nov.–Mitte Mai regelmäßig Boote von Ko Lipe nach Ban Pakbara (350 Bt). Longtail-Boot ab Ban Pakbara ca. 1800 Bt, ab Ko Sukon ca. 2000 Bt.

Tarutao Marine National Park

Reiseatlas: S. 238, B/C3
Zwischen 20 und 70 km vom Festland entfernt, an jener Stelle, wo die zwischen Malaysia und Sumatra verlaufende Straße von Malakka in den Indischen Ozean übergeht, erstreckt sich der 51 Inseln und über 1400 km^2 umfassende Tarutao-Archipel (auch Terutao). So manches Eiland ist nichts als die Spitze eines aus der Andamanensee hervorgewachsenen Korallenriffs, während die namengebende Insel, Ko Tarutao, immerhin mehr als 700 m hoch ist. Sie ist wie alle anderen Inseln, mit Ausnahme von Ko Lipe, unbewohnt. Vor gar nicht allzu langer Zeit diente der Archipel Schmugglern und Seeräubern als Schlupfwinkel. Im Jahre 1946 kam es zwischen einem Kommando der Royal British Navy und den Piraten zu einer regelrechten kleinen Seeschlacht Noch 1974, als die gesamte Inselgruppe, auf die 1937 vorübergehend ein Strafgefangenenlager eingerichtet worden war, durch einen königlichen Erlass zum ersten Meeresnationalpark Thailands erklärt wurde, soll es hier diverse Piraten-Stützpunkte gegeben haben.

Die Inselwelt, zu einem Großteil mit primärem Regenwald bedeckt, umfasst imposante Wasserfälle und monumentale Höhlensysteme, Dutzende von unberührten Sandstränden nebst Mangrovensümpfen und eine ungemein reiche, nur hier vorkommende Flora sowie Fauna. Insbesondere die Vogelwelt ist mit mehr als 100 Spezies reich vertreten; allein von den sonst seltenen Nashornvögeln gibt es verschiedene Arten. Noch spektakulärer präsentiert sich die Unterwasserwelt, in der laut offizieller Darstellung rund ein Viertel aller in den Ozeanen lebenden Fisch- und Säugetierarten vertreten sein soll. Darunter u. a. Wale sowie verschiedene Schildkrötenarten, von denen die Lederschildkröte mit bis zu 2,5 m Länge und 700 kg Gewicht die größte auf Erden vorkommende Schildkröte ist. Da aber an den Grenzen des Schutzgebietes extrem gefischt wird, vor allem gar mit Schleppnetzen, machen sich die Meeresbewohner äußerst rar, so dass es fast einem Sechser im Lotto gleichkommt, sollte man Wale und Schildkröten beobachten können.

Tarutao National Park: Amphur Langu Satun, Ban Pakbara, Tel. 074 78 34 85 und 074 72 90 02, Fax 074 78

35 97, www.dnp.go.th. Im Hauptquartier des Parks auf Ko Tarutao sowie auf Ko Adang Anmeldung und Eintritt. Das Ticket gilt für alle Inseln. Offizielle **Öffnungszeit** des Nationalparks ist von Mitte Nov. bis Mitte Mai. Beste Besuchszeit ist von Mitte/Ende Dez. bis Ende März, da das Meer sonst sehr rau sein kann.

 Geld: Weder Geldautomaten noch Banken auf den Inseln.

Ko Tarutao

Reiseatlas: S. 238, C3
Der Name Tarutao kommt aus dem Malaiischen und bedeutet ›alt‹. In der Tat besteht ein Großteil der Insel aus Sandstein und ist somit in geologischer Hinsicht wesentlich älter als die meisten anderen Inseln der Andamanensee. Mit gut 151 km^2 Fläche ist Tarutao die größte unbewohnte Insel des thailändischen Königreichs. Einzigartig ist sie jedoch vor allem wegen des Regenwaldes, der sie zu mehr als 60 % bedeckt.

Ausgangspunkt für alle Inselexkursionen ist das Hauptquartier des Nationalparks an der weißsandigen Bucht **Ao Phante Malaka,** wo auch die Boote anlegen. Ein Highlight stellt eine Fahrt auf dem **Khlong Phante Malaka** dar. Der längste Fluss der Insel bahnt sich seinen Weg über etliche Kilometer durch Höhlen, bevor er bei der **Tham Jara Khe,** der Krokodilgrotte, wieder ins Freie tritt. Früher soll es dort von Salzwasserkrokodilen gewimmelt haben, aber heutzutage kann man über einen Plankenweg und Styropor-›Pontons‹ gefahrlos die Höhle erreichen und bis ans andere Ende vordringen.

Nicht versäumen sollte man den rund zwanzigminütigen Dschungel-Spaziergang hinauf zum **Toe Boo Cliff,** ein Logenplatz nicht nur bei Sonnenuntergang.

Am Südende des von Kasuarinen gefassten Strandes der Ao Phante Malaka gelangt man nach Umrundung eines Felskaps, was nur bei Ebbe möglich ist, an die einsame Sandbucht **Ao Jak** (ca. 3 km). Bei Flut folgt man ab dem Hauptquartier der an den Bungalows vorbeiführenden Betonstraße, von der nach etwa 2 km eine ausgeschilderte Schotterpiste zur Jak Beach abzweigt. Die Piste geleitet weiter an den rund 2 km entfernten Palmenstrand der **Ao Molae,** wo eine Parkranger-Station liegt, bevor sie nach weiteren 3 km vor der in Dschungel gefassten **Ao Sone,** ebenfalls mit Parkranger-Station, endet. Der etwa 4 km lange Sandstrand, an dessen südlichem Ende sich eine malerische Lagune öffnet, diente in früheren Jahren den Riesenschildkröten zur Eiablage (November bis April), doch seit längerem schon wurden keine der Reptilien mehr gesichtet. Landeinwärts lohnt vom Ao Sone eine Wanderung zum Wasserfall **Lu Du** (ca. 1,5 Std.).

An der Abzweigung zum Ao Jak vorbei erreicht man auf der auch fahrzeugtauglichen Betonstraße nach insgesamt 12 km (ca. 2,5 Std.) durch primären Regenwald die Parkranger-Station am **Ao Talo Wao.** Am Rande der hier von Mangroven bestandenen Küste stehen die Ruinen des alten Gefängnisses, zu denen ein mit Infotafeln ausgestatteter Rundweg führt. Folgt man dem ausgeschilderten Pfad weiter nach Süden, wird nach weiteren

DIE CHAO LEE – NOMADEN DER MEERE

Nur wenige andere Völker haben ein derart inniges Verhältnis zum Meer entwickelt wie die ›Meermenschen‹. Chao Lee (bzw. Chao Lay) ist die thailändische Sammelbezeichnung für verschiedene Stämme, die traditionell als Seenomaden in der Andamanensee zwischen Burma und Indonesien lebten. In der Literatur werden sie oft abschätzig *Sea Gypsies* (Seezigeuner) genannt. Denn in Thailand, wie überall sonst auf der Erde, begegnete die sesshafte Bevölkerung den umherziehenden Minderheiten, die sich in Aussehen, Sprache und Glauben von ihnen unterschieden, mit Verachtung und behandelte sie, zumindest in der Vergangenheit, als Menschen zweiter Klasse. Die Chao Lee sind Nachfahren der etwa um 2500 v. Chr. aus dem südchinesischen Raum eingewanderten Proto-Malayen, sie haben teils eine sehr dunkle Haut und krauses Haar, hängen einer animistischen Glaubenswelt an und sprechen einen austronesische, dem Thai nicht verwandte Sprache.

Rund 9500 Chao Lee soll es heute noch geben, davon etwa 7000 in Thailand. Ethnologen unterscheiden die Volksgruppen der Moklen, Urak Lawoi und Moken. Erstere haben sich im Gebiet von Phuket und Phang Nga mehr oder weniger niedergelassen, sind als Sesshafte heute weitgehend in die thailändische Gesellschaft integriert und besitzen auch die thailändische Staatsbürgerschaft. Offiziell werden sie *Thai mai* genannt, also ›Neue Thais‹. Die Urak Lawoi leben als Halbnomaden in denkbar schlichten Dörfern an der gesamten Küste zwischen Phuket und dem Tarutao-Archipel, sofern sie nicht auf dem Meer unterwegs sind. Die oft noch staatenlosen Moken befahren mit ihren Booten nach Art ihrer Vorfahren die Andamanensee von Myanmar bis hinunter nach Malaysia. Ihr Leben ist eine stete Reise, das Boot ihr Zuhause, das Meer ihre Heimat, die sie mit Fischen und Muscheln versorgt und fast allem, was sie sonst zum Leben benötigen.

Auf Dauer wird die tradierte Lebensweise und die Kultur der Seenomaden verloren gehen. Bei den Moklen ist die Assimilation schon sehr weit fortgeschritten, u. a. wegen der Schulpflicht, die auch die Urak Lawoi einhalten müssen. Nicht zuletzt beschleunigen die auf Phuket und Ko Lanta z. B. als Sea Gipsy Tours angebotenen Touristenfahrten, in deren Rahmen die Chao-Lee-Dörfer wie Zoos besichtigt werden, den Kulturverlust. Die Moken, denen das Selbstbestimmungsrecht als indigenes Volk vorenthalten wird, müssen ohnmächtig ansehen, wie ihre Meere von Trawlerflotten leergefischt und ihre angestammten Fischgründe in Nationalparks verwandelt werden.

Hilfe im ungleichen Kampf könnte das 1997 ins Leben gerufene Andaman-Pilot-Projekt der UNESCO bringen. Auch der Tsunami vom Dezember 2004 hat den Namen der Chao Lee und die Kunde von ihrem Dasein in die Welt getragen. Die Moken kannten nämlich das Naturphänomen und wussten die Vorzeichen der Katastrophe zu deuten. Daher konnten sie sich selbst und mehrere Touristen in Sicherheit bringen.

12 km (2,5–3 Std.) durch primären Regenwald der **Ao Talo Udang** erreicht, die auf die malaysische Insel Pulau Langkawi blickt und ebenfalls mit einer Parkranger-Station ausgestattet ist.

Nationalparkamt: Am Ao Pante Malaka. Im Besucherzentrum Information über Ökologie und Geschichte der Insel sowie allabendliche Diashow.

Da die Unterkünfte während der Saison knapp sind, empfiehlt sich eine vorzeitige Reservierung möglichst schon vor der Anreise, telefonisch bzw. online beim Nationalparkamt.
Ao Phante Malaka: Bungalows für max. vier Personen, teils ohne eigenes Bad, 800–1200 Bt. Simple Zimmer in einem Langhaus, 500 Bt.
Ao Molae: Neue Steinbungalows, sehr idyllisch direkt am Strand, 1000 Bt/2 Pers.
Ao Sone: Drei schlichte Palmwedelbungalows, 350 Bt/2 Pers.
Camping: An allen Stränden ist Zelten gestattet. Toiletten/Duschen gibt es an der Ao Phante Malaka, der Ao Molae und Ao Sone. An der Ao Phante Malaka werden zahlreiche Zelte vermietet, ein paar weniger an der Ao Molae.

Im Restaurant der Parkverwaltung an der **Ao Phante Malaka** kann man gut und günstig essen, große Auswahl an Thai-Gerichten (ab etwa 60 Bt). Es gibt auch einen kleinen Lebensmittelladen. Je ein weiteres Restaurant findet sich am **Ao Molae, Ao Sone** und **Ao Talo Wao.**

Anreise: Per Bus/Minibus nach Ban Pakbara (ab Krabi 380 Bt, ab Ko Lanta 450 Bt, ab Surat Thani 450 Bt, ab Phuket 500 Bt). Dort Nov.–April mindestens 2 x tgl. Schnellboot zur Ao Phante

Malaka (1,5 Std., 300–400 Bt/Pers., je Gesellschaft), außerdem mindestens 2 x tgl. 800 PS-starke Motorboote (400–500 Bt/Pers.).
Im Archipel: Mindestens 1 x tgl. um 12 Uhr Schnellboot nach Ko Lipe/Ko Adang (1,5 Std., 300 Bt/Pers.), außerdem Motorboote (350 Bt/Pers.).

Ko Adang und Ko Rawi

Reiseatlas: S. 238, B3
Die stark gebirgige und 30 km^2 große Insel rund 40 km westlich von Ko Tarutao ist mit Primärwald bewachsen, von weißen Stränden aus Quarzsand gesäumt und von Korallenriffs umgeben. Zwischen September und Dezember gehen hier die bis zu 1 m langen sogenannten Suppenschildkröten zur Eiablage an Land. Am sowohl zum Baden als auch Schnorcheln perfekten **Südstrand** von Ko Adang findet sich die Parkranger-Station der Insel. Ein lohnenswerter Ausflug führt von dort zu den etwa 1,5 Gehstunden entfernten **Pirate's Falls** (Wasserfall), ein anderer hat einen **Aussichtspunkt** zum Ziel (ca. 30 Min., anstrengend und rutschig).

Weitere Highlights von Ko Adang und den Inseln der Umgebung sind einer großen Infokarte an der Parkstation zu entnehmen, wo während der Saison täglich zahlreiche Bootstouren angeboten werden (Ziele und Preise sind identisch mit denjenigen von Ko Lipe, s. u.). Ein Muss ist ein Besuch des benachbarten **Ko Rawi,** das von Größe, Topographie und Schönheit her mit Ko Adang vergleichbar ist. Als ein Höhepunkt gilt die Fahrt zum **White Sand Beach,** wo eine intakte Unterwasserwelt direkt vor dem Strand einlädt und man sich als Schnorchler an einem ge-spannten Seil mehrere hundert Meter weit über das Riff ziehen kann.

Parkranger-Station: Am Südstrand von Ko Adang, mit kleinem Informationszentrum.

Ko Adang: Bei der Rangerstation gibt es Zimmer in einem Langhaus (400 Bt) sowie 2007 eröffnete Komfort-Bungalows in panoramareicher Hangla-ge, die vergleichsweise günstig sind (1000–1200 Bt). Außerdem werden direkt am Strand urig-romantische Palmwedel-

hütten mitsamt Moskitonetz vermietet (250 Bt) sowie Dutzende Zelte (150 Bt). Auch kann man sein eigenes Zelt auf-schlagen, was an der Ranger-Station 60 Bt kostet, an allen anderen Stränden kostenlos ist.

Ko Adang: Über der Rangerstation am Hang luftiges und panoramarei-ches Restaurant, recht große Auswahl an guter Thai-Küche für wenig Geld (ab 60 Bt). Außerdem ein kleiner Laden für Süßigkeiten und Getränke.
Ko Rawi: Am White Sand Beach, wo ei-ne kleine Rangerstation eingerichtet ist,

Vom Aussichtspunkt auf Ko Adang geht der Blick hinüber nach Ko Lipe

findet sich ein schlichtes Restaurant, in dem stets ein, zwei Gerichte sowie Getränke zu bekommen sind (um 60 Bt) .

 Anreise: Transfer von Ko Lipe (s. u.) mit Longtail-Booten (50 Bt/Pers.).

Ko Lipe

Reiseatlas: S. 238, B3
Die 4 km² große Insel, oft auch Ko Leepae geschrieben, weist als einzige im Nationalpark touristische Infrastruktur auf, da sie nicht den sonst so strengen Regeln unterliegt. Denn hierher wurde das Volk der Chao Lee, die als Seenomaden im Bereich von Ko Adang und Ko Rawi lebten, nach Einrichtung des Tarutao National Park umgesiedelt. Die insgesamt rund 700 Stammesangehörigen leben vorwiegend an der Ostküste des leicht hügeligen Eilandes, das ringsum von Sandstränden gesäumt ist. Die Strände sowie die atemberaubende Unterwasserwelt nebst dem Umfeld von Ko Adang & Co locken schon seit Jahren Individualtouristen an. Mittlerweile herrscht hier während der Saison bereits so drangvolle Enge, dass die z. Zt. rund 600 Bungalows nicht mehr ausreichen und Dutzende Zelte als Notunterkünfte aufgestellt werden. Mit der Wasserqualität der Brunnen steht es auch nicht gerade zum Besten, und selbst der naivste Besucher wird das Müllproblem der Insel stellenweise kaum übersehen und -riechen können.

Die vier bedeutendsten Strände der Insel, von denen es heißt, sie seien die feinsten, weichsten und weißesten von Südthailand schlechthin, sind untereinander über Fußwege verbunden. Der Hauptstrand heißt **Pattaya Beach.** Auch wenn er dank perfekter Infrastruktur der mit Abstand populärste ist, so hat er doch nichts mit seinem Namensvetter unweit von Bangkok gemeinsam. Er blickt nach Süden und ist idyllisch in Hügel gefasst. Die einzigen Schatten, die hier fallen, werden von den Dutzenden Longtail-Booten geworfen, die in der Bucht vor Anker liegen bzw. lautstark von sich hören machen. Eine regelrechte Shopping- und Restaurant-Meile führt vom Pattaya zum **Sunlight Beach,** der nahezu die gesamte Ostküste säumt. Hier befindet sich das Dorf der Chao Lee, wo man interessante Einblicke, z. B. in die direkt hinter dem Strand liegende Openair-Schule, nehmen kann. Aber im Dorfbereich sieht man oft das Meer vor lauter Longtail-Booten kaum. Wesentlich schöner wohnt man daher am Südrand des Strandes oder insbesondere an seinem Nordzipfel, der als **Karma Beach** bekannt ist. An der Nordküste schließt sich bald der **Sunset Beach** an, der zurzeit noch ruhigste der Insel.

 Internet: Infos bietet die Seite www.kohlipethailand.com.

Jährlich entstehen neue Unterkünfte. Die derzeit rund 20 Bungalowanlagen, davon die meisten am Pattaya Beach, sind nur während der Saison geöffnet. Da die Nachfrage oftmals größer als das Angebot ist, empfiehlt sich eine rechtzeitige Reservierung, was aber nicht in allen Anlagen möglich ist.
Mountain Resort: Sunlight Beach, Tel. 074 72 81 31, www.mountainresortkohlipe. com. Die Höhenlage rund 10 Gehminuten

über dem Strand garantiert ein herrliches Panorama auf Ko Adang, die Bungalows sind auffallend groß und gepflegt. Strom gibt es rund um die Uhr. 500 Bt (Fan), 1000 Bt (AC),1500 Bt (VIP).
Viewpoint Resort: Sunlight Beach, Tel. 08 16 78 89 25. Die Anlage mit 15 urig-romantischen Bungalows am Felsende des Strandes ist eine der wenigen, die unter Leitung der Chao Lee steht. Ein Tipp für alle, die es ursprünglich mögen. 300–500 Bt.
Lipe Resort: Pattaya Beach, Tel. 074 72 43 36. Die größte Anlage der Insel zählt mittlerweile schon gut 70 Bungalows, die allesamt recht gepflegt wirken, einige teurere mit Strandblick. 1000 Bt (Fan), 1300–1600 Bt (AC).

Bootstouren: In der Saison tgl. Dutzende Sightseeingtouren in Longtail-Booten nach Ko Adang, Ko Rawi, Ko Butang und vielen anderen Inseln mehr. Strand- und Schnorchelstopps werden dabei reichlich eingelegt. Programme und Preise sind identisch. Einen Überblick vermittelt die Ganztagestour (1800 Bt). Alle Highlights rund um Ko Lipe sieht man auf zwei ganztägigen Bootstouren – teuer, aber es lohnt unbedingt! (2500 Bt).
Kajak: Vielfältige Ausflugsmöglichkeiten in der Inselwelt, Verleih ab 600 Bt/Tag.
Schnorcheln: Interessante Stellen finden sich z. B. direkt vor dem Sunlight Beach zwischen den beiden kleinen vorgelagerten Inseln (Achtung! starke Strömungen) und am Ostrand des Pattaya Beach. Schnorchelausrüstung ab ca. 100 Bt/Tag, Schnorchelfahrten ab ca. 600 Bt/6 Std. Außerdem können Schnorchler an Tauchtouren teilnehmen.
Tauchen: Die Tauchgründe im Umfeld des Tarutao-Archipels gelten als einzigartig in Südostasien. Allein im Bereich von Ko Lipe und den Nachbarinseln hat sich ein rundes Dutzend Spots einen heraus-

ragenden Namen gemacht. Tauchzentren gibt es entsprechend viele. Seit Jahren beliebt sind u. a. Sabye Diving (Tel. 074 72 80 26, www.sabye-sports.com) und Forra Dive (Tel. 08 94 66 70 67, www.forradiving.com). PADI Open-Water-Kurs ab 12 000 Bt, Tagestouren mit 2 Dives ab 2500 Bt, komplette Tauchausrüstung ca. 1000 Bt/Tag.

Es gibt über zehn Bars auf der Insel. Bevorzugt das ›coole‹ Volk **Pooh's Bar** am Strip zwischen Pattaya und Sunlight Beach, so bietet die **Karma Bar** am Sunlight Beach die mit Abstand schönste Aussicht, gute Drinks und Musik, während **Jack's Jungle Bar** beim Sunset Beach allabendlicher Treff nicht nur von Tauchenthusiasten ist.

Boot: Mehrere Gesellschaften bedienen zwischen Mitte Nov. und Mitte Mai die Insel. 1–5 x tgl. Verbindungen mit Ban Pakbara (1,5–4 Std., 400–600 Bt, je nach Bootstyp), teils via Ko Tarutao (1,5 Std.), teils via Ko Bulon (1,5–4 Std.), teils direkt. 1 x tgl. Schnellboot von/nach Satun (2,5 Std., 550 Bt). An allen ungeraden Tagen wird Ko Lipe auch von Pulau Langkawi/Malaysia aus bedient (ca. 2 Std., 1100 Bt). Seit der Saison 2006/2007 verkehren Highspeed-Motorboote mit Platz für ca. 40 Pers. an allen ungeraden Tagen auf der Strecke von/nach Ko Lanta (Ban Saladan) via Ko Ngai, Ko Muk und Ko Bulon (4 Std., 1700 Bt). Außerhalb der Saison (Mitte Nov.– Mitte Mai) kann Ko Lipe in aller Regel nur an den Wochenenden von Pulau Langkawi/Malaysia aus erreicht werden.

Geld: Keine Automaten oder Möglichkeiten zum Geldwechseln!
Internet: Mehrere Unterkünfte bieten Internetzugang, der allerdings teuer ist (2007 um 200 Bt/Std.).

REISEINFOS VON A BIS Z

Alle wichtigen Infor-
mationen rund ums
Reisen auf einen Blick
– von A wie Anreise bis
Z wie Zeitungen

Extra: Ein Sprachführer
mit Hinweisen zur
Aussprache, wichtigen
Redewendungen, Zahlen
und einem Überblick
über die thailändische
Speisekarte

Auf Wiedersehen in Thailand

INHALT

Anreise

Flüge nach Bangkok und Phuket

Der Direktflug von Mitteleuropa nach Thailand währt nur knapp elf Stunden. Drehkreuz des thailändischen Flugtourismus ist **Bangkok,** das allein von Frankfurt aus von etwa 30 verschiedenen Fluggesellschaften angesteuert wird. Andere Abflughäfen in Deutschland sind u. a. Berlin, München und Düsseldorf, außerdem Wien in Österreich und Zürich in der Schweiz. Wer grenznah wohnt, kann zudem die teils günstigeren Flüge von Amsterdam und Brüssel nutzen.

Täglich direkt angeflogen wird auch **Phuket** – zumindest in der Hochsaison zwischen November und April – im Linien- und Charterverkehr von mehreren Flughäfen in Deutschland, der Schweiz und Österreich. Die Flugpreise liegen jedoch wesentlich höher als für Tickets nach Bangkok.

Zwischen Bangkok und Phuket verkehren täglich mehr als zwei Dutzend Maschinen, Flugzeit etwa eine Stunde. Auch nach Ko Samui besteht ein regelrechter Shuttle-Service. Zudem wird Krabi mehrmals täglich von Bangkok aus angeflogen, so dass es in aller Regel kein Problem ist, innerhalb von etwa 15 Stunden Südthailand via Bangkok von Westeuropa aus zu erreichen.

Flüge via Südostasien

Falls die Flüge aus Europa nach Bangkok bzw. Phuket ausgebucht sind, kann man u. a. auch auf Singapore, Kuala Lumpur und Hongkong ausweichen und von dort aus mit einem der zahlreichen Billigflieger zum Spottpreis direkt nach Bangkok, Phuket, Krabi und Ko Samui weiterfliegen.

Preise

Der offizielle IATA-Tarif für die Strecke nach Thailand liegt bei knapp unter 1000 € pro Weg. Doch werden Hin- und Rückflugtickets bereits ab 450 € inkl. Steuern und Gebühren angeboten. Da die günstigen Kontingente oft schon viele Monate vor der Hochsaison im November ausverkauft sind, ist eine rechtzeitige Buchung unbedingt erforderlich. Einen Preisvergleich und Überblick über die ständig wechselnden Angebote der Fluggesellschaften bieten Online-Portale wie z. B. flug.idealo.de und www.reise-preise.de.

Preisbrecher sind kleinere Fluggesellschaften, die meist einen Tankstopp in einem Emirat einlegen und daher etwa 13 Stunden und mehr Reisezeit benötigen. Seit Jahren am günstigsten ist die persische **Mahan Air,** die viermal wöchentlich von Deutschland nach Bangkok fliegt. Das One-Way-Ticket kann man je nach Saison für 340–390 € buchen. Der Hin- und Rückflug kostet 460–610 €. Dabei ist Mahan Air mit 13 Stunden Flugzeit außerordentlich schnell, pünktlich und zuverlässig sowie für guten Service, u. a. 30 kg Freigepäck, bekannt (www.mahan-air.de, Callcenter Tel. 018 05 00 53 00)

Auch die deutsche **LTU,** die mehrmals wöchentlich nach Bangkok sowie von November bis April nach Phuket fliegt, bietet ähnlich günstige Preise. Während der Hochsaison können sie aber auf ca. 1000 € klettern (www.ltu.de, Callcenter Tel. 021 19 41 83 33, Fax 021 19 41 88 81).

Alkohol

Alkohol ist außer in den überwiegend muslimischen Südprovinzen fast überall im Lande erhältlich. Die Preise für die einheimischen Destillate sind günstig (0,5 l ab etwa 100 Bt). Bier hingegen ist in Relation ziemlich teuer (0,33 l ca. 30 Bt, im Restaurant ab 50 Bt). In den Touristenzentren bekommt man darüber hinaus alle international bekannten Spirituosen zu den daheim üblichen Preisen.

Apotheken

Apotheken finden sich auch auf dem Land, zumindest in den touristischen Orten, und sind mit der kompletten Pharmapalette bestückt, die man auch von zu Hause her kennt. Die Preise allerdings betragen oft nur einen Bruchteil von den bei uns üblichen. Die allermeisten Medikamente bekommt man ohne Rezept.

Ärztliche Versorgung

Das Gesundheitswesen in Thailand ist sehr hoch entwickelt. Selbst im ländlichen Abseits finden sich überall Erste-Hilfe-Stationen, in allen größeren Ortschaften gibt es Krankenhäuser. Zumeist spricht einer der Ärzte oder Pfleger Englisch. In den Städten herrscht kein Mangel an niedergelassenen Ärzten und Zahnärzten. Die Gebühren für eine normale Konsultation liegen bei etwa 200–300 Bt.

Bei ernsteren Problemen empfehlen sich die privaten Krankenhäuser in Bangkok sowie auf Phuket, die sich in jeder Hinsicht mit besten Krankenhäusern in Europa vergleichen lassen, und das bei wesentlich günstigeren Preisen und einem unvergleichlich besseren Service. Ihre Kundschaft ist international, da es nicht wenige Patienten gibt, die eigens zur Behandlung nach Thailand reisen. Als beste Adresse in Bangkok gilt das Bumrungrad Hospital (www.bumrungrad.com), auf Phuket sind das Bangkok Phuket Hospital (www.phukethospital.com) und das Phuket International Hospital (www.phuket-inter-hospital.co.th) zu empfehlen.

Auto fahren

Verkehrsregeln

Mit Linksverkehr und rechtsgelenktem Fahrzeug klar zu kommen ist zwar gewöhnungsbedürftig, aber einfacher als man im Allgemeinen annimmt. Schwieriger fällt es, sich als Europäer mit der Missachtung der offiziellen Verkehrsregeln, die in etwa den unseren entsprechen, zu arrangieren. Generell haben große Fahrzeuge wie Trucks und Busse immer Vorfahrt. Um Risiken zu vermeiden, sollte man langsam, umsichtig und vorsichtig fahren und sich die thailändische Gewohnheit zu eigen machen, beim Überholen von Fahrzeugen wie von Fußgängern stets und ohne Unterlass die Hupe zu betätigen bzw. nachts zusätzlich die Lichthupe zu aktivieren. Für das Führen eines Autos benötigt man einen **internationalen Führerschein.**

Straßennetz und Tankstellen

Das Straßennetz ist im Großen und Ganzen von ausgezeichneter Qualität.

Die wichtigsten Hinweisschilder sind auch in lateinischer Schrift beschriftet. An Tankstellen herrscht auf den Hauptstraßen kein Mangel. Selbst auf dem Land finden sich überall kleine Stationen, wo der Treibstoff aus Fässern abgepumpt wird. Die **Benzinpreise** liegen bei etwa 25 Bt/l, Diesel kostet 23 Bt/l.

Behinderte auf Reisen

Eine behindertengerechte Infrastruktur gibt es in Südthailand nicht. Eine Ausnahme machen nur einige wenige Spitzenhotels und Resorts. Dennoch trifft man relativ viele Reisende mit Behinderung, da sich dank der sprichwörtlichen Hilfsbereitschaft der Thais die meisten Probleme lösen lassen.

Diplomatische Vertretungen

... von Deutschland
Botschaft: 9 South Sathorn Road, Bangkok, Tel. 022 87 90 00, Fax 022 87 17 76, Mo–Fr 8–12 Uhr.
Honorarkonsulat: Herr Dirk Naumann, 100/425 Moo 3, Chalermprakit R. 9 Road, Rassada, Phuket Town, Tel. 076 35 41 19, Fax 076 35 46 02, Mobil 08 96 68 36 35, Mo–Fr 9–13 Uhr.

... von Österreich
Botschaft: 14 Soi Nandha, off Soi 1, Sathorn Tai Road, Bangkok, Tel. 023 03 60 57, Fax 022 87 39 25, Mo–Fr 9–12 Uhr.
Honorarkonsulat: 2 M. 4 Wirathongyok Road., Phuket Town, Tel. 076 24 83 33, Fax 02 24 83 37.

... der Schweiz
Botschaft: 35 North Wireless Road, Bangkok, Tel. 022 53 01 56-60, Fax 022 55 44 81, Mobil 08 18 22 49 21, Mo–Fr 9–11.30 Uhr.

... von Thailand
Botschaft in Deutschland: Lepsiusstr. 64/66, 12163 Berlin, Tel. 030/79 48 10, Fax 030/79 48 15 11, www.thaiembassy.de.
Generalkonsulat: Kennedyallee 109, 60596 Frankfurt/Main, Tel. 069/69 86 82 03, Fax 069/69 86 82 28

Botschaft in Österreich: Cottaggasse 48, 1180 Wien, Tel. 01/478 33 35, Fax 01/478 29 07, www.thaivienna.at.

Botschaft in der Schweiz: Kirchstr. 56, 3097 Liebefeld–Bern, Tel. 031/970 30 30-34, Fax. 031/970 30 35, www.thaiembassy.org/bern.
Generalkonsulat: Löwenstr. 42, 8001 Zürich, Tel. 043/344 70 00, Fax 043/34470 01, www.thai–consulate.ch.

Drogen

Gerade in den Touristenzentren werden unterschiedliche Drogen angeboten, doch die thailändischen Antidrogengesetze sind drastisch. Selbst der Konsum von Hasch kann mit bis zu einem Jahr Gefängnis bestraft werden.

Einreise- und Zollbestimmungen

Personalpapiere
Für die Einreise nach Thailand ist ein **Reisepass** erforderlich, der am Tag der

Ankunft noch mindestens sechs Monate lang gültig sein muss. Auch Kinder, selbst Säuglinge benötigen einen mit Foto versehenen Reisepass (keinen Kinderausweis!), sofern sie nicht im Pass der Eltern eingetragen sind.

Ein **Visum** ist nicht erforderlich, wenn man max. 30 Tage im Land bleibt und ein bestätigtes Rückflug- oder Weiterreiseticket (kein Open-date-Ticket) vorweist. Die Aufenthaltsgenehmigung wird bei der Ankunft erteilt.

Für einen längeren Aufenthalt benötigt man ein **Touristenvisum,** das in einfacher Ausführung 60 Tage gültig ist (30 €). Als Re-entry-Visum berechtigt es zu max. drei Aufenthalten à 60 Tage, wobei sich der Preis verdoppelt bzw. verdreifacht. Mit diesem Visum kann man nach Ablauf der Aufenthaltsfrist aus- und sofort wieder einreisen, so dass man max. sechs Monate im Land bleiben kann.

Mit dem **Non-Immigrant-Visum,** kann man 90 Tage bzw. mit dem Multiple-entry-Visum bis zu 1 Jahr im Land bleiben. Es kostet 50 € bzw.120 € für mehrere Einreisen und ist u. a. für Senioren gedacht, die einen Langzeitaufenthalt planen. Eine Rentenbescheinigung ist in diesem Fall vorzulegen.

Die Visa stellen die Diplomatischen Vertretungen Thailands vor Reiseantritt aus. Die erforderlichen Formulare erhält man online oder fordert sie telefonisch bzw. schriftlich an. Die Bearbeitungszeit beträgt ca. 7–10 Tage, bei persönlichem Erscheinen ist eine Ausstellung sofort möglich. Die Einreise nach Thailand muss bis spätestens 90 Tage nach Erhalt des Visums erfolgen.

Zoll

Zollfrei können persönliche Gebrauchsgüter wie Kleidung und Kosmetika sowie 200 Zigaretten oder 250 g Tabak und 1 l Wein oder Spirituosen mitgenommen werden. Die Ein- bzw. Ausfuhr thailändischer Währung ist auf 50 000 Bt (ca. 1000 €) pro Person beschränkt. Ausländische Währung darf in beliebiger Höhe mitgeführt werden, lediglich Barbeträge über 10 000 US-$ müssen deklariert werden. Generelles Einfuhrverbot besteht für alle Arten von Drogen, Waffen und Sprengstoff sowie pornografische Schriften.

Elfenbein, Schildpatt, Krokodilleder und andere Produkte von geschützten Tieren dürfen nicht ausgeführt werden. Antiquitäten und jegliche Buddha-Figuren erfordern eine spezielle Exportgenehmigung. Auch gute Repliken können bei der Ausfuhr Probleme bereiten.

Elektrizität

Generell 220 Volt. 110 Volt nur vereinzelt in wenigen Bungalowanlagen, die mit Stromgenerator arbeiten. Adapter sind mitunter erforderlich.

Feiertage

An den staatlichen Feiertagen bleiben alle Ämter, Banken und Behörden geschlossen, nicht aber zwangsläufig die Geschäfte. Fallen die Feiertage auf einen Dienstag oder Donnerstag, wird auch an dem Brückentag davor bzw. danach nicht gearbeitet.

1. Januar – Neujahr

6. April – Chakri-Tag (Inthronisation des ersten Chakri-Königs)

13.–15. April – Songkran (Thai-Neujahr)

1. Mai – Tag der Arbeit

5. Mai – Krönungstag

12. August – Geburtstag der Königin

23. Oktober – Chulalongkorn-Tag (Todestag von König Chulalongkorn Rama V.

5. Dezember – Geburtstag des Königs

10. Dezember – Verfassungstag

Fotografieren

Negativfilme sind in Thailand billiger als zu Hause, Diafilme hingegen nicht. Wer digital fotografiert, kann seine Bilder in den Internet-Cafés der Touristenzentren auf CD brennen.

Frauen unterwegs

Auch für allein reisende Frauen stellt sich Thailand als ein kleines Paradies dar. Die lästige Anmache durch einheimische Männer ist hier so gut wie unbekannt, da schon ein Hinterherpfeifen einem Tabubruch gleichkommt.

Geld

Währung

In Thailand zahlt man mit Thailändischen Baht (Bt).

Das – auch optisch– kleinste gängige Geldstück ist 1 Bt, das größte 10 Bt (goldfarben). Nur auf den neueren Münzen ist der Wert auch in arabischen Zahlen eingeprägt. Noten gibt es im Wert von 10 (sehr selten), 20, 50, 100, 500 und 1000 Bt.

Wechselkurs (Stand Juli 2007):

1 € = ca. 42 Bt / 100 Bt = 2,30 €
1 sFr = ca. 25 Bt / 100 Bt = 3,85 sFr

Banken

Banken gibt es in jedem größeren Ort. Aber auch in den Wechselstuben in den Touristenzentren kann man Bargeld tauschen oder Reiseschecks einlösen. Selbst in kleineren Ortschaften finden sich Geldautomaten, die zumeist die gängigen Kreditkarten (u. a. Eurocard, Visa, American Express) sowie ec/Maestro-Karten akzeptieren. Mit Kreditkarte kann man in den meisten besseren Hotels und Resorts auch bargeldlos zahlen.

Gesundheitsvorsorge

Impfungen werden nicht verlangt. Sinnvoll sind jedoch eine Tetanus- und Polioimpfung sowie evtl. eine Hepatitis-Prophylaxe. Malaria kommt in Südthailand so gut wie nicht mehr vor. Ärztliche Konsultationen und Medikamente sind sehr günstig (Arztbesuch ca. 300 Bt, Diabetis-Test 3500 Bt, Herz-Überprüfung 4400 Bt). Dennoch empfiehlt sich der Abschluss einer privaten Auslandskrankenversicherung, die man schon ab etwa 15 € u. a. über Reisebüros oder den Automobilclub abschließen kann.

Die Vogelgrippe ist zwar nicht in Südthailand, aber im Norden des Landes aufgetreten. Vorsorglich sollte man möglichst jeglichen Kontakt mit Vögeln und Geflügel meiden und keine Geflügelmärkte besuchen.

Da in Thailand etwa 750 000 Menschen mit HIV infiziert sind, ist entsprechender Schutz bei sexuellen Kontakten unabdingbar.

Handeln

In Warenhäusern herrschen in der Regel Festpreise, doch überall sonst kann man sich im Handeln üben und in aller Regel einen Rabatt von etwa 10–40 % herausschlagen. Auch in allen Unterkünften, selbst den teuersten, lohnt es sich vor allem außerhalb der Hochsaison nach einem *discount* zu fragen.

Informationsstellen

Allgemeine Reiseinformationen und Broschüren sowie ein Visum erhält man beim **Thailändischen Fremdenverkehrsamt.**

Deutschland
Bethmannstr. 58, 60311 Frankfurt/Main, Tel 069/138 13 90, Fax 069/13 81 39 50, www.thailandtourismus.de.

Österreich
Apropos Marketing & Events, Heumuehlgasse 3, 1040 Wien, Tel. 01/585 24 20, Fax 01/585 23 44, www.thailandtourismus.at.

Schweiz
Zähringerstr. 16, 3012 Bern, Tel. 031/300 30 88, Fax 031/300 30 77, www.tourismthailand.ch.

Infos im Internet

Thailand ist asienweit einer der Spitzenreiter in Sachen Internet. Erstaunlich viele Unternehmen der Tourismusbranche sind mit einer eigenen Seite im Web vertreten. Die **Landeskennung** ist ›co.th‹, aber auch die Kennung ›com‹ ist üblich. Größte thailändische Suchmaschine ist www.google.co.th (auch auf Englisch). Im Reiseteil dieses Buches werden die wichtigsten regionalen Websites sowie die Internetadressen aller relevanten Tourismusunternehmen genannt. Häufig ist es möglich, direkt online zu buchen.

Internet-Cafés finden sich in allen Touristenzentren, den meisten Städten und zunehmend auch in kleineren Ortschaften. Das Surfen im Netz (teils per Modem, meist aber per ADSL oder Satellit) kostet um etwa 20–30 Bt pro Std.

Einige lohnende **Websites**:
www.sawadee.com – allgemeine Informationen zu Thailand
www.suedthailand.de – spezielle Informationen zu Südthailand
www.thaiminator.de und
www.siam.de – umfangreiche Linksammlungen
www.learningthai.com – Online-Sprachkurs
www.bangkokpost.net – Online-Auftritt der Bangkok Post

Karten und Pläne

Der in diesem Buch enthaltene Reiseatlas ist im Normalfall eine ausreichende Grundlage für Reisen in Südthailand. In gut sortierten Buchhandlungen findet man darüber hinaus auch zweisprachige Straßenkarten, und in allen Touristenzentren liegen Stadtpläne sowie Regionalkarten aus.

Lesetipps

Folgende Bücher stimmen auf Süd-thailand ein.

Rainer Bolik und Siriporn Jantawat-Bokik: Land & Leute Thailand. Kurze, alphabetisch geordnete Artikel stellen die Kultur und das Alltagsleben in Thailand dar.

Alex Garland: Der Strand. Ein Traum-strand – der junge Engländer Richard glaubt, das Paradies entdeckt zu haben. Doch bald schon zeigt der Strand sein wahres Gesicht. Richard stellt fest, dass er in die Hölle geraten ist. Der Roman spielt auf einer Insel vor Ko Pha Ngan und wurde auf Ko Phi Phi verfilmt.

Christopher G. Moore: Haus der Geister/Nana Plaza. Die spannenden Thriller des kanadischen Autors gelten in Thailand als Kultbücher.

Sympathie Magazin Nr. 3: Thailand verstehen. Auf 50 Seiten Essays zur Alltagskultur in Thailand.

Unter **www.thailandbuch-verlag.de** findet man alle erdenklichen Sachbücher und Belletristik über Thailand: Romane, Erzählungen, Reiseführer und Ratgeber, Koch- und Sprachbücher.

Notruf

Touristenpolizei: Tel. 11 55
Notruf: Tel. 191
Feuerwehr: Tel. 199

Öffnungszeiten

Banken: Mo–Fr 8.30/9–15.30 Uhr.
Post: Mo–Fr 8.30–12 und 13–16, Sa meist 9–12 Uhr.

Ämter und Behörden: Mo–Fr 8.30–12 und 13–16.
Warenhäuser: Mo–Fr 10–19/20 Uhr.
Geschäfte: Mo–Fr meist 8/9–20/21 Uhr, die Mehrzahl sind auch an den Wochenenden geöffnet.

Post

Postämter gibt es in jeder Stadt. Die thailändische Post arbeitet sehr zuverlässig. Briefe (25 Bt) sowie Postkarten (15 Bt) nach/von Europa benötigen etwa 5–7 Tage.

Radio und Fernsehen

Die **Deutsche Welle** strahlt jeden Tag Nachrichten auch in deutscher Sprache in Thailand aus. Ein kostenloses Programmheft kann man anfordern bei: Deutsche Welle, Kurt-Schumacher-Str. 3, 53113 Bonn, Tel. 02 28/42 90, www.dw-world.de.

Die allermeisten Hotelzimmer, selbst in der Budgetklasse, sind mit **Kabel-TV** ausgestattet. Es können dutzende Programme, auch in englischer Sprache, empfangen werden.

Rauchen

In öffentlichen Verkehrsmitteln sowie öffentlichen Gebäuden herrscht generelles Rauchverbot. In Geschäften und Kiosken sind neben den günstigen thailändischen Zigarettenmarken (ab etwa 20 Bt) auch die gängigen internationalen erhältlich (ab ca. 40 Bt). In den Touristenzentren gibt es zudem die bekannten Tabaksorten zum Selberdrehen (ab etwa 180 Bt).

Reisekasse und Preise

Der Mindestlohn in Bangkok liegt bei 170 Bt, auf dem Land auch darunter. Entsprechend günstig kann man auf unterstem Budgetniveau reisen. Für etwa 25 € genießt man zu zweit bereits Mittelklasse-Standard. Etwa 50 € tgl. benötigen zwei Komforttouristen. Nach oben hin sind natürlich keine Grenzen gesetzt.

Der billigste Bungalow oder das billigste Gästezimmer schlägt mit etwa 100 Bt für zwei Personen zu Buche. Im Durchschnitt sollte man aber 200 Bt und mehr rechnen. Unterkünfte in der Mittelklasse bekommt man ab etwa 600 Bt, die Oberklasse beginnt bei ca. 2000 Bt. Ein Essen in einer Garküche kostet im Durchschnitt etwa 30–50 Bt, in Restaurants kaum mehr als 100 Bt. Auch Dienstleistungen und touristische Attraktionen sind vergleichsweise günstig: z. B. Elefantenritte etwa 800 Bt/2 Std., Tauchexkursionen mit zwei Tauchgängen ab 2000 Bt, Bootstouren ab 650 Bt/Tag.

Sicherheit

Die politische Lage in Thailand hat sich nach dem Miitärputsch am 19. September 2006 fast im gesamten Land vollständig beruhigt. Nur von Reisen in die südwestlichen Provinzen Yala, Pattani und Narathiwat rät das Auswärtige Amt dringend ab (www.auswaertiges-amt.de). Die Region wird deshalb in diesem Band nicht vorgestellt. Informationen über die Lage bietet die Website http://de.wikinews.org/wiki/Portal: Krisenregion_Südthailand.

Im Hinblick auf die Kriminalitätsrate gilt Thailand als eines der sichersten Länder Asiens. Dennoch sind die üblichen Sicherheitsvorkehrungen zu treffen: Vor allem im Gedränge und nachts ist auf Taschendiebe zu achten, Wertsachen und wertvollen Schmuck sollte man zu Hause lassen. Im Hotelzimmer und bei der Hotelrezeption sind Wertsachen jedoch nicht unbedingt sicher, wurden doch in der Vergangenheit Kreditkarten vielfach missbraucht. Vorsicht gilt auch bei Essens- und Getränkeangeboten von Fremden, da Betäubungsmittel untergemischt sein könnten. Trunkenheit am Steuer und Fahrerflucht sind keine Seltenheit.

In allen Touristenzentren finden sich Niederlassungen der Touristenpolizei, deren Beamte Englisch sprechen: landesweit Tel. 11 55.

Souvenirs

Südthailand ist ein Paradies für Liebhaber von Kunsthandwerk, denn die Auswahl ist riesig. In den Touristenzentren sowie in Bangkok kann man in unzähligen Shops für vergleichsweise wenig Geld alles erstehen, was das Herz begehrt. Extrem preiswert sind auch Imitate von Uhren und Designerwaren sowie Piraten-Software und Kopien von CDs und DVDs; die Einfuhr dieser Waren ist in Europa jedoch offiziell verboten.

Telefonieren

Festnetz

Das thailändische Telefonsystem ist modern und effizient. Telefonieren kann man u. a. in der Unterkunft (teuer), in Internetcafés und vielen Reisebüros. Die öffentlichen **Telefonzellen** unterscheiden sich je nach Farbe in ihrem Angebot: Rote Zellen mit Automat für 1-Baht-Münzen erlauben nur Ortsgespräche. Blaue Zellen sind mit Münzautomat, grüne mit Kartenautomat (in der Regel auch für internationale Gespräche) ausgestattet. In gelben Zellen können nur Telefonkarten der Firma Lenso verwendet werden). **Telefonkarten** bekommt man in den Filialen von 7-Eleven und zahlreichen Geschäften.

Die **Telefongebühren** belaufen sich für Ortsgespräche auf 1 Bt/Min., für Telefonate im Land auf 5–20 Bt/Min. und auf 50 Bt/Min. nach Europa. Mit der ThaiCard, einer internationalen Prepaid Card der Communications Authority of Thailand (CAT), die 300, 500 bzw. 1000 Bt kostet, telefoniert man von allen Privatanschlüssen und internationalen Telefonzellen weltweit für 4 Bt/Min. Dazu muss die auf der Karte angegebene Code-Nummer vor dem Gespräch eingegeben werden. Via Internet zahlt man sogar nur ab 1 Bt/Min. (Information unter: www.thaitelephone.com).

Internationale Vorwahlen
Deutschland: 001 49
Österreich: 001 43
Schweiz: 001 41
Thailand: 00 66

Bei Gesprächen nach Europa wählt man nach der Landeskennung die Ortskennzahl ohne die ›0‹ und schließlich die Teilnehmernummer. Daneben gibt es sogenannte Billig-Vorwahlen

(ab 8 Bt/Min.), für Deutschland z. B. 007 49, 008 49, 009 49.

In Thailand ist die Ortsvorwahl fester Bestandteil der Telefonnummer und muss auch bei Ortsgesprächen stets mitgewählt werden.

Mobil
Achtung! Seit dem 1. Dezember 2006 sind alle Handynummern in Thailand zehnstellig. Nach der voranstehenden ›0‹ folgt nun stets eine ›8‹, sonst ist keine Verbindung möglich.

Mobiltelefone sind in Thailand extrem weit verbreitet, die Netzabdeckung ist zumeist ausgezeichnet. Telefone mit den Systemen GSM 900 oder GSM 1800 kann man, Freischaltung vorausgesetzt, auch in Thailand benutzen. Preiswerter ist es in der Regel, vor Ort eine SIMcard zu kaufen: Bei One2Call kostet ein Gespräch nach Europa 7 Bt/Min.

Trinkgeld

Die Rechnungen in besseren Restaurants schließen in aller Regel 10–15 % Steuern und Bedienung ein. Wird die Rechnung verdeckt (etwa in einer Mappe) überreicht, ist es jedoch üblich, ein paar Scheine zusätzlich zu geben. In einfachen Restaurants wird Trinkgeld zwar nicht erwartet, doch bedankt man sich üblicherweise mit wenigstens 10 Bt für den Service. Taxifahrer erhalten in der Regel kein Trinkgeld, ebenso wie Fahrer von gecharterten Booten und Minibussen. Doch auch hier sollte man bei längeren Touren etwa 100 Bt geben.

Unterkunft

Von der romantischen Palmwedelhütte mit Hängematte am Strand bis hin zur Traumvilla mit allen Hightech-Finessen in klassisch thailändischer Teakholzarchitektur reicht das extrem breit gefächerte Angebot an Unterkünften. Mit Ausnahme weniger Hotels und Resorts stimmt in der Regel das Preis-Leistungs-Verhältnis. Fast immer zahlt man für das Zimmer bzw. den Bungalow, unabhängig von der Anzahl der Gäste, die es bewohnen.

Guesthouses

Zimmer in einem Gästehaus – sauber, akzeptabel und meist mit Ventilator (Fan) ausgestattet – gibt es ab etwa 100 Bt. 200 Bt muss man für ein Zimmer mit eigenem Bad zahlen. Mehr und mehr Gästehäuser bieten Zimmer mit Klimaanlage (AC – *airconditioning*), die ab etwa 300 Bt kosten. Manche Gästehäuser können durchaus mit gehobenem Hotelstandard konkurrieren, zumeist ist ein einfaches Restaurant angeschlossen. Gästehäuser findet man überwiegend in Städten und urbanen Ferienzentren. Da in ihnen vor allem junge Rucksackreisende Quartier beziehen, ist die Atmosphäre international und locker.

Hotels

Der Standard der Hotels in Südthailand variiert von spartanisch bis höchst luxuriös. Selbst in Häusern der internationalen Spitzenklasse kann man bereits ab etwa 2000 Bt ein Doppelzimmer bekommen. In der Mittelklasse muss man ab 600 Bt für ein Zimmer mit Bad/WC, AC, TV, Telefon und Minibar einkalkulieren. Generell gilt, dass man bei direkter Online-Buchung oder über Hotelreservierungszentralen günstigere Preise erzielt (s. u.).

Bungalowanlagen und Resorts

Am Strand wohnt man in Bungalowanlagen und Resorts. Die Namensgebung ist fließend, aber im Allgemeinen liegen die Bungalowanlagen vorwiegend im unteren Preissegment, während Resorts mindestens zur Mittelklasse zählen. Für ca. 100 Bt ist eine romantische, aber nur mit Matratze, Moskitonetz und Veranda spartanisch ausgestattete Bambushütte zu bekommen. Ab ca. 200–250 Bt gehören ein eigenes Bad/WC und Ventilator (Fan) zur Ausstattung. Für eine Unterkunft mit Klimaanlage (AC) muss man mit mind. 400 Bt rechnen. Ein eigenes Restaurant gehört zu jeder Anlage, die besseren besitzen in aller Regel auch einen Swimmingpool. Immer mehr Resorts bieten inzwischen darüber hinaus Spa und Wellness an.

In den Nationalparks vermietet die jeweilige Parkverwaltung Bungalows und oftmals Zelte (ab etwa 100 Bt). Campingplätze gibt es keine in Thailand.

Reservieren

Reservierungen benötigt man in der Regel nur für die Unterkünfte in den Nationalparks. Lediglich über den Jahreswechsel kann es schwer bis unmöglich sein, in den Ferienzentren ohne Voranmeldung ein vakantes Quartier zu bekommen. Aber nur bei Unterkünften ab der Mittelklasse aufwärts kann man telefonisch oder zunehmend online vorab buchen, wobei auch eine der vielen Hotelreservierungszentralen helfen kann. Die wichtigsten, regional tätigen sind im Reiseteil unter dem Stichwort ›Information‹ aufgeführt. Große Vermittler sind u. a. www.suedthailand.de, www.thaisouth. com und www.hotelthailand.com.

Verkehrsmittel

Der öffentliche Personenverkehr ist in Thailand dichter, pünktlicher und effizienter als in allen anderen Ländern Südostasiens und könnte durchaus auch vielen Ländern Europas als Vorbild dienen.

Flugzeug

Neben Bangkok mit seinen beiden Flughäfen sind Phuket, Ko Samui und Krabi mit Abstand die wichtigsten Drehkreuze für den touristischen Luftverkehr in Südthailand. Aber auch Hua Hin, Surat Thani und Trang sowie Hat Yai besitzen Flughäfen.

In Bangkok werden seit März 2007 sowohl der neue Suvarnabhumi International Airport als auch der alte Don Muang Airport für Inlandflüge genutzt. Alle Inlandverbindungen von Asia Air und Bangkok Air erfolgen ab Suvarnabhumi, alle Inlandsflüge der Low-budget-Fluggesellschaften Nok Air und One Two Go ab Don Muang. Thai Airways fliegt von beiden Flughäfen nach Phuket und Krabi, jedoch nur ab Don Muang nach Surat Thani, Trang und Hat Yai. Da die beiden Flughäfen ca. 40 km voneinander entfernt liegen, müssen für ein Umsteigen etwa fünf Stunden eingeplant werden. Einen Shuttle-Service bietet nur Thai Airways.

Bedeutendste Fluggesellschaft ist die halbstaatliche **Thai Airways** (www.thaiair.com, Callcenter in Deutschland Tel. 069/92 87 44 46, in Thailand Tel. 022 28 70 00 99), die u. a. mindestens 12 x tgl. die Strecke Bangkok – Phuket bedient (ca. 4500 Bt) sowie 4 x tgl. Bangkok – Krabi (ca. 3900 Bt) und 2 x tgl. Bangkok – Surat Thani (ca. 3600 Bt).

Bangkok Air (www.bangkokair. com, Callcenter in Thailand Tel. 022 65 55 55) verbindet 2 x tgl. Bangkok – Phuket (ca. 3000 Bt) sowie 12–20 x tgl. Bangkok – Ko Samui (ab 2000 Bt).

Unter den Billigfliegern gilt **Asia Air** als mit Abstand am pünktlichsten und sichersten (www.airasia.com, Callcenter Tel. 025 15 99 99). Sie fliegt u. a. 5 x tgl. Bangkok – Phuket (ab 1300 Bt), 2 x tgl. Bangkok – Surat Thani (ab 1300 Bt) und 3 x tgl. Bangkok – Krabi (ab 1100 Bt).

Bleibt der Billigflieger **Nok Air** (www.nokair.com, Callcenter Tel. 029 00 99 55), der 2 x tgl. auf der Strecke Bangkok – Phuket verkehrt (ab ca. 1200 Bt) bzw. Bangkok – Krabi (ab ca. 1000 Bt).

Bahn

Auf der Southern Line der State Railway of Thailand verkehren Züge von Bangkok aus via Hua Hin (12 x tgl.), Surat Thani (10 x tgl.) und Hat Yai (4 x tgl.) nach Malaysia (www.railway.co.th/english, Tel. 022 22 01 75 und 026 21 87 01). Auch die Züge brauchen keinen Vergleich mit mitteleuropäischen Maßstäben zu scheuen, sind pünktlich, komfortabel und billig obendrein.

Es gibt drei Klassen und verschiedene Zugtypen, außerdem sind Schlafwagen und Speisewagen angehängt. Die Gerichte (Thai-Küche), die in der 1. und 2. Klasse auch im Abteil serviert werden, sind mit Preisen zwischen ca. 100 und 200 Bt überteuert. Vorverkauf der Tickets über das Advance Booking Office in Bangkok bis zu 60 Tage vor Reiseantritt (Tel. 022 23 37 62, Mo–Fr 8.30–18, Sa/So bis 12 Uhr).

Das mit Abstand luxuriöseste Transportmittel für eine Fahrt durch Südthailand ist der **Eastern & Oriental Express,** der an ein bis vier Tagen pro Monat auf der Strecke von Bangkok nach Kuala Lumpur (3 Tage, 2 Nächte; ab 730 €/Pers.) sowie weiter nach Singapur (4 Tage, 3 Nächte; ab 1030 €/Pers.) verkehrt. Buchungen und Reservierungen über jedes Reisebüro sowie über Venice-Simplon-Orient-Express, Sachsenring 85, 50677 Köln, Tel. 0221/338 03 00, Fax 0221/ 338 03 33, www.orient-express.com.

Bus
Nahezu alle Ortschaften und Städte in Südthailand sind untereinander sowie mit Bangkok durch ein vorbildliches System aus Normalbussen mit Ventilator (Fan) und klimatisierten Bussen (AC) verbunden. Eine Toilette ist meist auch an Bord. Auf den Langstrecken von/ nach Bangkok sind zudem Luxusbusse mit 32 oder 24 Sitzen im Einsatz, die über Nacht fahren und gut zum Schlafen geeignet sind. Essen und Soft Drinks sowie Frühstückskaffee sind im Preis in der Regel inbegriffen.

Bequemer und billiger als mit dem Bus, und zugleich schnell, kann man nicht reisen. Die 820 km lange Busreise von Bangkok nach Krabi z. B. kostet im Normalbus ca. 270 Bt, im AC–Bus ab 360 Bt, im VIP-Bus 580–920 Bt. Tickets für Langstreckenbusse reserviert man zumindest während der Hochsaison am besten mehrere Tage vor Abreise über ein örtliches Reisebüro oder die Unterkunft. Da es in den klimatisierten Bussen nachts extrem kalt ist, sollte man unbedingt einen Pulli dabeihaben.

Minibus
Zwischen den Ferienzentren in Südthailand verkehren meist zwölfsitzige, klimatisierte Minibusse. Der Preis beinhaltet in der Regel einen Abholservice an der Unterkunft. Eine schnelle und preiswerte Art zu reisen. Buchung über die örtlichen Reisebüros.

Fähre/Boot
Alle Inseln von touristischer Bedeutung werden mehrmals täglich von meist klimatisierten Schnellbooten und/oder Autofähren bedient. Die langen schmalen Longtail-Boote (Langschwanz-Boote) mit einer weit nach hinten herausragenden, beweglichen Antriebsschraube, die teils auch Mopeds transportieren, fahren selbst zu den kleinsten bewohnten Inseln. Sie können sehr günstig gechartert werden und sind daher ideal zum Insel-Hopping. Im Reiseteil werden alle wichtigen Infos sowie Preise gegeben.

Mietfahrzeug
Südthailand von einem festen Standort aus mit Jeep bzw. PKW, Motorrad bzw. Moped zu bereisen, erfreut sich aller-

größter Beliebtheit. Entsprechend viele Verleihstationen finden sich in allen Orten von touristischer Bedeutung. Die internationalen Leihwagenfirmen (u. a. Avis, Hertz) unterhalten Niederlassungen in den großen Ferienzentren wie Hua Hin, Phuket, Krabi und Ko Samui. Wesentlich billiger mietet man bei thailändischen Firmen.

Zu den Standardfahrzeugen zählen Suzuki-Jeeps. Die Preise inkl. Vollkasko und unbegrenzter Kilometerzahl liegen bei etwa 800–1200 Bt/Tag. Motorräder bzw. meist Mopeds mit 120 ccm Hubraum und Halbautomatik, die denkbar leicht zu fahren sind, kosten um 150–220 Bt/Tag, bei längerer Mietdauer auch 120 Bt/Tag inkl. Diebstahlversicherung, Helm (Helmpflicht!) sowie Kettenschloss. Zum Ausleihen benötigt man offiziell einen internationalen Führerschein, für Motorräder/Mopeds genügt in der Regel der nationale.

Nahverkehr

Taxi: Sie verkehren nur in den größeren Städten. Man stoppt sie durch Heranwinken und zahlt den Taxameter-Preis (nur in Bangkok), sofern man nicht vor Fahrtantritt einen Preis aushandelt. Eine normale Stadtfahrt von etwa 3–5 km kostet etwa 50 Bt.

Tuk-Tuk: Wo es keine Taxen gibt, da verkehren die kleinen drei-, heute zunehmend auch vierrädrigen Allroundfahrzeuge, die lautstark durch die Straßen knattern. Der Preis ist Verhandlungssache und beläuft sich auf ca. 30 Bt für eine normale Stadtfahrt.

Motorrad-Taxi: Alternativ bieten sich Motorräder an, erkennbar an den roten/blauen Westen der Fahrer, die max. zwei Passagiere mit manchmal mörderischer Geschwindigkeit befördern. Der Fahrpreis ist auszuhandeln und hängt vom Verkehr, dem Straßenzustand, der Nachfrage etc. ab (ca. 20 Bt für eine normale Stadtfahrt).

Songthaew: Von Stadtbussen einmal abgesehen, die nur in den großen Städten fahren, werden insbesondere Songthaews im Nahverkehr eingesetzt. Es handelt sich meist um Pickups mit überdachter Ladepritsche, auf der zwei Sitzbänke befestigt sind. Sie verkehren auf festen Routen und kosten ca. 5–10 Bt pro Strecke.

Zeit

Thailand ist der mitteleuropäischen Zeit während der europäischen Sommerzeit um fünf Stunden bzw. um sechs Stunden im Winter voraus. Die Uhrzeitangabe erfolgt nach dem britischen Zwölf-Stunden-Schema: Dabei steht a. m. für ›vor Mittag‹, p. m. für ›nach Mittag‹.

Zeitungen und Zeitschriften

Wichtigste englischsprachige Zeitungen Thailands sind *Bangkok Post* (liberal) sowie *The Nation* (konservativ), Hintergrundinformationen über das Zeitgeschehen liefern u. a. die englischsprachigen Magazine *Newsweek* und *Time*. In Bangkok und in den Touristenzentren sind auch die üblichen im Ausland vertriebenen deutschsprachigen Zeitungen und Magazine erhältlich.

SPRACHFÜHRER

Thai zu sprechen ist selbst mit einem Wörterbuch schwierig, denn es gibt 44 Konsonanten und 32 Vokale sowie verschiedene Tonhöhen, mit denen eine Bedeutungsverschiebung einhergeht. Doch wenigstens Begrüßungsformeln und Zahlen sollte man lernen. Wichtig: Männer beenden Sätze mit der Höflichkeitsfloskel *khrap*, Frauen mit *kha*.

Allgemeines

ja	dschai
nein	mai, plaao
bitte (einladend)	tschuhn
bitte (fordernd)	prott
danke (weibl./männl.)	kop khun kha/khrap
Entschuldigung	khoo thoot
ein bisschen, wenig	nitnoi
vielleicht	bangti
gut	die
gut, clever	gäng
sehr gut	die mahk
sehr	mahk mahk
nicht gut	mai die
nicht	mai
haben …	mie …
hübsch	suäi
schmutzig	sockapock
klein	lek
westlicher Ausländer	farang
Freund	püan
Kind	dek
Junge	dek pu-dschai
Mädchen	dek pu-jing
können	dai
mögen	schop
müssen	tong
wollen, möchten	jaak
sich wohl fühlen	sabai

Spaß haben	sanuk
Es tut mir leid. (weibl./männl.)	tschan/phom sia chai
Das macht nichts!	mai pen rai
Sprechen Sie Thai?	khun put Thai dai mai
Ich spreche ein wenig Thai.	put Thai dai nitnoi
Verstehen Sie?	khun kao dschai mai?
Ich verstehe (nicht) (weibl./männl.)	tschan/phom (mai) kao dschai
Bitte sprechen Sie langsam!	prott put cha cha
Wie heißen Sie?	khun dschü arai
Ich heiße …	tschan dschüa …
Wie alt sind Sie?	khun anju tao-rai
Woher kommen Sie?	khun mahn dschak tienai
Wo wohnen Sie?	khun jü tienai

Begrüßung & Abschied

Guten Morgen/ Tag/Abend (weibl./männl.)	sawat-dee kha/khrap
Willkommen!	jin die tohn rap
Wie geht es?	ben jang ngai bang
Mir geht es gut.	sabai die
Tschüs.	laa gon
Auf Wiedersehen. (weibl./männl.)	sawat-dee kha/kharp

Im Hotel

Hotel	rong rähm
Wo ist das Hotel?	rong rähm ju tienai
Zimmer	hong
Bett	tiang
Schlüssel	gun tschä
Moskitonetz	mung
Badezimmer	hong nahm
Wo ist die Toilette?	hong nahm ju tienai
Toilettenpapier	gradad samla

Einkaufen

Gibt es ...?	mie ... mai
Es gibt nicht	mai mie
kaufen	süh
teuer	phääng
billig	mai phääng
Wieviel kostet das?	raka tao-rai, ki baht
Das ist zu teuer.	an-nii phääng bai
Können Sie den Preis senken?	lot raka nooi daai mai

Unterwegs

geradeaus	trong pai
(nach) links	(liao) sai
(nach) rechts	(liao) khwa
Stopp!	jut
mieten	tschau
Fahrrad	dschakrajahn
Motorrad	mohtöhsai
Auto	rot jon
Benzin	bensin
Taxi	teksi
Bus	rot meh
Busbahnhof	sathani rot meh, bo ko so
Eisenbahn	rot fai
Bahnhof	sathani rot fai
Flugplatz	sahnam bin
Flugzeug	krüang bin
Hafen	tah rüha
Boot	rüha
Stadt	müang
Dorf	ban
Gasse, Straße	soi, thanon
Insel	ko
Strand	tschai haht
Bucht	ao
Berg	doi
Wohin gehen Sie ?	khun tschai pai nai
Ich gehe nach ... (weibl./männl.)	tschan pai .../ phom pai ...
Bitte bringen Sie mich nach ...	tschuai paa tschan/ phom pai ...
Welche Straße ist das?	thanon nih arai?
Halten Sie hier!	yut drong nii

Wann ist ... geöffnet?	... pööt pratu kii moong
Darf man fotografieren?	tai ruhp dai mai

Im Krankheitsfall/Notfall

Arzt	moo
Durchfall	tong döhn
Erbrechen	adschian
Fieber	kai
Hilfe	tschuai duai
krank	mai sabai
Krankenhaus	rong payabahn
Medizin	jah
weh tun	dschep

Zeitbegriffe

Abend	jen
gestern	müa wan-nie
heute	wan-nie
Jahr	bi
jetzt	diao-nie
Minute	natie
Mittag	tiang
Monat	düan
Morgen (früh am Tag)	tschao
morgen	prung-nie
Nacht	khühn
später	tie-lang
Stunde	tschua mohng
Tag	wan
Woche	athit
Wieviel Uhr ist es?	kie mohng

Zahlen

1	nöng	12	sip sohng
2	sohng	20	jie sip
3	sahm	21	jie sip et
4	sie	25	jie sip hah
5	hah	30	sahm sip
6	hock	100	nöng roy
7	dschät	200	sohng roy
8	bät	1000	nöng pan
9	kao	10 000	nöng müün
10	sip	100 000	nöng sähn
11	sip et	1 000 000	nöng laan

Kulinarisches Lexikon

Allgemeines

Restaurant	rahn ahahn
essen gehen	pai tahn ahahn
essen	gin khaao
trinken	dühm
hungrig sein	hiju nham
durstig sein	hiu nham
Das Essen schmeckt gut!	ahahn a-roi
Ich (Frau/Mann) mag ...	tschan/phom schop
Dasselbe noch mal.	ao ik mai
Zahlen, bitte!	tschek bin

Zubereitungsarten

jen	kalt
nüng	gedünstet/gekocht
phet	scharf
phat	gebraten
ping	getoastet
prih oh wahn	süß-sauer
rohn	heiß
tord	gebraten/gebacken
tom	gekocht
wahn	süß
yang	gegrillt

Eiergerichte

khai gai	Hühnerei
Khai ped	Entenei
khai luak/tom	weich/hart gekochtes Ei
khai tord	Omelett
khai yad sai	Gemüseomelette
khai yat sai muh	Gemüseomelette mit Schweinefleisch

Suppen & Saucen

ba mie nham muh	Nudelsuppe mit Schweinefleisch
gaeng djüt	milde Suppe mit Gemüse und Fleisch

gaeng liang	thailändische Suppe mit Gemüse
gaeng ba tschor	Suppe mit Schweinefleisch
khaao tom (gai/ muh/plah)	Reissuppe (mit Hühner-/Schweine- fleisch/Fisch)
nam phrik	scharfe Chilipaste
nham	Nudelsuppe
tom yam (gai)	scharfe, saure Suppe (mit Huhn)

Curries

gaeng gariih	mildes, indisches Curry
khiau wahn	sehr scharfes Curry
gaeng masman	mildes gelbes Curry
gaeng phet	scharfes Curry

Fleisch, Fisch, Meeresfrüchte

gai	Hühnerfleisch
gang	Garnele
gung	Hummer
muh	Schweinefleisch
nua wua	Rindfleisch
ped	Entenfleisch
plah	Fisch
plahmük	Tintenfisch
puh	Krebse

Reis- & Nudelgerichte

khaao plau	weißer, trockener Reis
khaao phat	gebratener Reis
khaao phat gai	gebratener Reis mit Hühnerfleisch
khaao nie oh	klebriger Reis (vor allem als Nach- speise)
guäi tiao	Reisnudeln (weiß)
ba mie	Weizenmehlnudeln (gelblich)
guai tiau hang	Reisnudeln mit Gemüse u. Fleisch
ba mie rahd nah	knusprig gebratene Weizenmehnudeln

Nachspeisen & Snacks

khaao larm	gekochter Kleberreis in einem Bambusrohr
khaao tom mat	Kleberreis mit Bananen, oft verpackt in ein Bananenblatt
gluei bod tschie	Bananen in süßsalziger Kokosnusscreme
gluei tord	gegrillte Bananen

Obst

farang	Guave
khanun	Jackfrucht
gluei	Bananen
la-mu	Manilafrucht
ma-fu'ang	Sternapfel
ma la kor	Papaya
mamuang	Mango
mang kut	Mangostan
ngo-phruan	Rambutan
sap pa rot	Ananas
som	Orange/Mandarine
somoh	Riesenorange/Pomelo
thap-thim	Granatapfel
thurien	Durian

Getränke

bia	Bier
tschah	Tee mit süßer Milch
tschah dam	Tee mit Zucker
tschah manao	kalter Tee mit Zitrone
gafä	Kaffee
lao	alkoholische Getränke
nham (yen)	(Eis-) Wasser
nham mahprau	Kokosnussmilch
nham manao	Zitronensaft
nham sohm	frischer Orangensaft
nhom sot	frische Milch
oh liang	kalter chinesischer Kaffee, süß
witamilk	Sojabohnenmilch

Spezialitäten

gai phat baikrapao	gebratenes Huhn mit thailändischem Basilikum
gai phat metmamuang	gebratenes Huhn mit Cashews
gai phat nohmai gap het	gebratenes Huhn mit Bambussprossen, Morcheln
gai takrai	Hühnerbrust mit Zitronengras
khaao man gai	Reishähnchen mit Ingwersauce
gang nüng krathiam pak chii	gedämpfte Garnelen mit Knoblauch, Koriander
muh phat king	gebratenes Schweinefleisch mit Ingwer
muh tord krathiam prikthai	Schweinefleisch mit Knoblauch und Chilis
muh prih oh wahn	Schweinefleisch süß-sauer
nua phat nam manhoy	gebratenes Rindfleisch mit Austternsauce
ped op nam püng	Ente, gebacken mit Honig
phat nohmay sai khai	gebratene Bambussprossen mit Eiern
phat pak ruam	gemischtes gebratenes Gemüse
plahmük yat sai	Tintenfisch, gefüllt mit Gemüse und Hack
plah tord	gebackener Fisch
sate (gai/muh ...)	Fleischspießchen (Huhn/Schwein ...) mit Erdnusssauce
som tam	scharfer Papayasalat
tom yam talueram	sauer-scharfe Suppe mit Fisch, Garnelen, Muscheln
yam somoh	bitterscharfer Pomelo-Salat

REGISTER

Register

REISEATLAS

LEGENDE

1 : 1.950.000

0   50 km

Autobahn	Internationaler Flughafen
Schnellstraße	Nationaler Flughafen
Fernstraße mit Nummer	Sehenswürdigkeit
Hauptstraße	Archäologische Stätte
Nebenstraße	Buddha-Tempel
Straße, ungeteert	Denkmal
Straße in Bau; Straße in Planung	Badestrand
Straße für Kfz gesperrt	Tauchen
Tunnel	Hochseefischen
Eisenbahn	Wasserfall
Fähre, Schiffsverbindung	Höhle
Staatsgrenze	Bergwerk
Nationalpark	Berggipfel
Marine-Nationalpark	Pass
Grenzübergang	Aussichtspunkt

SÜDTHAILAND

A · B · C

1
2
3
4

Nabule
Maungmagan I.
358 m
Maungmagan
Yebyu
Kuletha
Hermyingi
Myitta
Taungthonlon
Phang
Nam Tok
3 m
Nong
Krathum
Kra
Lat Yo
Thabawseik
Pagaye
Nyaungzin
DAWEI (TAVOY)
1564 m
Myat Taung
1033 m
Bong Ti
Bong Ti
Pass
Sai Yok
Wang Po-
Viadukt
3199
3086
River Kwai
Bridge
3398
Kanchanaburi
Launglon
Peinnedaw
Thayetchaung
Taungzin
Pawut
Pyinbyugyi
Tanintharyi
Muang Sing
Chorakhe Phuak
Dan Makham Tia
3445
3228
Ban Kao
3209
Tham
& Thi
Thagyat Daw
Zalut
Chaungwabyin
Yange
Kadwe
(Tenasserim)
1128 m
Chima
849 m
Muang Takua
Pit Thong
3445
3209
3274
Chom
Bung
Laung Lon
Islands
Pe
Myinmoletkat Taung
2074 m
Munsali Taung
1158 m
Muang Ton
Mamuang
Suan Phung
3087
RATC
Dawei
(Tavoy) Point
Min-ngaw
Kunzon Taung
928 m
3313
Kha
Andamanen-
see
Zinchaung
Aw
Palauk
Kanti
1289 m
Aungthawara
Khao Yai
1050 m
1173 m
1143 m
1004 m
Kaeng
Menam Bong Kloi
Mali Kyun
(Tavoy I.)
Paine I.
Migyaungthaik
Tanintharyi (Tenasserim)
Palaw
Kyaukpya
Badur Taung
997 m
Krachan
Kaeng
Kracha
Res.
Kabosa I.
Investigator Passage
Tapo
Ti-ywa
1513 m
Panoen Thung
1207 m
National
Khao Sam Yot
871 m
Khao Loi
3432
Thamihla I.
Kawsaing
Nong Pun
Taek
Park
Kadan Kyun
Kangyi
Tatmu
Kyauk-pyu
Kyatay
Tamok
Lutlu
Taubye
Pawut
705 m
Pa La U
32
Maingyi Kyun
Blundell I.
Elphinstone I.
Mayanchaung
Kala
Kyun
MYEIK
(MERGUI)
Ma-aing
Kyun
Kywegu
Tonbyawggi
Kawmapyin
Dewata Taung
1204 m
Khao Yai
Krang Satu
Grants I.
720 m
Daung Kyun
(Ross I.)
Bailey I.
Tatagyi I.
Tagu
Banpyi
569 m
Kui Bur
National Park
366 m
Lloyds I.
Mergui I.
Saganthit Kyun
(Sellor I.)
Auckland
Bay
Tanintharyi
(Tenasserim)
810
Khao Daen
922 m
Yang
Parker I.
Sabi I.
326 m
Money I.
Julian I.
Kyaukmigyaung
736 m
Yndo
810
Singkhon Pass
324 m
Courts I.
Tucker I.
Theinkun
Tongpru
Htamaw Taung
896 m
Pyinzabu Kyun
(Bentinck I.)
538 m
Kanmaw
Kyun
(Ketthayin I.)
357 m
Medaw
Awebindat
Manoron
Whale
Bay
875 m
543 m
Nam Tok Huai Yang
National Park
Huai Yang
Letsok-aw
Kyun
Manoron
Taungkup
832 m
Thap Sakae
Pawe-gyi
Kyun
Lenya
Namkyo
Nong
Pong
Ngarbaw I.
Maria I.
Pearl I.
Pisandaung-Saung
S. 236

MYANMAR

Middle M

Menam Hati

Ngarwun Chaung

Lenya

Thagyet Chaung

Theinkun Chaung

S. 236

Song Phi Nong
PHRA NA
SI AYUTTHAI
Khae
Nakhon Nayok
D
E
F
321
3251
3111
309
5077
324
Bang Sai
347
Wang Noi
Phak Phli
875 m
Thung Khok
Latbua
Nong Sua
Bang Pla Kot
Phanom
3356
Luang
Wat Phailom
352
Ongkharak
33
Thuan
Kamphaeng
Bang
Lat Lum
Bang Yai-in
Khlong Luang
305
Ban Sang
319
Tha Rua
346
Saen
Len
Kaeo
Thanyaburi
3360
PRACHINBURI
3069
Doi Tum
3412
Si Maha Pho
Tha Maka
Bang Bua Thong
Don Nuang
Lam Luk Ka
Khlong Hok Wa
3124
3096
Si Mahosot
o Noi
3209
NAKHON
Bang Yai
Airport (DMK)
3200
Bang
1
Sua
PATHOM
302
NONTHABURI
3481
Nam Prieo
Khok Pip
304
Wang
Ban Pong
Taling Chan
Bang Kapi
Ratchasan
Nakhon
Minburi
304
Phanom Sarakham
Photha**aram**
Chaisi
THONBURI
Lat Krabang
304
Bang Khla
3089
Rose Garden &
BANGKOK
3200
CHACHOENGSAO
ao Cham Pran
Samphran Elephant
Suvarnabhumi Int'l
Sanam Chai
3087
Bang Phae
Ground & Zoo
Phra
9
Airport (BKK)
Krathum
5097
Bang Phli
at Krathing
Ko Mo
325
Baen
3091
Bang Pakong
Ban Pho
ABURI
Damnoen
Ban Phaeo
15
Chedi Klang Nam
34
Phan Thong
315
Noen Hin
Saduak
3423
SAMUT
SAMUT
Ancient
5
Phanat
3245
Wat Ph**a**eng
3093
SAKHON
PRAKAN
City
Bo
Nikhom
Plaeng
Schwimmende
Crocodile
315
Ban Bung
349
Ko Chan
Pak Th**o**
Märkte
Farm
331
Thar
35
CHONBURI
Noen Mok
Bo Thong
4206
SAMUT
Angsila
344
SONGKHRAM
Khong Dan
344
Ko Mo
Khao Yo
Bang Saen
Nong Yai
2
Ban Laem
Bucht von
7
3241
3138
Tha Chom
Bung Sam Ngai
3349
Phetchaburi
Bangkok
Si Racha
3245
Nong Ya
Ko Sichang
Bo Win
Wang Chang
Plong
Ao Udon
Map
3138
Ban Lat
Chao Samran
Bang Lamung
Lang
Pluak Daeng
3471
3177
Beach
Naklua
331
Tha Yang
Ko Phai
Pattaya
Khao Loi
344
3499
Hat Chao Samran
Ko Lan
3138
Klaeng
Tha Sik
3187
Hat Pak Tian
Jomtien
Chai Ngoen
Klang
3175
Ko Rin
Nooch Nong Village
Ban Chang
Muriar
Bang Ket
Ao Bang Sare
Ban Khai
Hup Kaphong
Cha-am
Ko Khram
Tao Than
RAYONG
Bang Sai Yoi
332
3145
3301
Huai Sai Tai
Sattahip
U-Tapao
Nam
Ta Put
Phrak
Ban Phe
Ko Thalu
2 m
3218
Hua Hin Int'l Airport
Tok
Khlong
Kon Ao
Na Dan
Nong
HUA HIN
Ko Samaesan
Na Dan
Phiap
Khao
Ko Samet
Thap Ta
Ko Chuang
3
Khao Laem Ya
Pran Buri
Pran Buri Beach
- Ko Samet
Khao Noi
3168
Marine National Park
Pran Buri
Nong Khaem Noi
Reservoir
Phraya Nakhon
Sam R**o**
Khao Sam Roi Yot
Nong Sai
Sai
National Park
3217
Laem Sala Beach
Khung Thanot
Khao Daeng
Chum
Koi Bu
Sam Phraya Beach
G o l f   v o n
Bo Nok
Thung Mamao
Nikhom
Ao Noi Beach
PRACHUAP KHIRI KHAN
T h a i l a n d
Ao Manao Beach
Nong Hin
4
Wang Duan
Hat Wanakon Marine National Park
Nong Hoi Siap

g Khok
Kee Ree Wong Beach
n Krut Beach

A
B
C

Nyiahma Ngarbaw I.
Kyun
Pisandaung-Saung
S. 234
Lenya
Namkyo

Maria I.
Bokpyin
Khao Htongdon
668 m
Khao Thwe
892 m

Pearl I.
472 m
Nanka Hprao

Owen I.
816 m
Hangapru
483 m
Ke Taung
Sam Yaek Huai Sak

1

Ale-Man
Kyun
758 m
745 m
**Kapoh
National
Park**

Lanbi Kyun
(Sullivan I.)
High I.
Karathun
Mai Sombun
3253

Clara I.   534 m
Kau-ye
Kyun
692 m
Ta Hong
4
Khl

Sir Robert
Campbell I.
739 m
3201
Path

Kyun Pila
(Great Swindon I.)
465 m
Kala
Taung
Khao Nam Noi
755 m
Tha Sae
Tham Rab Ro
Khuan

Pulo
Bada I. 850 m
MYANMAR
Hat Tun
Nong
Phak Bang
Na Noi
327
Thun

Lord Loughborough I.
439 m
Sungai Bati
Nalingchan
Marang
Chumpho

2

Investigator
Channel
Pine
Tree I.
Kraburi
Thung Kha Tok
41
4001
Sai I
Hat Sai

St. Andrews Group
Sungai-I-nu
Lam Liang   484 m
Sai Ra
Bo Kha

Cavern I.
Maliwun
**Tham Nam
Lod Noi**
Khao Thalu
4003

Parsons I.
Champang
Thap
Chak
Khao Faci
Sawi

Macleod I.
Kampong
Talok
4091
Thung Tako
Pak Nam Tako

Zadetkale Kyun
(St. Lucas I.)
Hastings I.
Laun
ISTHMUS
Arunothai Be

Kraburi National Park
Kaw Thaung
Punyaban
**Klong Pao
National Park**
Pak Nam Lang Suar

Zadetkyi Kyun
(St. Matthew's I.)
Victoria Pt.
Ranong
von Kra
Hat
Yai
Lang Suan

Than Kyun
(Davis I.)
Dunkin I.
Tha Mai
Hot Springs
Na Bun

3

Aladdin Islands
Bruer I.
Ko Chang
Ngao
National Park
Ngao
Phato
4006
K. Lang Suan
Khao
Chok
4134
Lamae

Christie I.
Auriol I.
Kh Phayam
Raichakrut
Khao Plai
Khlong Klang
706 m
Khao Te
Khan Thuli
4112

Bang Baen Beach
Khlong Khong
Idon Phet
Don Thup
Tha Krachai

Mu Ko
Kam Yai
Khao Yai Mon
805 m
Tha Charla
Pak Liu
4112

**Ko Surin
Marine National Park**
Ko Surin Nua
Kapoe
Huai Pho
**Kaeng Krung
National Park**
Pak Mak
Chaiya
Phum Ri

Ko Glang
Ko Surin Tai
Richelieu
Rock
Na Kha
**Thung Na Kha
National Park**
1395 m
Khao Lang Kha Tuk
718 m
Mo Thai
Wat Suan Moke

Andamanen-
Ko Ra
Ngan
Yong
Hin Lad
**Sri Phang Nga
National Park**
Vibhavadi
Tha Chang
Ao

Ko Ra
Khura Buri
**Klong Saeng
Wildlife Sanctuary**
4191
Tha Se
**SURA
THAN**

Hin Kong
Bang
Daeng
Chiew Lan
Reservoir 838 m
Na Dong
Phunphin
401
M

4

Ko Tachai
Ko Phra Thong
**Thung
Ong**
**Tam
Nang**
**Khao Sok
National Park**
Khiri
Rat Tanikhom
4100
401
Na Pong
Na Rai
4133

see
Tam Song
Khlong
Chang
Bang Thong
Song
Phi Nong
Ta Khun
4246
Phanom
44

Ko Bon
Takua Pa
Talad Takua Pa
401
Pak Klong Plai Wa
Bencha
415
245 m
Bang Hoi
41
Ba

**Ko Similan
Marine National Park**
Ko
Ba-Ngu
244 m
Bang Sak
4032
4090
Kapong
4118
Phrase
4133

Ko Similan
Palm Beach
Bang Niang
**Khao Lak-Lamru
National Park**
Thap
Put
Ta Saeng
4035
Ko Noi
Chai Buri
Nam Dam
4009

Ko Payu
Ko Miang
Ko Payang
Khao Lak
Thap Lamu
Khao Lak Beach
Thung
Maphrao
4240
4090
**Tham
Pung**
Bang Ba
4197
Kok Loi
Thap
Phraya
Bang Beng
4

S. 238
Khao
Lam Pi-Had
Bang
Yuan

D   E   **S. 235**   F

1

Nong Plong   Nong Kl
Thongchai   **Kee Ree Wong Beach**
Ban Krut Beach
ng   Ban Krut
ao   **Bang Saphan**
3374   *Ao Bang Saphan*
Suan Luang Beach
Ko Thalu
Bang Saphan Noi
3411   **Had Bang Bird Beach**
Nong Ai Kaeo
Don Yang
Ammarit
g Wang Chan

G o l f   v o n

Wua Laen Beach

Beach

2

T h a i l a n d

Ko Nang Yuan   **Ko Tao**
Mae Hat
h   **Sai Ri Beach**

Ko Pha Ngan

**Ang Thong
Marine
National
Park**   *Ko Wae Yai*   Chalok Lam
▲ 627 m
Thong Sala   Tai   **Hat Rin Beach**
Ko Mae Koh   **Big Buddha
Beach**
Ko Wua Talap   Ko
Sam Sao   Ko Phut   **Ko Samui**   **Choeng Mon Beach**
342 m   Nathon   ✈ **Ko Samui Int.'l Airport**
Ko Phaluai   635 m   **Chaweng Beach**
Taling Ngam   Hua Thanon
Ko   Hua Thanon   **Lamai Beach**
Nok Ta Phao
Ko Tan

3

Chong Samui

Phot   Donsak   Khao Noi
Khao Noi
4142   Bang Khu
4142
Kanchanadit   Khanom
401   4014   **Nai Plao Beach**
nkey   Krut   44
ing School   Thong Yi
4143   Khao Phra   4232   **Sichon**
Khao Yai   4215
4105   Tepha
Tai Romyen   Ton Liang
National Park   Huai
Na San   Haeng   Nam Cha   Khlong Hin
401
**Krung
Ching**   4186   Khlong Lung
Na Reng
Khao Luang   4140   Tha Sala
ang Sa   *Saphan Rang*
4189   *1835 m*   Na Thap
Phipun   4016   Phrom
4014   4154   Khiri
Phrom Lok
National Park   4105

4

S. 239

NAKHON SI THAMMARAT

237

SÜDTHAILAND

1. Auflage 2008
© DuMont Reiseverlag, Ostfildern
Alle Rechte vorbehalten
Grafisches Konzept: Groschwitz, Hamburg
Druck: Rasch, Bramsche
Buchbinderische Verarbeitung: Bramscher Buchbinder Betriebe